U0678071

复旦大学韩国研究丛书
中文社会科学引文索引（CSSCI）来源集刊
中国学术期刊综合评价数据库（CNKI）来源集刊
万方数据（WANFANG DATA）来源集刊

复旦大学韩国研究中心 编

韩国研究论丛

CHINESE JOURNAL OF KOREAN STUDIES

总第四十辑

（2020年第二辑）

社会科学文献出版社
SOCIAL SCIENCES ACADEMIC PRESS (CHINA)

复旦大学《韩国研究论丛》编委会

目录

CONTENTS

政治与外交

历史与文化

经济与社会

CONTENTS

Politics and Diplomacy

History and Culture

Economy and Society

政治与外交

韩国网络安全建设发展解析及启示

赵　杨

【内容提要】韩国是IT强国，但波及全社会的网络安全事件时有发生，面对日益严峻的网络安全威胁，韩国多方力量联手合作，采取了一系列措施并卓见成效。在战略制定方面，出台相关法律法规，从国家层面构建了思路清晰的发展战略；在体系建设上，实行官方、军队、民间“三位一体”的联合指挥体制，三方有机结合、协同作战；在攻防技术的研发上，大力开发各种网络防御产品，同时加快网络武器的研发速度；通过学校、机关、团体进行信息保护教育，培养各级各类网络安全人才；在国际网络安全合作中，采取同盟合作、双边合作、多边合作、地区合作和机构合作等形式。总体来说，韩国虽然拥有先进的信息与通信技术（ICT）基础设施，但面对网络攻击时仍表现得较为脆弱。究其原因，在于韩国网络战的战略以防御为主，在攻防上有明显的短板，没能形成足够强大的网络威慑力量，这也与其IT强国的形象极为不符。但是，韩国在多方联合应对体系、网络安全人才选拔任用等方面的举措仍值得我们借鉴。

【关键词】韩国　网络空间　网络安全　网络战

【作者简介】赵杨，博士，战略支援部队信息工程大学洛阳校区副教授。

韩国在IT领域的强劲发展举世瞩目，互联网的应用可谓是延伸到了生活的方方面面，网速更是高居世界第一，2019年还率先实现了5G的商业化运营。但是民众防范风险意识较弱，网络安全事件时有发生，甚至连军网也未能幸免。面对愈演愈烈的网络威胁，韩国官方、军方和民间力量联合采取了一系列措施，在战略制定、体系建设、攻防技术研发、人才培养和国际合作等诸多方面都取得了显著成效，这些举措对我国网络安全建设具有积极的启示作用，本文将就此做一综合论述。

一　网络安全战略和相关法律法规的制定

随着信息通信技术的发展，整个韩国社会对计算机系统的依赖程度日益加深，网络安全问题日益突出。2001 年 7 月，韩国颁布了《信息通信基础设施保护法》，以应对可能出现的网络恐怖事件。

2003 年 1 月 25 日，爆发了席卷全球的网络蠕虫病毒灾害，韩国网络也基本陷入了瘫痪状态。该事件之后，韩国政府紧急采取措施，出台了《国家网络恐怖事件应对体系建设基本计划》《信息通信网法》，并创建了三个网络应急中心，分别是国家情报院下设的国家网络空间安全中心（国家公共领域）、国防部下设的国防情报战应急中心（国防领域）和科学技术信息通信部下设的互联网入侵事件应急中心（民间领域），由国家情报院统一协调指挥。国家情报院将网络危机警报由低到高划分为四级，即蓝色、黄色、橙色和红色，按警报等级制定应对措施。2005 年，又设立了“国家网络空间安全战略会议”，制定了《国家网络空间安全管理规程》，至此韩国开始从国家层面统筹管理网络安全事宜。同时，韩国军方也不断加强网络力量建设，在 2018 年 7 月发布的《国防改革 2.0》中，提出了《国防网络安全力量强化方案》，计划在制度、组织、人力、战力等领域实现新的突破，以取得“国防网络空间的绝对优势”地位。

2019 年 4 月，文在寅政府推出了首个《国家网络空间安全战略》，该战略由青瓦台国家安保室发布，是韩国迄今为止最高级别的网络安全政策指南，涵盖颁布背景、愿景和目标、基本任务以及实施计划等方面内容。《国家网络空间安全战略》提出了三大目标和六大战略课题，三大目标为安全行使国家主要职能、全方位应对网络攻击、构筑牢固的网络安全基础，六大战略课题分别为确保国家核心基础设施的安全、加强应对网络攻击的力量、建立以信任和合作为基础的治理体系、构筑网络安全产业的发展基础、建设网络安全文化、引领网络安全国际合作。尤其引人注目的是，在加强应对网络攻击力量方面，该战略明确指出要提高主动应对能力，将网络攻击遏制在萌芽状态，攻击一旦发生，则要做出快速反应。对于侵害国家安全和国家利益的攻击行为，要集中全国力量进行应对，在发生重大网络安全事件时，可以采用国际法允许的一切手段。这些纲领性政策的制定，展现了韩国政府保障网络安全的坚定决心、稳步规划及在网络安全领域领先世界的愿望。

同年9月，为了推动《国家网络空间安全战略》的具体落地，作为后续措施，韩国政府又颁布了多个部署联合推进的《国家网络安全基本计划(2019～2022)》和《国家网络安全实行计划》。这两个计划由科学技术信息通信部、国家情报院、国防部等9大机构主导，政府、企业和个人全员参与，将《国家网络空间安全战略》中制定的目标和战略细化为18个重点课题和100个具体课题，计划到2022年逐步完成，以期“为全体国民提供一个安全、自由的网络空间”。①

上述一系列战略规划和法律法规的出台，不仅明确了各政府机关的职责、组织体系，也对网络安全事件发生时信息的搜集、传递以及预警、应对措施等做了规定。通过这些战略规划和法律法规的实施，韩国努力打造网络强国形象，已从国家层面构建出一个思路清晰的网络安全发展战略，也反映了其维护网络安全的整体思路和布局。

二　网络安全力量体系的建设

韩国网络安全力量体系实行的是官方、军队、民间“三位一体”的联合指挥体制，他们认为面对网络恐怖事件，任何单方面的努力都是无效的，只有官、军、民三方有机结合、协同作战，才能取得良好的效果。

韩国已经建立了类似美国、俄罗斯的网络安全管理体制，具体负责网络安全的政府部门包括中央行政机关、国防部网络空间作战司令部、科学技术信息通信部，并由国家情报院统揽负责。直属总统的机构有国家安保室和总统秘书室，前者负责事件应对，后者负责政策制定。具体安全管理体制参见图1。

除图1中所示的这些机构外，还有国家安保技术研究所、韩国电子通信研究院、金融安保研究院、金融结算院等专门机构担负着各自领域的信息安全保护工作。

韩国军队早在2000年就在国防部和各军种本部设立了网络入侵事故应急

① 이유지,「국가 사이버 안보전략 후속 기본계획·실행계획 마련, 시행」, Byline Network, 2019 년 9 월 3 일, https://byline.network/2019/09/3-49/.

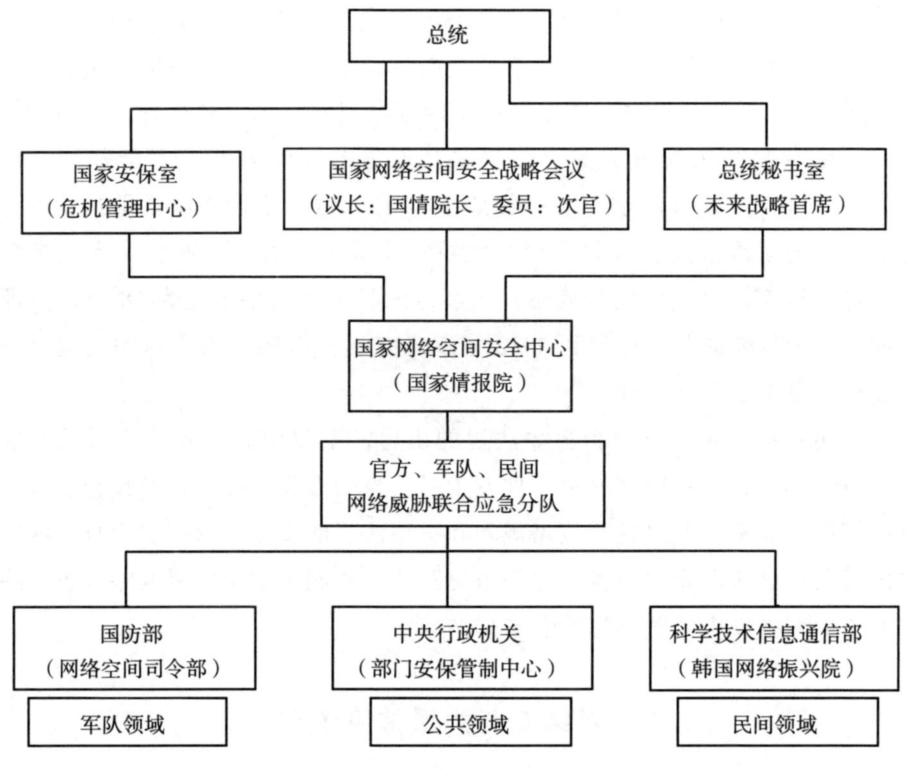

图 1　韩国网络安全管理体制

资料来源：이성민，『국가 사이버 안보전략 연구 -- 주요국 양상과 한국적 상황 분석』，경기대학교 박사학위논문，2017, p.152。

分队（Computer Emergency Response Team，CERT），2003 年又在机务司令部内成立了“国防情报战应急中心”。2010 年伊始，韩国正式创建了“网络空间司令部”，隶属于国防情报本部。然而组建不久，即发生了网络空间司令部非法操纵政治舆论案和军网被黑客入侵事件，引发民众不满，军方遂着手重组网络空间司令部。2018 年 8 月，网络空间司令部取消了涉嫌干政的心理战职能，改称为“网络空间作战司令部”，并升格为直属于国防部长的网络作战部队。

总的来说，韩国网络安全力量的建设起步较早，在地方和军队都设有专门的网络安全机构，并在发展的过程中逐步完善了统一指挥的架构。但同时我们也发现，在现有的管理体制下，韩国网络安全机构的主要任务是侦察和防御，威慑和攻击力量明显不足。

三 网络攻防技术的研发

虽然在最新的《国家网络空间安全战略》中提出要加强主动应对能力，但是到目前为止，韩国的网络战战略仍然是建立在防御的基础之上的，因此其网络安保技术的研发也以防御为主。

韩国防卫事业厅所属国防技术品质院发布的《2015 年国防科学技术水平调查报告》称，韩国的网络战能力排名世界第 11 位，居美国、中国、以色列、俄罗斯、英国、日本、德国、法国、加拿大和伊朗之后。[①] 与美国相比，韩国网络核心部门技术不及其 80%，具体来说，网络监控侦察技术为其 74%，网络指挥技术为其 76%，网络主动防御技术为其 80%，网络训练技术为其 77%，[②]其中防御技术的差距最小。

在防御技术的研发上，有基于漏洞的预防入侵产品、自动补丁管理系统、应对 APT 的端点及网络产品等，这些都是韩国依靠自身技术开发的，自主性相当高。[③]此外，韩国还在积极研发的技术有：侦测零日漏洞攻击，对网络攻击端点进行情报搜集；加强网络安保装备，防范多种 DDoS 攻击；利用蜜罐技术和蜜网，诱使攻击方实施攻击，并对攻击行为进行捕获和分析；利用安保网络装备和端点安保产品，对攻击方的位置进行跟踪；等等，但在机器学习等人工智能应用领域，与美国等国家相比，还存在着很大的差距。

目前韩军使用的综合安保管制体系包含多个系统，如综合管理系统、入侵监控系统、入侵阻断系统、安保管制系统、漏洞诊断系统以及病毒阻断系统等，这些系统安装在国防部的综合安保管制中心及各军种本部 CERT 的管制中心，可周期性地对内网和计算机系统进行漏洞检测，对每日来往邮件进行病毒查杀，国防网一旦发现有入侵迹象，机务司将采取应对措施。

---

① 국방부，「사이버전을 대비하다，국방 사이버 기술연구센터」，NAVER 포스트，2016 년 2 월 24 일，https://m.post.naver.com/viewer/postView.nhn?volumeNo=3655982&memberNo=20060890&vType=VERTICAL.

② DAILYNK，「“北 사이버전 능력，美 태평양사령부 통제소 무력화 가능 수준”」，DAILYNK，2016 년 12 월 27 일，https://www.dailynk.com/北사이버전-능력-美태평양사령부-통/.

③ 이용석，『국방 사이버안보 역량 강화방안 연구—사이버무기체계 개발을 중심으로』，고려대학교 박사학위논문，2018, p.151.

近年来，韩国政府、金融机构网络多次受到攻击，甚至军网也未能幸免，如 2009 年 7・7 DDoS 攻击、2011 年 3・4 DDoS 攻击、2011 年农协银行电算网攻击、2013 年 3・20 网络攻击、2016 年国防网被黑事件等，仅 3・20 网络攻击，当时就波及计算机 48284 台，持续时间长达 10 日，造成经济损失达 9000 亿韩元（约 52 亿元人民币）。[①]这些事件的发生，不仅给韩国社会造成了一定程度的混乱和恐慌，也使其 IT 强国的形象大受影响。然而韩国受网络战略的制约，尽管频频受到攻击，却鲜有发起反击的报道出现。

针对网络战中韩国单纯被攻击的状态，也有韩国学者指出，应改变目前的“守势防御”为“攻势防御”，[②]网络空间作战司令部需要摆脱目前消极被动的状态，发挥攻击作战的职能。因为“面对来自外部的网络攻击，仅采取事后应对的手段是有限的，还必须构筑有效的网络战应对体系，改消极防卫为积极防卫，甚至可以采用攻击的手段”。[③] 2014 年 2 月，韩国国防部正式发布了网络武器系统开发计划，加快了网络武器和攻防技术的研发速度。2015 年以来，韩国每年都要举行大规模的网络模拟演习，其中包括国家安保技术研究所的“网络安全演习中心”演习、政府综合电算中心的“网络入侵威胁分析应对专用演习所”演习，以及由科学技术信息通信部、韩国网络振兴院和国家情报院联合举行的“网络模拟演习”等，在不断的模拟实战中，攻防技术也得到了提高和发展。

四　网络安全人才的培养

2000 年开始，韩国开始通过学校、机关、团体实施信息保护教育，培养相关人才。2000 年，信息通信部[④]在全国大学中选定了 30 个信息保护社团，提供了 3 亿韩元（约合 174 万元人民币）的资金资助，用以扶持对抗黑客的专门人才，2001 年进一步扩大到 45 个社团、5 亿韩元（约合 290 万元人民币）。

① DAILYNK，「“北 사이버전 능력, 美 태평양사령부 통제소 무력화 가능 수준”」, DAILYNK，2016 년 12 월 27 일， https://www.dailynk.com/ 北사이버전 – 능력 – 美태평양사령부 – 통 /.

② 양낙규,「각국 사이버전 기술 첫 평가 … 미국 1 위·한국 11 위」, 아시아경제 , 2015 년 12 월 2 일 , http://www.asiae.co.kr/news/view.htm?idxno=2015120211045886220.

③ 박정이 ,『국가 안보 패러다임의 변환 : 변화와 혁신의 시대』, 서울 : 백암 , 2019, p.403.

④ 2017 年 7 月改称“科学技术信息通信部”。

同时，在正规的高等教育阶段，许多大学开始在本科、硕士、博士阶段开设信息保护专业，系统地培养人才。2015 年的统计数据显示，共有 9 所专科学校、38 所大学、36 所研究生院开设了信息保护专业，在校学生达 8312 名，当年共有 1132 名学生毕业，其中专科生 108 名，本科生 613 名，研究生 411 名。[①] 随着 ICT 环境的变化，大数据、物联网等领域也面临着新的安全威胁，融合安保等相关学科不断出现，学生的数量不断增加。科学技术信息通信部也计划不断加大投入，到 2022 年前培养 1 万名信息保护高级人才。

在依托专门机构开展的人才培养方面，2014 年 10 月韩国建立了网络安全训练中心，公共机关和基础设施的电算、安保人员可以在这里接受信息安全培训和网络危机应对实战演习训练等。韩国网络振兴院也担负着国家行政机关安保人员的培训任务，包括管理培训和技术培训等。此外，从 2001 年 9 月开始，韩国信息通信资格协会面向所有从业者推出了网络安保专家资格证（1～3 级）制度，保障了从业者的资质和水平。

韩国军队方面，目前三军的军官学校都开设有网络战课程，其中陆军军官学校的教学体系最为完善，从 2014 年开始不仅计算机专业的学员要学习网络战知识，其他专业学员在大四时也要学习网络战情报技术和情报安保课程，具体包括网络战的概念、环境、威胁、防御等理论知识，也包括模拟黑客、网络安保、数码追踪等实践培训。海军军官学校从 2014 年开始在计算机专业开设了情报保护、网络战的攻击与防御等课程，空军军官学校在电算情报专业开设情报保护概论等课程。此外，为了充分利用地方大学的优势资源，韩军还和高丽大学等名牌大学合作，开设国防网络专业培养高精尖人才，具有 IT 特长的入伍士兵，也可以通过申请选拔进入各部队的 CERT，发挥自己的一技之长。

五　国际网络安全合作的开展

网络空间与物理空间不同，它没有国界，对于网络攻击来自何方、何时发起人们很难做出预判，甚至没有平时和战时之分。如果网络攻击不是来自本国，而是来自他国或经由第三国，要想在本国拦截并非易事。因此，网络

① 이성민,『국가 사이버 안보전략 연구 — 주요국 양상과 한국적 상황 분석』, 경기대학교 박사학위논문, 2017, p.167.

安全建设不仅需要本国民众的通力支持，也需要国际间的积极合作。

韩国在网络安全领域开展的国际合作可以分为同盟合作、双边合作、多边合作、地区合作、机构合作等多种形式。美国作为韩国的盟友，两国的合作最先在军事领域得到了拓展。2006 年，韩国作为观察国参与了北约多国试验，与美国开展军事领域网络安全合作；2008 年，韩国参加了美国国防部组织的国际网络防御研讨会；同时，在两国每年的例行军事演习中增加了网络攻防的内容。[①] 2013 年，韩美两国签订了建立国防网络政策工作组（CCWG）机制的协议，其后多次举行会议，包括具有实效性的桌面推演等，内容涉及网络政策、战略、人力、演习诸多方面。除了军事领域，两国的网络安全合作还涵盖技术开发、网络威胁信息共享、网络安全政策对接等，甚至韩国警察厅下属的网络安全局内，从 2013 年起也派驻有美国 FBI 的网络官员，协助其进行网络监察。[②]

在双边合作领域，韩国通过网络振兴院、韩国国际合作机构（KOICA）与多个国家开展了信息共享、联合演习等工作，如韩俄举办网络安全协议会（2013 年）、中韩签署《关于加强网络安全领域合作的谅解备忘录》（2014 年）、韩澳举办网络安全政策会议（2014 年）等。

此外，韩国还和联合国、亚太经合组织、东盟、亚信会议等多个机构、组织开展了合作，在韩国成功举办多次国际会议，如 2012 年东盟地区论坛（ARF）网络安全研讨会、2013 年世界网络空间大会、2014 年国际电信联盟（ITU）全权代表大会等，体现了韩国政府对世界网络空间共建工作的积极参与，也极大地提升了韩国在该领域的国际话语权。

总的来说，韩国的网络安全国际合作呈现出多元化的倾向，在同盟合作和双边合作中更重视发展与美国及其友邦国家的关系，和中国、东南亚国家则主要侧重于入侵应对和 CERT 合作等。在新推出的《国家网络空间安全战略》中，韩国也提出要积极参与国际规范的制定、建立国家间互信，并在互惠的基础上，向发展中国家输出网络安全技术和制度，帮助它们加强网络安全力量，表达了在国际网络安全合作中领跑世界的信心。

---

① 姜明辰：《美韩网络安全制度化合作及发展态势》，《亚太安全与海洋研究》2017 年第 2 期，第 18 页。

② 姜時娫，『동북아 지역의 사이버안보 협력과 한국의 정책방향 연구』, 고려대학교 석사학위논문 , 2014, p.43.

六　韩国网络安全建设的启示

（一）加大威慑力度，阻退潜在的网络攻击者

韩国互联网普及率居于世界前列，但也正如历次遭受攻击所示，越先进的ICT基础设施，面对网络攻击时表现得越脆弱，在这一点上，中国也存在着相同的问题。韩国虽然已经建立了较为完善的网络安全管理体制，但因其以防御为主的网络战战略，在攻防技术的研发、攻防体系的建设上存在明显的短板，没能形成足够强大的网络威慑力量，也与其IT强国的形象极为不符。虽然从技术上来说，网络攻击和网络防御是一脉相通的，但是两者仍然存在很大的不同，攻击能力需要体系支撑，也需要人员、武器系统和作战能力的保障。韩国在数次被袭后，没有实行等量还击，更没能通过能力展示达到震慑、吓阻对手的目的。

美国国防部在2011年发布的《网络空间行动战略》中表示，“在网络空间压倒一切的重点是威慑”,[①] 2015年在《国防部网络战略》中更明确指出，威慑就是“让潜在对手相信，如果对美实施攻击将付出难以置信的代价”。[②]可以说，在网络安全建设中，拥有能力并展示能力从而阻退对手，是至关重要的。而能力展示既可以通过实战效果也可以通过攻防演练实现，在能力展示的同时必须增强延伸报复手段，报复不囿于网络空间，还可以采用经济制裁、技术封锁、司法诉讼，乃至外交强制、军事行动等一切必要手段，虚拟空间和物理空间相呼应才能取得最佳威慑效果。

（二）多方合力，建立军民联合应对体系

当今社会，网络已经深入到生活的各个方面，网络战乃至网络安全保障绝不是凭借军方一己之力就能制胜的，必须依靠全社会的力量。从韩国的情况看，官方、军队、民间都有自己自上而下的管理体制，同时由国家情报院协调指挥、联动处理突发事件，取得了不错的效果。

---

① 鲁阳：《从逐渐成熟到日趋强硬：美国网络威慑政策的发展历程》，搜狐网，2018年10月17日，http：//www. sohu. com/a/260085403_ 465915。

② 鲁阳：《从逐渐成熟到日趋强硬：美国网络威慑政策的发展历程》，搜狐网，2018年10月17日，http：//www. sohu. com/a/260085403_ 465915。

韩国在 2019 年发布的《国家网络安全基本计划（2019～2022）》和《国家网络安全实行计划》中，更是将目标细化为 100 个课题，由 9 大部门专司其职、通力完成。如科学技术信息通信部负责 5G 通信网安全性能的提高、确保网络互信、推动产学研一体化发展、支持海外市场的开拓等，国家情报院负责国家重点信息通信网安全性能的提高、尖端技术的安保研发等，国防部负责有关网络战的军事战略和战术研究、开发网络战主动应对技术及系统等，教育部负责教育领域网络安全组织和人力的加强、人才培养等，外交部负责驻外使领馆的信息安全、为应对网络威胁创造外交条件、推动国际合作等。此外，企划财政部、行政安全部、大检察厅、警察厅等机关也都在分工领域各负其责，调动政府、企业和个人多方力量，投入到网络安全建设中。

（三）发掘智力资源，选拔网络安全人才

人类社会已经进入了一个崭新的万物互联时代，现代人的生活越来越便利，但人们面临的威胁也日益严重，而站在这一时代中心的仍然是人，人才的培养才是信息安全的核心。在网络安全领域，各国都不乏“神童”的闪现，如 30 岁就担任阿里首席安全专家的吴瀚清，他曾带领团队抵御了史上最强大的 DDoS 攻击。这些顶级人才的出现无疑是必要的，他们可以成为军事利器或企业核心，但是面对浩瀚的网络之海，几个神童之力则远远不够，大量安全技术人才的打造需要一个完善的人才培养体系做支撑。

从韩国的经验来看，除了常规的大学入学选拔，政府还会为基础良好的青少年提供训练环境和资助，得到挖掘的人才再通过专业大学的培养输送到相关的专业机构任职。如韩国政府从 2012 年开始实施的 BoB（Best of the Best）计划，每年都会提供无上限的经费资助 100 余名年轻的信息安全参赛者，优胜者可以一路享受保送大学、免服兵役等优惠政策，[①] 这一机制对于我们也有很好的借鉴意义。

综合韩国的经验来看，网络安全建设的根本，还在于体系构筑、人才培养等自身力量的建设和运用，它是支撑网络威慑可信性的关键所在，说到底，实力才是保障网络空间安全的最佳武器。

① 《深度报道：韩国黑客梦之队是怎样炼成的?》，FREEBUF，2015 年 8 月 12 日，https：//www. freebuf. com/news/74802. html。

A Study of the Development of Network Security Construction in ROK and Their Implications

Zhao Yang

Abstract ROK is an IT power, but network security incidents affecting the whole society happen from time to time. In the face of increasingly serious network threats, ROK has taken a series of measures in cooperation with various forces and achieved remarkable results. In terms of strategy formulation, relevant laws and regulations have been issued to construct a clear development strategy from the national level. In terms of system construction, the "trinity" joint command system of official, military and civilian is implemented, and the three parties organically combine and work together. In the research and development of offensive and defensive technology, all kinds of network defense products have been vigorously developed, and the research and development speed of network weapons has been accelerated. Education on information protection has been carried out through schools, institutions and organizations to train cyber security personnel at all levels and of all kinds. International cyber security cooperation has taken the form of alliance cooperation, bilateral cooperation, multilateral cooperation, regional cooperation and institutional cooperation. In general, although ROK has advanced ICT infrastructure, it is vulnerable to cyber attacks. The reason is that the strategy of ROK's cyber war is mainly based on defense, which has obvious shortcomings in attack and defense, and fails to form a strong enough network deterrent force, which is also very inconsistent with its image as an IT power. However, in addition, ROK's measures in multi-party joint response system, selection and appointment of cyber security talents are still worthy of our reference.

Keywords ROK; Cyber Space; Cyber Security; Cyber Warfare

韩国《国家网络空间安全战略》评析

——主要内容、重要特征与预期影响

韩常顺

【内容提要】韩国政府《国家网络空间安全战略》在继承之前战略性文件成果的同时，明确提出以“战略规划→战略力量建设→战略力量运用”为核心的网络空间军事战略框架，以“事前遏制→事中应对→必要时反制”为核心的网络空间安全力量运用战略，以及融“政府战略决策文化建设”、“政府战略执行文化建设”和“国民安全意识建设”于一体的网络空间安全文化建设战略。因此，该战略可被视为韩国国家网络空间安全战略发展史“新的里程碑”。从中长期来看，该战略对韩国与周边国家的关系，其影响是不确定的。

【关键词】韩国　国家网络空间安全战略　东北亚地区局势

【作者简介】韩常顺，复旦大学国际关系与公共事务学院博士研究生。

2019年4月，韩国政府发布《国家网络空间安全战略》（以下简称《战略》），明确“把网络空间威胁视为国家安全威胁”。① 本文在对韩国网络空间

① 국가안보실, 『국가사이버안보전략』, 2019, p.10, 청와대, https://www1. president. go. kr/dn/5ca3f951c2733. 该《战略》韩文版和英文版大体相同，但在个别语句和页码上存在差异。本文所引内容系根据韩文版进行翻译，并参照英文版进行修订。为行文方便，除非必要，将仅标注韩文版页码。英文版参见 National Security Office, *National Cybersecurity Strategy*, April 2019, https://www1. president. go. kr/dn/5ca3f95ab2bc4。

安全战略演化进程进行系统梳理基础上，[①] 通过与之前类似战略性文件进行比较，分析《战略》的特征，评估其可能对朝韩关系及周边局势产生的影响。

一 挑战与回应：韩国《国家网络空间安全战略》的历史溯源

从历史脉络上看，韩国《国家网络空间安全战略》的出台是韩国政府对网络空间安全挑战的回应。

1967 年，韩国政府引进“IBM 1401”型计算机用于人口普查。这既是计算机首次进入韩国，也是韩国电子政府的起源，1967 年因此被称为韩国电子政府“元年”。[②] 1970 年 6 月，韩国科学技术研究所和韩国经济企划院预算局实现韩国史上首次“计算机—终端”数据通信，[③] 意味着以计算机为代表的现代信息处理技术开始与现代通信技术融合，标志着韩国网络空间的正式诞生。1973 年 10 月，韩国首起网络空间安全事件——首尔市“盘浦洞公寓违法抽签案”曝光，[④] 但并没有引起韩国政府过多关注。1993 年，韩国“头号黑客”金材烈假借青瓦台名义实施盗窃案，以及 1994 年韩国核能研究所遭受英国少年黑客攻击案，因在客观上危及国家安全，[⑤] 引发韩国政府

---

① 严格来说，在 2019 年 4 月正式发布《国家网络空间安全战略》之前，韩国政府并无公开、系统且成文的“国家网络空间安全战略”。本文在广义上使用“战略”一词，因而涵盖了韩国成文战略出台之前的各种“战略观念”、“战略措施”或“战略实践”。

② 행정안전부，『전자정부 50 년(통사)』，2017，pp.23–24，http：//www. e – gov50. kr/fileDownload? filename = % EC% A0% 84% EC% 9E% 90% EC% A0% 95% EB% B6% 8050% EB% 85% 84 （% ED% 86% B5% EC% 82% AC）. pdf.

③ 행정안전부，『전자정부 50 년(통사)』，2017，pp.72–74，http：//www. e – gov50. kr/fileDownl-oad? filename = % EC% A0% 84% EC% 9E% 90% EC% A0% 95% EB% B6% 8050% EB% 85% 84 （% ED% 86% B5% EC% 82% AC）. pdf.

④ 详参행정안전부，『전자정부 50 년(통사)』，2017，pp.38–39，http://www.e–gov50.kr/fileDownload?filename=%EC%A0%84%EC%9E%90%EC%A0%95%EB%B6%8050%EB%85%84(%ED%86%B5%EC%82%AC).pdf；한국전산원，『2000 한국인터넷백서』，p.335；「컴퓨터조작추첨부정」，『경향신문』，1974–02–09,7 면；「“컴퓨터 주첨조작”의 문제점: 대량불정의 새수법」，『경향신문』，1974–02–11，6 면。

⑤ 关于金材烈案，详参「청와대 사칭 컴퓨터범죄 “충격” 정부 비밀번호도 해독 국가기밀 “무방비”」，『한겨레신문』,1993–02–18,12 면；「금융전산망 접근기도 범인은 IQ 140 의 “컴퓨터 도사”」，『경향신문』，1993–02–18,23 면；「“0303”으로 암호 바꿔라」，『동아일보』,1993.02.18,22 면。关于英国少年黑客案，详参「한국원자력연 “해커” 침입」，『매일경제신문』，1994.11.04，3 면；「원자력연 해커 침입 8 개월간 몰랐다」，『경향신문』,1994.11.06,22 면。

对网络空间安全问题的关注，并开始采取一些战略性措施：1996 年组建“韩国信息保护中心”，1998 年开始实施信息安全系统评估与认证制度，2000 年制定《信息通信基础设施保护法》。但是，韩国政府真正开始从国家安全角度考虑网络空间安全问题并将之“安全化”，[①] 还需要更多的“催化条件”。[②]

2003 年 1 月 25 日爆发的全球网络蠕虫病毒灾害，导致“身为 IT 强国的韩国在历史上首次出现全国性互联网瘫痪”。[③] 韩国政府对此高度关注，开始将网络空间安全问题“安全化”。在《2003 年国家信息保护白皮书》中，国家情报院正式提议制订“国家网络空间安全基本战略”，具体措施包括：一是建立全国性网络空间恐怖袭击分级预警机制；二是建立民间和政府信息共享及联合应对机制；三是强化技术性预防措施；四是加大网络安全专业人才培养力度；五是培育信息安全产业；六是扩充网络空间安全预算。[④] 2005 年1 月 31日，韩国政府制定《国家网络空间安全管理规程》，提出一系列战略性措施：一是明确各中央行政机关有责任保障其信息通信网络安全；二是设立“国家网络空间安全战略会议”作为国家网络空间安全战略决策机构；三是设立“国家网络空间安全中心”，负责在国家层面全面、系统地应对网

① 所谓“安全化”，即“议题被描述为一种生存性威胁，要求采取紧急措施并将超出常规政治程序的行动合理化”。参见 Barry Buzan, Ole Wæver and Jaap de Wilde, *Security: A New Framework for Analysis*, London: Lynne Rienner Publishers 1998, pp. 23 – 24。

② 巴里·布赞等所称的“催化条件”，包括“安全化”的言语要件、声明发布人的权威地位和威胁的性质，但在一定程度上忽视了“安全化”主体（声明发布人）对威胁性质的主观认知。本文所称“催化条件”，则不仅包括布赞等提到的三个要件，而且强调声明发布人对于威胁性质的认知（无论认知本身是否正确）。不明确指出这一点，很容易让人错误地认为，很多“安全化”进程仅仅是源于政治斗争，而不是源于客观威胁和决策者的主观认知。参见 Barry Buzan, Ole Wæver and Jaap de Wilde, *Security: A New Framework for Analysis*, London: Lynne Rienner Publishers 1998, pp. 32 – 33。

③ 김은영, 박중길, 「1.25 인터넷 대란의 원인 분석」,『2003 년도 한국정보과학회 봄 학술발표논문집』,Vol.30,No.1,p.341, http://www.ndsl.kr/ndsl/commons/util/ndslOrgDocDown.do?url=/soc_img/society/kiss/JBGHAN/2003/y2003m04a/JBGHAN_2003_y2003m04a_341.pdf&ex=pdf&filename=125%EC%9D%B8%ED%84%B0%EB%84%B7%EB%8C%80%EB%9E%80%EC%9D%98%EC%9B%90%EC%9D%B8%EB%B6%84%EC%84%9D&cn=NPAP07465555&oCn=.

④ 국가정보원,『2003 국가정보보호백서』, 2003, pp. 233 – 239, http://theme.archives.go.kr/viewer/common/printImage.do? waterMarkFlag = Y&archiveEventId = &archiveId = 0001208720&singleData = Y&start = 1&end = 293.

络空间威胁；[①] 四是建立网络空间安全信息合作机制；五是建立网络空间威胁警报发布机制；六是确立网络空间安全事故通报、恢复、调查及处理程序。[②] 这可能是韩国正式公开发布的首份国家级网络空间安全战略性文件。

从 2008 年李明博执政开始，韩国开始频繁遭受危及国家安全的大规模网络空间攻击，韩国政府随之不断出台战略性文件。针对 2009 年“7·7 DDoS 侵害事故”，2009 年 9 月 11 日，韩国政府制定《国家网络空间危机综合对策》，明确各国家机关在应对网络危机中的职能，制定提高私人领域网络安全水平的具体措施，分类明确必须立即完成的任务、2010 年前需完成的任务和未来中长期任务。[③] 以 2011 年“3·4DDoS 侵害事故”和“农协计算机网络瘫痪事件”为契机，2011 年 8 月 8 日，韩国政府制定《国家网络空间安全宏观规划》，把网络空间视为“继领土、领空和领海之后国家必须守护的另一领域”，进一步明确网络空间安全威胁应对机制和政府各部门职责，决定在网络空间安全威胁预防、探测、应对以及制度建设、基础设施保护五个领域选定和推进一批重大项目。[④] 2013 年“3·20 网络空间恐怖袭击”和“6·25 网络空间攻击”发生之后，7 月 3 日，韩国政府制定《国家网络空间安全综合对策》，提出被概括为“PCRC”的四大战略措施：一是强化网络空间应对体系的“即应性”（Prompt）；二是建立相关机构之间智能化“合作体系”（Cooperative）；三是提升网络空间安全对策的“鲁棒性”（Robust）；四是营造“富有创造性”（Creative）的网络空间安全社会基础。[⑤] 2014 年韩国水电与核电公司遭受黑客攻击之后，2015 年 3 月 17 日，韩国政府发布《国家网络空间安全强化方案》：一是强化政府层面的网络空间安全力量；二是开发核心技术和培育专业人才；三是扩大国际合作；四是整

---

① 需要说明的是，“国家网络空间安全中心”早在 2004 年 2 月即已成立，《国家网络空间安全管理规程》可以说是在为其办理“补票”程序。

② 『국가사이버안전관리규정』[대통령훈령 제 141 호，2005-01-31，제정].

③ 방송통신위원회，「정부，“국가사이버위기 종합대책” 확정 발표」，2009-09-14，http://www. kcc. go. kr/download. do；jsessionid = k9HIdBpafw5m1TaFfgl6ejl18CakhrazaIgWjL7tWaaDveMF0itQ5dVcuBjAx1jM. hmpwas01_ servlet_ engine1? fileSeq = 26056.

④ 방송통신위원회，「정부，“국가 사이버안보 마스터플랜” 수립」，2011-08-08，https://www. kcc. go. kr/download. do；jsessionid = uKlJnnG8GmKaEVu0akbNHGP45aKQ5wCMaY3sFkGtW3BJfFx30tjweMY1WTRka7T8. hmpwas01_ servlet_ engine1? fileSeq = 31964.

⑤ 국가정보원외，『2014 국가정보보호백서』，2014-04，pp.26-30，https://isis.kisa.or.kr/ebook/download_pdf/2014.pdf.

顿网络空间安全应对体系；五是强化以国家安保室为中心的指控机制。①

总体而言，上述战略性文件，没有一份是以青瓦台总统府名义发布的，也没有一份被冠以“战略”之名，但都包含一些重要措施，从而为韩国《国家网络空间安全战略》的最终出台奠定了实践和理论基础。

二 目标与措施：韩国《国家网络空间安全战略》的主要内容

2016 年 9 月，韩国国防部内部网遭受黑客攻击案曝光，对韩国政府造成巨大冲击。但是，同年 10 月“亲信门事件”爆发导致韩国政坛陷入混乱，韩国政府未能立即对网络安全议题做出反应。2019 年 4 月，文在寅政府首次根据《国家安全战略》发布《国家网络空间安全战略》。②

《战略》提出“建成自由而安全的网络空间，以支撑国家安全与经济发展，为国际和平做贡献”的美好“愿景”，并设定三大战略目标：一是“提升国家核心基础设施的生存能力和恢复能力”，以“保障国家主要功能稳定运转”；二是“强化遏制、提前探测和拦截以及迅速和能动应对网络空间威胁的事故应对能力”，以“无缝应对网络空间攻击”；三是“营造公正、自律的生态，以确保网络空间安全技术、人才和产业具备竞争力”，从而“夯实网络空间安全的基础”。③ 为实现上述目标，《战略》提出六类措施。根据是否与战略目标直接相关，本文将其分为两个大类：一是直接服务战略目标的“硬措施”，二是间接服务战略目标的“软措施”。

（一）直接服务战略目标的“硬措施”

首先，为实现“保障国家主要功能稳定运转”的战略目标，《战略》提

① 参见「2015 년 정보보호 10 대 이슈」，국가정보원 외，『2016 국가정보보호백서』，2016.04，https://isis.kisa.or.kr/ebook/download_pdf/2016.pdf.；「정부，사이버안보 전담조직 신설．확대추지」，정책브리핑，2015-03-17，http://www.korea.kr/policy/societyView.do?newsId=148792556&call_from=naver_news.；「국가 차원의 사이버안보 대폭 강화한다」，『보안뉴스』，2015.03.18，https://www.boannews.com/media/view.asp?idx=45697&kind=2。

② 국가안보실，『국가사이버안보전략』，2019-04, p.10, 청와대，https://www1.president.go.kr/dn/5ca3f951c2733.

③ 국가안보실，『국가사이버안보전략』，2019-04, p.12, 청와대，https://www1.president.go.kr/dn/5ca3f951c2733.

出要“提升国家核心基础设施的生存能力和恢复能力，确保面对任何网络空间攻击都能不间断地提供国民生活所需的基础服务”。一是在网络空间建设层面强化网络安全，包括建立从建设、使用到废弃的全流程安全措施，制定常态化检查与改进方案，提升信息通信与网络服务生存能力（升级系统和扩充备份等），以及强化技术防护（针对云设备等新型服务及时开发新安全技术、升级加密系统和机密保护系统以及强化技术标准执行力度）。二是在制度保障层面强化网络安全，包括改进国家主要信息通信基础设施指定与保护制度，强化预算等政策支持，发布指南引导相关机构从基础设施建设初期开始考虑安全问题，允许私人领域基础设施管理机关进行自律性安全评估，以及制定各领域“定制型”安全漏洞检测基准。三是着眼未来强化网络安全，包括应对技术融合和新技术等诱发的新型安全威胁，采用从系统开发阶段即内置安全功能的“安全设计技术”（security by design），开发和普及高可信度网络，建设下一代安全认证基础设施。①

其次，为实现“无缝应对网络空间攻击”的战略目标，《战略》提出要“扩充先发制人性、综合性力量，以提前有效遏制网络空间攻击，并在事故发生后迅速、能动地应对”。②

最后，为实现“夯实网络空间安全的基础”这一战略目标，《战略》提出要“通过改善制度、扩大支持等措施，营造革新性网络空间安全产业生态系统，以确保构成国家网络空间安全基础性力量的技术、人力和产业具备竞争力”。一是通过体制改革、增加政府信息安全预算和鼓励民间投资等措施，扩大对网络空间安全领域的投资；二是通过实施“定制型人才培养项目”、增加网络空间安全技术研发预算等措施，提升网络空间安全人力和技术的竞争力；三是通过改善创业环境等措施，营造有利于网络空间安全企业成长的环境。③

---

① 국가안보실，『국가사이버안보전략』，2019-04，pp.14-15，청와대，https://www1.president.go.kr/dn/5ca3f951c2733.

② 국가안보실，『국가사이버안보전략』，2019-04，p.16，청와대，https：//www1. president. go. kr/dn/5ca3f951c2733. 具体内容详见后文。需要指出的是，该句英文版参考译文为“扩充力量，以便提前有效遏制网络空间攻击，并迅速应对安全事故”，相比韩文版在“力量”一词前减少了“先发制人性、综合性”这一修饰语。参见 National Security Office，*National Cybersecurity Strategy*，April 2019，p. 16。

③ 국가안보실，『국가사이버안보전략』，2019-04，pp.20-21，청와대，https://www1.president.go.kr/dn/5ca3f951c2733.

（二）间接服务战略目标的“软措施”

第一，“建立基于互信与合作的治理体系”。《战略》提出，要“以个人、企业和政府间互信与合作为基础，建立涵盖民、政、军领域的面向未来的网络空间安全战略实施体系”。首先，由国家安保室担任“指挥塔”，强化“由以政府为首的所有利害相关方分担网络空间安全职责并相互合作”的民、政、军合作机制。其次，“建立涵盖私人、公共和国防领域的国家级信息共享机制，以迅速共享网络空间威胁信息”。最后，通过改善法律和制度，为强化合作机制和信息共享机制提供法制支持，如防止在信息共享过程中发生侵犯隐私、信息被用于非指定目的等问题。①

第二，“建设网络空间安全文化”。《战略》指出，“所有国民都应当认识到网络空间安全的重要性并付诸实践，而政府在执行过程中应当尊重国民基本权益并鼓励国民参与”。②

第三，“引领网络空间安全国际合作”。首先，通过进行网络空间政策磋商、强化与国际组织的伙伴关系、加入国际公约等措施，在国防、情报和执法等领域开展国际合作与交流，完善双边与多边合作机制。其次，通过积极参与全球网络空间安全规范的制订以及有关建立信任措施的讨论，扩大旨在提升发展中国家网络空间安全能力的对外援助项目，争取“引领网络空间安全国际合作”。③

三　延续与变革：韩国《国家网络空间安全战略》的重要特征

对比 2003 年国家情报院关于国家网络空间安全战略的建议、2005 年《国家网络空间安全管理规程》、2009 年《国家网络空间危机综合对策》、

① 국가안보실,『국가사이버안보전략』, 2019-04, pp.18-19, 청와대, https://www1.president.go.kr/dn/5ca3f951c2733.

② 국가안보실,『국가사이버안보전략』, 2019-04, p.22, 청와대 ,https://www1.president.go.kr/dn/5ca3f951c2733。具体内容详见后文。

③ 국가안보실,『국가사이버안보전략』, 2019-04, p.23, 청와대, https://www1.president.go.kr/dn/5ca3f951c2733.

2011 年《国家网络空间安全宏观规划》、2013 年《国家网络空间安全综合对策》和 2015 年《国家网络空间安全强化方案》等战略性文件或建议，以及韩国政府之前采取的部分战略性措施，我们可以发现，2019 年《国家网络空间安全战略》最重要的特征就是“延续性”与“变革性”并存（见表 1）。

表 1　韩国主要网络空间安全战略性文件内容对比

战略性文件	主要措施
2003 年 国家情报院的建议	1. 建立全国性网络空间恐怖袭击分级预警机制； 2. 建立民间和政府信息共享及联合应对机制； 3. 强化技术性预防措施； 4. 加大网络安全专业人才培养力度； 5. 培育信息安全产业； 6. 扩充网络空间安全预算。
2005 年 《国家网络空间安全管理规程》	1. 明确各中央行政机关有责任保障其信息通信网络安全； 2. 设立“国家网络空间安全战略会议”作为国家网络空间安全战略决策机构； 3. 设立“国家网络空间安全中心”，负责在国家层面全面、系统地应对网络空间威胁； 4. 建立网络空间安全信息合作机制； 5. 建立网络空间威胁警报发布机制； 6. 确立网络空间安全事故通报、恢复、调查及处理程序。
2009 年 《国家网络空间危机综合对策》	1. 明确各国家机关在应对网络危机中的职能； 2. 制定提高私人领域网络安全水平的具体措施； 3. 分类明确必须立即完成的任务、2010 年前需完成的任务和未来中长期任务。
2011 年 《国家网络空间安全宏观规划》	1. 把网络空间视为“继领土、领空和领海之后国家必须守护的另一领域”； 2. 明确网络空间安全威胁应对机制和政府各部门职责； 3. 在网络空间安全威胁预防、探测、应对以及制度建设、基础设施保护五个领域选定和推进一批重大项目。
2013 年 《国家网络空间安全综合对策》	1. 强化网络空间应对体系的“即应性”； 2. 建立相关机构之间智能化“合作体系”； 3. 提升网络空间安全对策的“鲁棒性”； 4. 营造“富有创造性”的网络空间安全社会基础。

续表

战略性文件等	主要措施
2015 年 《国家网络空间安全强化方案》	1. 强化政府层面的网络空间安全力量； 2. 开发核心技术和培育专业人才； 3. 扩大国际合作； 4. 整顿网络空间安全应对体系； 5. 强化以国家安保室为中心的指控机制。
2019 年 《国家网络空间安全战略》	1. 提升国家核心基础设施的安全性； 2. 提升网络空间攻击应对能力； 3. 建立基于互信与合作的治理体系； 4. 建立网络空间安全产业增长基础； 5. 建设网络空间安全文化； 6. 引领网络空间安全国际合作。

资料来源：参见前文相关脚注。

（一）“延续性”

相较之前的战略性文件（含战略性建议、战略性措施等），2019 年《国家网络空间安全战略》在两个方面表现出明显的延续性。首先，在战略性措施的类别上，无论提升国家核心基础设施的安全性、提升网络空间攻击应对能力和建立网络空间安全产业增长基础，还是强化网络空间安全治理体系和开展网络空间安全国际合作，之前的战略性文件均有所涉及。其次，在战略性措施的内容上，《战略》在相当程度上只是对此前战略性措施的梳理和重申。比如，在提升国家核心基础设施安全性方面，2000 年《信息通信基础设施保护法》已经建立“主要信息通信基础设施”保护机制，2013 年《国家网络空间安全综合对策》提出要扩大“主要信息通信基础设施”指定对象和信息保护管理体系认证对象的范围。①

（二）“变革性”

相比“延续性”，更值得关注的是韩国《国家网络空间安全战略》表现出的“变革性”。

① 국가정보원외,『2014 국가정보보호백서』, 2014-04, pp.26-30, https://isis.kisa.or.kr/ebook/download_pdf/2014.pdf.

第一，《战略》首次明确提出以“战略规划→战略力量建设→战略力量运用”为核心的三位一体式网络空间军事战略框架。在《战略》发布之前，就已出现韩国政府欲将军事作战纳入国家网络空间安全战略的前兆。在战略性文件中，2009 年《国家网络空间危机综合对策》要求国防部组建网络空间部队；① 2011 年《国家网络空间安全宏观规划》明确把网络空间视为继领土、领空和领海之后国家必须守护的另一领域。② 在战略实践中，韩国 2010 年 1 月正式组建国防情报本部“网络空间司令部”；2011 年 7 月升格为直属国防部的“国军网络空间司令部”；2015 年 2 月 16 日修订《国军网络空间司令部令》，赋予联合参谋本部议长根据国防部长命令指导和监督国军网络空间司令部遂行国防网络空间作战的权力；③ 2018 年 8 月 9 日发布《国防网络空间安全力量强化方案》，将“国军网络空间司令部”改名为“网络空间作战司令部”，进一步明确和强化韩军网络空间部队作战职能。④ 以上述战略性文件和战略实践为基础，《战略》首次明确纳入网络空间军事作战内容，将之表述为“研究综合性、能动性网络空间攻击反制措施”：一是在战略规划层面，提出要“研究出现重大网络空间安全威胁时依据国际规范能够采取的所有应对手段并制定具体方案”；二是在战略力量建设层面，提出要“发展各种战略和战术，强化军事力量，获取核心技术，以在网络空间作战中保护国家安全与国家利益”；三是在战略力量运用层面，提出要“培养专业化、精锐化网络空间作战人才，强化网络空间威胁应对机构，以有效遂行网络空间作战”。⑤ 因此，《战略》事实上明确提出了以“战略规划→战略力量建设→战略力量运用”为核心的三位一体式网络空间军事战

① 방송통신위원회，「정부，“국가사이버위기 종합대책” 확정 발표」，2009-09-14，http://www. kcc. go. kr/download. do; jsessionid = k9HIdBpafw5m1TaFfgl6ejl18CakhrazaIgWjL7tWaaDveMF0itQ5dVcuBjAx1jM. hmpwas01_ servlet_ engine1? fileSeq = 26056.

② 방송통신위원회，「정부，“국가 사이버안보 마스터플랜” 수립」，2011-08-08，https://www. kcc. go. kr/download. do; jsessionid = uKlJnnG8GmKaEVu0akbNHGP45aKQ5wCMaY3sFkGtW3BJfFx30tjweMY1WTRka7T8. hmpwas01_ servlet_ engine1? fileSeq = 31964.

③ 『국군사이버사령부령』[시행 2015.2.16][대통령령제 26101 호，2015-02-16，일부개정].

④ 「국방개혁 2.0 국방사이버안보 역량 강화방안 본격 추진」，정책브리핑，2018.08.09，http://www.korea.kr/briefing/pressReleaseView.do?newsId=156287267.

⑤ 参见국가안보실，『국가사이버안보전략』，2019-04，p.17，청와대，https: //wwwl. president. go. kr/dn/5ca3f951c2733.; National Security Office，*National Cybersecurity Strategy*，April 2019，p. 17。“反制措施”一词译自英文版中的“countermeasure”。

略框架，并暗示韩军可能在“出现重大网络空间安全威胁时”，依据国际规范采取“所有应对手段”对网络空间攻击实施“反制”。

第二，《战略》首次完整提出以“事前遏制→事中应对→必要时反制”为核心的三位一体式网络空间安全力量运用战略。为实现“无缝应对网络空间攻击”的战略目标，《战略》提出三大措施：一是强化网络攻击预防能力和网络攻击溯源能力，以便在平时“遏制”网络攻击；二是完善网络攻击信息共享、联合调查和响应机制，扩大攻击探测范围和应用人工智能技术，实施民、政、军联合训练，强化民、政、军合作，制定网络空间危机水平分类方案，以便迅速“应对”网络攻击；三是如上段所述，韩军可在“出现重大网络空间安全威胁时”，依据国际规范采取“所有应对手段”对网络空间攻击实施“反制”。① 因此，相比之前战略性文件主要关注网络攻击事前预防和事中应对措施，《战略》首次完整提出以“事前遏制→事中应对→必要时反制”为核心的三位一体式网络空间安全力量运用战略。

第三，《战略》正式提出比较完整的网络空间安全文化建设战略。为建设网络空间安全文化，《战略》提出两大措施：一是通过制作和分发网络空间安全基本手册，针对学生、公务员、军人和企业界人士等不同类别人员，实施“定制型”网络空间伦理与安全教育项目，强化企业的社会责任，提升全国民众网络安全意识；二是通过规定政府承担“不非法或不当干涉和侵害国民基本权益的义务”，鼓励民众参与网络安全政策决策，“在不损害国家利益前提下积极、透明公开网络空间安全相关信息”，努力在保障公民基本权益与保障国家安全之间保持平衡。② 从战略实践上看，在提升全国民众网络空间安全意识方面，韩国政府很早就已经开始行动：从 2005 年开始，国家情报院每年举办“网络空间安全日”活动；2012 年，韩国政府进一步将每年 7 月定为“信息保护月”，将每年 7 月第二个周三定为“信息保护日”，成为世界上首个将“信息保护日”确定为法定纪念日的国家。《战略》的创新之处在于，在继续强调国民网络安全意识建设重要性的同时，明确提

① 국가안보실,『국가사이버안보전략』, 2019-04, pp.16-17, 청와대, https://www1.president.go.kr/dn/5ca3f951c2733.

② 국가안보실,『국가사이버안보전략』, 2019-04, p.22, 청와대, https://www1.president.go.kr/dn/5ca3f951c2733.

出在保障公民权益与保障国家网络空间安全之间保持平衡，以及鼓励个人和企业参与网络空间安全决策这两项新措施，从而建构起一个融“政府战略决策文化建设”、“政府战略执行文化建设”和“国民安全意识建设”于一体的比较完整的网络空间安全文化建设战略。

四 韩国《国家网络空间安全战略》对地区局势的预期影响

仅仅从《国家网络空间安全战略》的字面内容来看，我们看到的是任何一个国家都可能追求的愿景：“通过强化国际伙伴关系、主导国际规范制度等措施，成为网络空间安全领域的领袖国家，以保障国家安全与国家利益”，为此要完善双边和多边合作体系，争取引领网络空间安全领域国际合作。① 因此，从短期来看，《战略》不太可能对地区局势产生负面影响。但是，当我们综合考虑其他因素，从中长期来看，就会发现韩国《国家网络空间安全战略》对地区局势的影响具有一定程度的不确定性。

第一，无论在陆、海、空、太等传统空间，还是在网络空间，韩国都可在某一时刻将“周边国家”界定为对韩的“潜在威胁”。1994 年 3 月，金泳三政府将韩国国防目标修订为：“保卫国家免遭外部军事威胁与侵略，支持和平统一，为地区稳定与世界和平做贡献。”② 尽管这一国防目标一直沿用至今，③ 但韩国历届政府对这一目标的具体解读却因时而异，特别是在对“外部军事威胁与侵略”的界定上。比如，朴槿惠政府《2016 年国防白皮书》在界定“外部军事威胁与侵略”时，除继续强调源自朝鲜的威胁外，明确提出要“持续发展应对我国和平与安全所面临周边国家潜在威胁以及超国家与非军事威胁的能力”，④ 首次将应对“周边国家潜在威胁”纳入韩国国防目标。尽管文在寅政府的《2018 年国防白皮书》将相关界定重新修改为“持续发展应对潜在威胁以及恐怖袭击、网络空间攻击、大规模灾难

① 相较韩文版，英文版删除了“保障国家安全和国家利益”这一表述。参见국가안보실,『국가사이버안보전략』, 2019-04,p.23，청와대，https：//www1. president. go. kr/dn/5ca3f951c2733；National Security Office，*National Cybersecurity Strategy*，April 2019，pp. 23 - 24。

② 국방부，『국방백서 1994-1995』，1994-10，p.20.

③ 参见국방부，『2018 국방백서』，2018-12，p.33。

④ 국방부，『2016 국방백서』，2016-12，p.34.

等超国家与非军事威胁的能力”,[①] 删除了“周边国家”这一定语，但朴槿惠政府时期的先例表明，在一定条件下，韩国政府仍可能再次将“周边国家”界定为“潜在威胁”。

第二，从韩国国际合作对象的选择范围来看，韩美战略同盟有可能从传统空间延伸到网络空间，进而影响地区网络空间安全格局。首先，在传统空间中，韩美长期保持战略同盟，因此包括网络空间安全战略在内的韩国国家安全战略，必将在一定程度上受到美国全球安全战略的制约。其次，在网络空间中，韩美安全合作正在不断深化。比如，2017 年 10 月 28 日发布的《第 49 次韩美安保协议会会议（SCM）共同声明》称，韩美两国国防部长“注意到最近正在上升的网络空间威胁和美国网络空间司令部升级为联合作战司令部，就把网络空间力量视为核心安全力量、以韩美同盟为基础扩大两国国防当局间相关合作达成共识。两国国防部长决定利用定期性双边会议和韩美网络空间工作磋商机制，寻找提升共同合作的新机遇”。[②] 2018 年 10 月 31 日发布的《第 50 次韩美安保协议会会议（SCM）共同声明》进一步表示，韩美两国国防部长“再次确认，鉴于日益加剧的网络空间安全威胁，两国同意强化同盟的网络空间力量”。[③] 最后，韩国国内存在呼吁建立韩美网络空间安全同盟和韩国加入“五眼 + 3”机制的呼声。曾任韩国国家安保技术研究所所长和韩国信息保护学会会长的朴春植（音译）在评论《战略》时指出，“尽管《战略》宣称要主导网络空间安全领域国际合作，但这可能既不现实，也不迫切。与引领网络空间安全领域国际合作相比，加入《网络空间犯罪公约》和建立可媲美韩美安全同盟的韩美网络空间安全同盟显得更为迫切。以美国为中心的机密信息同盟亦即‘五眼’（five eyes)，加上日本、德国和法国，构成共享情报并应对网络空间攻击的‘五眼 + 3’机制。谋求积极参与这一机制，才真正是我国应当追求的网络空间安全战略”。[④]

因此，当我们综合考虑韩国将“周边国家”界定为网络空间“潜在威

① 국방부，『2018 국방백서』，p 33.

② 국방부，『2018 국방백서』，p.274.

③ 국방부，『2018 국방백서』，pp.278-279.

④ 「겉만 번지르한 국가사이버안보전략」，『디지털타임스』，2019-04-21，http://www.dt.co.kr/contents.html?article_no=2019042202102369061001&ref=naver.

胁”的可能性，韩美建立网络空间安全同盟的可能性，以及韩国加入“五眼+3”机制的可能性，我们可以看到，韩国《国家网络空间安全战略》对未来东北亚地区局势的影响具有一定程度的不确定性。

结　语

韩国《国家网络空间安全战略》在继承之前成果的同时，明确提出以“战略规划→战略力量建设→战略力量运用”为核心的网络空间军事战略框架，以“事前遏制→事中应对→必要时反制”为核心的网络空间安全力量运用战略，以及融“政府战略决策文化建设”、“政府战略执行文化建设”和“国民安全意识建设”于一体的网络空间安全文化建设战略。因此，《战略》确实是韩国国家网络空间安全战略发展史“新的里程碑”。① 但是，从中长期来看，对东北亚地区局势而言，《战略》的影响是不确定的。

Comments on ROK's National Cybersecurity Strategy

Han Changshun

Abstract　In April 2019, ROK government released its first National Cybersecurity Strategy. By comparing the contents of the Strategy and previous similar strategic documents, we can find that while inheriting the previous achievements, the Strategy clearly puts forward the strategic framework of cyberspace military strategy with the core of "strategic planning → strategic force constructing → strategic force using", the strategy of use of the cybersecurity forces with the core of "containment before the event → response after the event → counter-offense when necessary", as well as the strategy of cybersecurity culture

① 국가안보실, 『국가사이버안보전략』, 2019-04, p.10, 청와대, https://www1.president.go.kr/dn/5ca3f951c2733.

construction. Therefore, the Strategy can be regarded as a "new milestone" in the development history of ROK's national cybersecurity strategy. However, in the medium and long term, the impact of the Strategy is uncertain, not only in terms of DPRK－ROK Relations, but also in terms of the situation in Northeast Asia.

Keywords ROK; National Cybersecurity Strategy; Security of Northeast Asia

“着鞭”之争：从中日涉朝外交看甲午战前李鸿章因应之误*

黄　飞　金光耀

【内容提要】在甲午战前李鸿章与日本的外交交锋中，日本积极掌握主动权并掌控交涉的议题与进程，而李鸿章处于被动地位。最初，为防日本在朝鲜生事，李鸿章主动与日本交涉，提出中日同时撤兵，而日本予以拖延、敷衍。后来，日本提出朝鲜内政改革方案以扭转因撤兵交涉带来的被动局面，将双方交涉重点由撤兵转向朝鲜内政改革。在模糊自身意图、以外交交涉牵引李鸿章的注意力的过程中，日本不断向朝鲜增兵，并逐步取得在朝鲜的军事优势。之后，日本向中朝宗藩关系发起挑战，至此，李鸿章才明晰日本想要直接掌控朝鲜并上报朝廷备战。然而，日本已经占据了军事优势，态度愈发强硬并最终挑起战争。

【关键词】中日涉朝外交　李鸿章　甲午战争

【作者简介】黄飞，博士，上海财经大学马克思主义学院讲师；金光耀，复旦大学历史系教授，博士生导师。

甲午战争是对近代中日关系以及中国近代历史进程具有决定性影响的一场战争。然而，中国最终惨败于日本。对此，学界普遍认为李鸿章对日因应出现重大失误，其寄希望于列强的调停，过度依靠外交手段来解决朝鲜纠

* 本文为2019年上海市社科规划青年课题“清政府对日本拆解宗藩体制的认知与应对研究（1861－1895）”（课题编号：2019ELS014）的阶段性成果；并得到上海财经大学教育部直属高校基本科研业务费项目“李鸿章的对外观与中日关系研究”（项目编号：2017110726）的支持。

纷，未积极备战，这是中国战败的重要原因。[①] 李鸿章为何会过度依靠外交手段，不积极备战呢？有学者提出其对日本挑起战端的决心和野心缺乏正确的判断，一厢情愿地希望日军撤军。[②] 然而，此研究未对李鸿章为何没能识破日本的图谋进行细致的剖析，挖掘其背后的行为逻辑。甲午战前，李鸿章的对日因应是在变化的中日互动进程中展开的，互动的另一方——日本方面的虚实进路对其决策产生影响，是分析其行为逻辑不可缺少的因素，需要得到充分挖掘。本文希望对甲午战前中日外交进路进行系统考察，挖掘中日互动进程中的丰富面向，并基于此解析李鸿章对日因应的行为逻辑。

1894年2月，朝鲜东学党全琫准等人领导发动起义，4月，起义声势不断壮大。5月5日，驻朝鲜通商事务大臣袁世凯向李鸿章报告了东学党起义的消息，同时判断起义“似不难解散”，认为中国不用插手，朝鲜就能自行解决。[③] 作为朝鲜事务的负责人，李鸿章第一时间获悉东学党叛乱的消息，并将此上报总理衙门。[④] 对于此次起义，朝鲜政府“初不甚留意”，认为自

---

① 国内代表性成果有：孙克复：《甲午中日战争外交史》，辽宁大学出版社，1989；戴逸、杨东梁等：《甲午战争与东亚政治》，中国社会科学出版社，1994；林明德：《李鸿章对朝鲜的宗藩政策，1882—1894年》，《韩国研究论丛》1995年第1辑；贾熟村：《李鸿章与朝鲜》，《安徽史学》1999年第4期；贾熟村：《李鸿章与甲午战争》，《河北学刊》2000年第5期；王如绘：《近代中日关系与朝鲜问题》，人民出版社，1999；王生怀：《李鸿章与朝鲜问题》，《韩国学论文集》，2002；戚其章：《甲午战争史》，上海人民出版社，2005；王双印：《李鸿章“和戎”外交与甲午之败》，《江西社会科学》2013年第10期。国外代表性研究成果有：林子候：《甲午战争前之中日韩关系》，玉山书局，1990；〔日〕田保桥洁：『近代日支鲜关系の研究』，朝鲜京城帝国大学，1930；〔日〕信夫清三郎：《日本外交史》，商务印书馆，1980；〔日〕藤村道生：《日清战争》，米庆余译，上海译文出版社，1981；〔日〕谷郑茂树：《围绕日清开战的李鸿章朝鲜政策：李鸿章的朝鲜认识与日本》，《史学研究》第253号，2006；Lawrence H. Battistini，“The Korean Problem in the Nineteenth Century”，*Monumenta Nipponica*，Vol. 8，No. 1/2（1952），pp. 47－66；Edmund S. K. Fung，“Ch'ing Policy in the Sino-Japanese War”，*Journal of Asian History*，Vol. 7，No. 2（1973），pp. 128－152；Samuel C. Chu，“China's Attitudes toward Japan at the Time of the Sino-Japanese War”，in Akira Iriye ed.，*The Chinese and the Japanese：Essays in Political and Cultural Interactions*，New Jersey：Princeton University Press，1980。

② 翁飞：《李鸿章该为甲午惨败负多大责任》，张铁柱、刘声东等撰《甲午镜鉴》，上海远东出版社，2014，第175页。

③ （清）袁世凯著，骆宝善、刘路生主编《袁世凯全集》第3卷，河南大学出版社，2013，第330页。

④ （清）李鸿章著，顾廷龙、戴逸主编《李鸿章全集》第24册，安徽教育出版社，2008，第35页。

已可平定叛乱，后来因“各处告急，全兵败”，开始“惊怯”，向袁世凯“商请指画”。[①] 对此，李鸿章认为如朝鲜未主动向中国请兵，中国“未便轻动”。[②] 在李鸿章观望、等待朝鲜的举动之时，日本也在观望。因中国与朝鲜的宗藩关系，中国在朝鲜事务上较日本占据主动权，然而日本并不甘心居于下风，其认为此次朝鲜内乱，“与吾国亦不无关系”。甲午战前，日本在朝鲜问题上有较为明确的方针，可从当时日本报纸评论窥之——“凡事之得手与否，总在乎不使中朝先着鞭也”。[③] 日本在朝鲜问题上的基本目标为不让中国在朝鲜事务上掌握主动权、占据上风。东学党起义后，基于朝鲜事务处置的主动权——谁先“着鞭”，中日形成外交竞争。

一　日本怂恿中国出兵与中日先后出兵朝鲜

朝鲜发生内乱后，日本外务大臣陆奥宗光指示日本驻朝鲜临时代理公使杉村濬密切关注朝鲜叛乱情形以及中国的动向并及时向其汇报。5月下旬，杉村濬向陆奥宗光汇报时预计朝鲜将会“借清兵以戡乱党”。他提出，一旦清兵入朝，“为保护我官民及为保持日清两国之均衡，至平定民乱、清军撤退为止，或以保护使馆名义按旧约出兵”。[④] 杉村濬的建议展现出日本不愿中国“先着鞭”的基本战略，得到了陆奥宗光的认可。此后，日本驻朝使臣密切关注中国动向，并视中国动向为其进一步行动的参考。由于中朝之间的宗藩关系，中国在朝鲜问题上具有优先权，为了减少因中朝特殊关系带来的劣势，日本一直密切关注中国在朝鲜的举动。5月26日，获悉中国“平远”号军舰到达朝鲜后，日本遣员询问朝鲜，中国的“平远”号到朝鲜所为何事，又询问“华兵下岸否”。朝鲜官员回复，“平远”号是朝鲜借来运

① （清）袁世凯著，骆宝善、刘路生主编《袁世凯全集》第3卷，河南大学出版社，2013，第332页。

② （清）李鸿章著，顾廷龙、戴逸主编《李鸿章全集》第24册，安徽教育出版社，2008，第39页。

③ 《日本捷报自由报时事报及国民报论日本出兵赴朝鲜平乱事》（光绪二十年五月十七日），《总理各国事务衙门档案》，01－25－033－01－021，台北“中研院”近代史研究所档案馆藏。

④ 日本外务省调查部编纂《日本外交文书》第27卷，第497号文书，第152～153页。

送韩兵的，中国士兵并未下岸。对此，日本译员表示，“倘下岸须按乙酉约[①]知照”。后来，朝鲜形势恶化，朝鲜国王向中国求助，“求华遣兵代剿”。日本判断华兵入朝成为必然，为了解中国的出兵节奏，让自身不落后于中国，能够尽快合理出兵进入朝鲜，日本驻朝公使杉村濬派遣郑永邦拜访袁世凯，以“询匪情”为名试探袁世凯，怂恿中国出兵：“谓匪情久扰，大损商务，诸多可虑，韩人必不能了，愈久愈难办，贵政府何不速代韩戡。”[②] 6 月 4 日，在从袁世凯处获悉中国将出兵朝鲜的消息后，杉村濬立即向陆奥宗光报告，“请急速派来日本士兵”。[③]

袁世凯对日本就中国出兵一事表现出的关心并未警惕，对于 5 月 26 日日本官员的表态，他认为“倭意在知照，亦无派兵说”。[④] 而且，他认为虽然按照《天津条约》，中国派兵需要知照日本，但是无“华派日亦派之文”，即使日本出兵，“不过借保护使馆为名，调兵百余名来汉”，[⑤] 在听了郑永邦“必无他意”的口头保证后，他认为无甚妨碍，遂给李鸿章打了请兵电报。[⑥] 6 月 1 日，李鸿章收到袁世凯的汇报，指示袁世凯，“如必须华兵，可由政府具文来”。[⑦] 3 日，袁世凯将朝鲜政府请中国派兵的文书转给李鸿章，请其示下。[⑧]

为了让中国放下戒心尽快出兵，日本分两路采取行动：杉村濬对袁世凯进行麻痹，让袁世凯以为日本“重在商民，似无他意”[⑨]；与此同时，日本驻天津领事拜会李鸿章，对李鸿章予以麻痹，在李鸿章提出“韩请兵势须

① 乙酉约指 1884 年李鸿章与伊藤博文在天津签署的《天津条约》，其第三条约定：“将来朝鲜国若有变乱重大事件，中日两国或一国要派兵，应先互行文知照，及其事定，仍即撤回，不再留防。”（故宫博物院编《清光绪朝中日交涉史料》第 8 卷，1932 年铅印版，第 15 页。）

② （清）袁世凯著，骆宝善、刘路生主编《袁世凯全集》第 3 卷，河南大学出版社，2013，第 344 页。

③ 日本外务省调查部编纂《日本外交文书》第 27 卷，第 504 号文书，第 158 页。

④ （清）袁世凯著，骆宝善、刘路生主编《袁世凯全集》第 3 卷，河南大学出版社，2013，第 341 页。

⑤ （清）袁世凯著，骆宝善、刘路生主编《袁世凯全集》第 3 卷，河南大学出版社，2013，第 344 页。

⑥ 戚其章：《甲午战争史》，上海人民出版社，2005，第 13 ~ 14 页。

⑦ （清）李鸿章著，顾廷龙、戴逸主编《李鸿章全集》第 24 册，安徽教育出版社，2008，第 41 页。

⑧ （清）袁世凯著，骆宝善、刘路生主编《袁世凯全集》第 3 卷，河南大学出版社，2013，第 347 页。

⑨ （清）袁世凯著，骆宝善、刘路生主编《袁世凯全集》第 3 卷，河南大学出版社，2013，第 346 页。

准行，俟定议，当由汪使知照外部，事竣即撤回”时，他表示赞同。鉴于日本的上述行动，李鸿章判断日本并无他意，在朝鲜政府文书转到，他即“饬丁汝昌派海军‘济远’‘扬威’二舰赴仁川、汉城护商，并调直隶提督叶志超率同太原镇总兵聂士成，选派淮军练劲旅一千五百名，配齐军装，分坐招商轮船先后进发”；同时依据《天津条约》，“电知汪使知照倭外部，以符前约”。[①] 汪凤藻奉命照会日本，中国应朝鲜要求将派兵援助朝鲜，“一俟事竣，仍即撤回，不再留防”。[②]

获悉朝鲜东学党起义以及朝鲜有意向中国请兵的消息后，日本外交系统内部就对朝鲜出兵逐步形成共识，而日本内阁对此还存在不同意见。2日，陆奥宗光在内阁会议上提出，“如果中国确有向朝鲜派遣军队的事实，不问其用任何名义，我国也必须向朝鲜派遣相当的军队，以备不测，并维持中日两国在朝鲜的均势”。[③] 陆奥宗光的意见得到阁员们的支持。5日，陆奥宗光向内阁总理大臣伊藤博文请求出兵朝鲜，得到批准。[④] 至此，日本政府内部就向朝鲜出兵达成共识。6日，李鸿章收到驻日公使汪凤藻的电报，日本将出兵朝鲜，获悉此消息后，李鸿章立即命汪凤藻与其交涉，“韩未请倭派兵，倭不应派。若以使馆护商为词，究有限，且汉城现安静无事，祈与妥商”。7日，日本驻天津领事拜见李鸿章对其进行安抚，声称日本派兵旨在“保护使署、领事及商民”，[⑤] 还想以此麻痹李鸿章，同时日本还以此为理由照会总理衙门告知其派兵进驻朝鲜的信息。[⑥] 通过以上运作，日本顺利派遣军队进入朝鲜。

二　李鸿章提出“同时撤兵”与日本提出“朝鲜内政改革方案”

最初，李鸿章和袁世凯皆以为日本只是派兵护馆，然而，当赐假归国的

① （清）李鸿章著，顾廷龙、戴逸主编《李鸿章全集》第24册，安徽教育出版社，2008，第42页。

② 《日本外交文书选译》上，戚其章主编《中日战争》第9册，中华书局，1994，第197页。

③ 〔日〕陆奥宗光：《蹇蹇录》，龚德柏译，商务印书馆，1963，第9页。

④ 日本外务省调查部编纂《日本外交文书》第27卷，第508号文书，第162页。

⑤ （清）李鸿章著，顾廷龙、戴逸主编《李鸿章全集》第24册，安徽教育出版社，2008，第47页。

⑥ 《中国派兵赴韩助剿匪乱日本无须派兵》（光绪二十年五月六日），《总理各国事务衙门档案》，01-25-033-01-014，台北“中研院”近代史研究所档案馆藏。

日驻朝公使大鸟圭介回任并带数百人及火炮前往汉城时，二人感到日本此次来势汹汹。10 日，大鸟圭介率队抵达汉城。[①] 朝鲜国内因为日兵到来大为紧张，与大鸟圭介展开交涉，而大鸟圭介坚称："韩匪不能自除，请华代戡，自无力能护倭人，故率兵自卫，俟匪平即撤。"[②] 虽然日本声称为了保护使馆，但是随着日本不断增兵，李鸿章开始感到事态的严重，[③] "日调兵过多"，已经超出了其声称的"意在护馆"的范畴。12 日，李鸿章命令汪凤藻向日本"询阻"。[④]

中国以宗主国保护属国的立场，向日本提出交涉，而日本却不愿意遵循中国的规则，提出自身并未承认朝鲜为中国的属国，还提出派军数量"日本政府将量情而定"。[⑤] 各国公使无不对日本大举出兵表示惊异与不满，并向日本致电，表达关切。[⑥] 迫于外交压力，大鸟圭介同意与袁世凯进行撤兵交涉。12 日，大鸟圭介坚持声称，日本出兵是为护馆，"并相机帮韩御匪"。袁世凯与其约定："今到仁之八百兵，来汉暂驻即撤，续来者毋登岸，原船回日，未发者电阻。"[⑦]

获悉袁世凯与大鸟圭介的约定，李鸿章致电袁世凯，"如匪已散，应听韩军自办，我军即当陆续撤回，以免韩人疑怨、日人借口留兵，是为至属"。[⑧] 13 日，李鸿章收到朝鲜的撤兵请求，他认为，朝鲜既然想要让中国军队撤兵"解倭急"，中国军队"似未便久留，致生枝节"。[⑨] 他令袁世凯与大鸟圭介商议撤兵一事，并主张"彼此同时撤兵"，[⑩] 这也是李鸿章认为

---

① 日本外务省调查部编纂《日本外交文书》第 27 卷，第 530 号文书，第 182 页。

② （清）袁世凯著，骆宝善、刘路生主编《袁世凯全集》第 3 卷，河南大学出版社，2013，第 357 页。

③ 戚其章：《甲午战争史》，上海人民出版社，2005，第 27 页。

④ （清）李鸿章著，顾廷龙、戴逸主编《李鸿章全集》第 24 册，安徽教育出版社，2008，第 56 页。

⑤ 日本外务省调查部编纂《日本外交文书》第 27 卷，第 533 号文书，第 184 页。

⑥ 日本外务省调查部编纂《日本外交文书》第 27 卷，第 613 号文书，第 268～269 页。

⑦ （清）袁世凯著，骆宝善、刘路生主编《袁世凯全集》第 3 卷，河南大学出版社，2013，第 359 页。

⑧ （清）李鸿章著，顾廷龙、戴逸主编《李鸿章全集》第 24 册，安徽教育出版社，2008，第 57 页。

⑨ （清）李鸿章著，顾廷龙、戴逸主编《李鸿章全集》第 24 册，安徽教育出版社，2008，第 58 页。

⑩ （清）李鸿章著，顾廷龙、戴逸主编《李鸿章全集》第 24 册，安徽教育出版社，2008，第 59 页。

合理、圆满的解决方案。[①] 虽然李鸿章主张撤兵，但他认为如果日军不撤，中国应保留在朝鲜的军队，以维持与日本的均势。14 日，他在给总理衙门的信函中指出了这一点："倘倭尚拟留兵，彼留若干，我亦应留若干，与之相持，此时防倭较重于防匪也。"[②] 日本军队已至朝鲜，自然不会轻易撤兵。

1. 日本扭转撤兵交涉被动之法——朝鲜内政改革方案的提出

自出兵朝鲜后，日本逐步展示出自己在朝鲜问题上的真实立场与态度，实施对中国的外交钳制，并在朝鲜问题上尝试掌控主动权。日本一直有插手朝鲜内政的意图，1885 年 7 月，日本公使榎本拜访李鸿章，曾提出《朝鲜外务办法八条》，希望中国全面干涉朝鲜在内政、外交等方面的人选，并与日本通气协商，实际是"以清政府为主导，把朝鲜置于日清两国共同保护之下，以抵抗俄国的入侵"。[③] 此提议被李鸿章否决，此后日本一直尝试深入朝鲜内政。伊藤博文、陆奥宗光等人对日本在朝鲜的地位一直存有不满，认为日本未能实现与中国在朝鲜的权力均衡，如果不抓住此机会，"将使中日两国在朝鲜已经不平衡的权力更为悬殊，我国今后对朝鲜的问题就只有听凭中国为所欲为了"。[④]

日本军队到达朝鲜后，遭受外国公使团的非议，承受外交压力，担心第三国势力的介入，而日本政府又不愿军队无功而返，"派遣了大批兵力，如果是'什么事也不干'就回国的话，显然要在国内引起对政府的谴责"。[⑤] 为改变日本出兵朝鲜带来的被动局面，伊藤博文在内阁会议上提出了朝鲜内政改革方案："朝鲜内乱，应由中日两国军队共同尽力迅速镇压；乱

① 戚其章认为，此刻为中国撤兵的大好时机，"从中国方面看，不管日本玩弄什么花招，应朝鲜之请而撤兵，甚至单方面撤兵也无何不可，就会居于主动地位，使日本难以施展其伎俩。"他还认为这是李鸿章的一大失误（戚其章：《甲午战争国际关系史》，人民出版社，1994，第 17 ~ 18 页）。表面上看李鸿章"彼此同时撤兵"的主张不懂变通，但从当时局势看，朝鲜是中国的藩属国，且对中国有不同寻常的地缘意义，李鸿章不会坐视日本留驻朝鲜，占据军事优势，这也不符合其对朝鲜的一贯政策。在不明确日本下一步举动之时，李鸿章主张保留在朝鲜军队，维持与日本在军事上的均势，免于陷入被动的举措，不能算失误。

② （清）李鸿章著，顾廷龙、戴逸主编《李鸿章全集》第 24 册，安徽教育出版社，2008，第 61 页。

③ 〔日〕信夫清三郎：《日本外交史》上册，商务印书馆，1980，第 207 页。

④ 〔日〕陆奥宗光：《蹇蹇录》，龚德柏译，商务印书馆，1963，第 9 页。

⑤ 〔日〕藤村道生：《日清战争》，米庆余译，上海译文出版社，1981，第 60 页。

民平定后，为改革朝鲜内政起见；由中日两国向朝鲜派出若干名常设委员，调查该国财政概况，淘汰中央及地方官吏，设置必要的警备兵，以维护国内安宁；整顿该国财政，尽可能的募集公债，以便用于兴办公益事业。”①

16 日，陆奥宗光约见汪凤藻，通告了日本提出的朝鲜内政改革方案，并表示，“此项提案与中日两国从朝鲜撤军问题，自当分别讨论”。② 同日，日本驻天津领事拜见李鸿章，通告了日本的三条要求：“拟倭军与我军会剿韩贼”；“两国派员整理更革韩政及税务”；“两国派员弁教练韩军，使其自能靖乱”。③ 此外，日本公使小村寿太郎亦向总理衙门致函了解中方的态度。④ 陆奥宗光认为朝鲜政改方案的提出对日本有诸多益处：“首先将使我国外交方针不得不从被动者的地位一变而为主动者”；“不问与中国政府的商议能否成功，在获得结果以前，我国决不撤回目下在朝鲜的军队”；“若中国政府不赞同日本提案时，帝国政府当独力使朝鲜政府实现上述之改革”。此方案是日本对朝鲜的新的权利主张，既能转变日本外交上的被动，又可实现其一直以来的目标——控制朝鲜内政，进可攻，退可守。若中国同意，日本自然毫不费力正式介入朝鲜政治。实际上，日本已预计，“中国政府十之八九不能同意我国提案”，⑤ 并做好了与中国军事对抗的准备。

2. 李鸿章对日本的态度——“虚张声势”

对朝鲜的局势，李鸿章分析认为朝鲜叛乱已平，中国军队不必进剿，“倭军更无会剿之理”；朝鲜与日本订约之时，就“认韩自主”，更“无干预内政之权”。对于日本拖延撤兵并提出朝鲜政改方案，李鸿章认为，“倭延意甚狡肆，韩政虽暗弱，岂倭所能更改尝试”，认为日本“可恨”。⑥

大鸟圭介虽然与袁世凯约定撤兵，却一直未有任何撤兵之举。袁世凯提

---

① 〔日〕陆奥宗光：《蹇蹇录》，龚德柏译，商务印书馆，1963，第 22 页。

② 〔日〕陆奥宗光：《蹇蹇录》，龚德柏译，商务印书馆，1963，第 24 页。

③ （清）李鸿章著，顾廷龙、戴逸主编《李鸿章全集》第 24 册，安徽教育出版社，2008，第 61 页。

④ 《日外相所拟三端已由汪大臣回复》（光绪二十年五月二十一日），《总理各国事务衙门档案》，01－25－033－01－023，台北“中研院”近代史研究所档案馆藏。

⑤ 〔日〕陆奥宗光：《蹇蹇录》，龚德柏译，商务印书馆，1963，第 22～23 页。

⑥ （清）李鸿章著，顾廷龙、戴逸主编《李鸿章全集》第 24 册，安徽教育出版社，2008，第 61 页。

出加派军队来汉城，对日本进行军事威慑，“我如以振，日必自衰”。他致电叶志超，要求其散播“进汉声势”以虚张声势，“不必遽进”，并以此来试探日本的反应。[①] 叶志超了解到日本在“汉、仁已密布战备”，[②] 要求“统兵赴汉、仁”。李鸿章不同意向汉城、仁川增兵，他认为“倭性浮动，若我再添兵厚集，适启其狡逞之谋。因疑必战，殊非伐谋上计”。[③] 他担心增兵会刺激日本增兵备战，仍主张先与日本交涉，通过交涉阻止日本向朝鲜王城增兵。17 日，他指示袁世凯：“汝须力阻大鸟圭介勿调新到兵赴汉为要，余俟相机商办。如不可商，当再筹添调大兵。”18 日，李鸿章在给袁世凯的回信中表示，日本“并非与我图战”，只是想以军事迫使中国与其商议朝鲜善后事宜，“倭廷欲以重兵胁议韩善后”。他否定了袁世凯“预播赴汉先声”的增兵建议，[④] 担心过多的增兵会引起日本的疑虑，引起衅端，破坏和局——“积疑成衅，致坏大局”。[⑤]

19 日，李鸿章又收到袁世凯上报的最新消息：“现汉城人心鼎沸，莫可遏止，惟望中国阻退倭兵。倘倭在仁之四千兵又来汉，汉必逃空，韩王亦恐亦逃往北。”[⑥] “迭力阻大鸟毋令新兵来汉，伊已允。然前言俱食，后言何可信。况倭廷意在胁韩，大鸟自不能主，难与舌争。”“似应先调南北水师迅来严备，续备陆兵。”[⑦] 汉城人心惶惶，单纯的外交交涉已不能阻止日本的行动。同日，他改变看法，接受袁世凯虚张声势的建议并致信总理衙门，“电饬丁提督添调数船往仁，聊助声势”。此外，他还致信叶志超和袁世凯，“可速移全队扎马山浦，距仁、汉较近，将来若续调，亦令赴马山浦并扎，

---

① （清）袁世凯著，骆宝善、刘路生主编《袁世凯全集》第 3 卷，河南大学出版社，2013，第 368 页。

② （清）李鸿章著，顾廷龙、戴逸主编《李鸿章全集》第 24 册，安徽教育出版社，2008，第 67 页。

③ （清）李鸿章著，顾廷龙、戴逸主编《李鸿章全集》第 24 册，安徽教育出版社，2008，第 65 页。

④ （清）李鸿章著，顾廷龙、戴逸主编《李鸿章全集》第 24 册，安徽教育出版社，2008，第 68 页。

⑤ （清）李鸿章著，顾廷龙、戴逸主编《李鸿章全集》第 24 册，安徽教育出版社，2008，第 67 页。

⑥ （清）袁世凯著，骆宝善、刘路生主编《袁世凯全集》第 3 卷，河南大学出版社，2013，第 370 页。

⑦ （清）袁世凯著，骆宝善、刘路生主编《袁世凯全集》第 3 卷，河南大学出版社，2013，第 371 页。

与汉城声息易通，以后撤还亦便”。[①]此外，他还致信汪凤藻，表现出积极添兵之态，“我虽议撤而倭未动，自仍坚持严备。拟将添调，候旨遵办”。[②]

以上举措是李鸿章应对日本的基本主张——“虚张声势”的践行，“虚张声势”策略起效的前提是日本没有同中国彻底决裂之心。然而，此次这一政策注定失效。陆奥宗光也认为，“中国政府，尤其是李鸿章，还未能摆脱平素倨傲的习套，并未觉察到日本政府此时已经下定最后决心，仍然沉迷于当初的妄想之中，似乎认为只凭虚张声势就能了此大事，可知其无知了”。[③]

三 日本推动中日交涉重心的转移与李鸿章的应对

日本提出朝鲜政改方案后一直催促中国回复。通过提出朝鲜内政改革方案，日本推动中日交涉重心实现由促日撤兵到朝鲜内政改革的转移，并在交涉中掌握主动权。鉴于日本的催促，中国方面不得不予以回应。汪凤藻拟提出四条：“一、日认韩为中属；二、华允日会剿；三、乱定照约撤兵；四、中日皆不干预韩政，惟劝韩自行清厘。”汪凤藻提出将日本承认朝鲜为中国的属国作为允许日本“会剿”的条件，对此李鸿章并不赞同，他认为“日认华属自乙酉伊藤会议后迄今绝不肯认，徒说无益”；而朝鲜叛乱将平定，“实无庸多兵会剿”，且“日系韩与国，用兵内地向无此例，岂可由我代允”。[④] 总理衙门与李鸿章看法一致，“韩为中属，各国无异词，倭即不认亦不能损我权利，何必与辩会剿，从此生事，万不可允”。[⑤] 此时李鸿章也认识到日本对朝鲜的野心，“以重兵挟议，实欲干预韩内政，为侵夺之谋”。[⑥] 他电告袁世凯，若日本竭力插手朝鲜内政，“彼若借兵胁韩允行，则

---

① （清）李鸿章著，顾廷龙、戴逸主编《李鸿章全集》第24册，安徽教育出版社，2008，第68页。

② （清）李鸿章著，顾廷龙、戴逸主编《李鸿章全集》第24册，安徽教育出版社，2008，第70页。

③ 〔日〕陆奥宗光：《蹇蹇录》，龚德柏译，商务印书馆，1963，第25页。

④ （清）李鸿章著，顾廷龙、戴逸主编《李鸿章全集》第24册，安徽教育出版社，2008，第73页。

⑤ （清）李鸿章著，顾廷龙、戴逸主编《李鸿章全集》第24册，安徽教育出版社，2008，第74页。

⑥ 中国第一历史档案馆编《中日甲午战争档案》，戚其章主编《中日战争》第2册，中华书局，1989，第562页。

断不可允"。[①] 李鸿章还意识到在朝鲜保持与日本军事均势的重要性，对于朝鲜想要中国先撤兵，"阻我剿匪，冀弭倭衅"，[②] 李鸿章予以否决，"华、日同时撤最妥"。他还告诫袁世凯，"此外如有别项要求，任他多方恫喝，当据理驳辩勿怖勿馁"。[③] 虽然李鸿章认为日本拖延撤兵并试图干涉朝鲜内政的行为是僭越、"可恨"[④]，但也按照日本牵引的方向，依照其设定的议题与其交涉。21 日，汪凤藻按照李鸿章的意见照会日本。

由于日本出兵朝鲜、拒不撤兵并提出内政改革方案，皆以朝鲜内乱为由，总理衙门认为，"为今之计，宜饬袁世凯不必促倭退兵，惟在催韩剿匪，并饬叶、聂相机助剿"；等朝鲜内乱平定，"将贼事办有切实头绪，俾外人共见，彼时约倭同撤，当较顺手"。总理衙门认为若真正解决了朝鲜的内乱问题，则容易实现让日本撤兵的目标。虽然总理衙门意识到日本对朝鲜的野心，但判断"倭之不敢遽谋吞韩"，"而借口驻兵，恐不免好事"，对此，"驻与不驻，我均有前事可循，相时办去，亦不虑无以应之"。[⑤] 面对日本将中日交涉重心转向朝鲜政改，总理衙门提出中国在朝鲜的重心由促日本撤兵转向平定朝鲜内乱。对于是否向朝鲜增兵，总理衙门咨询李鸿章的意见。李鸿章不主张向朝鲜增兵，他认为："倭兵分驻汉、仁，已先著，我多兵逼处易生事"；"我再多调，倭亦必添调，将作何收场"。对于"备而未发"的军队，李鸿章主张，"续看事势再定"。[⑥]

在总理衙门谋求通过尽快平定朝鲜内乱以改变在中日交涉中的被动局面之时，情况又出现新的变化。22 日，日本回复中国："贵政府不容我剿定朝鲜变乱及办理善后，我政府不能同见，甚为遗憾"；"设与贵政府所见相违，

① （清）袁世凯著，骆宝善、刘路生主编《袁世凯全集》第 3 卷，河南大学出版社，2013，第 373 页。

② （清）李鸿章著，顾廷龙、戴逸主编《李鸿章全集》第 24 册，安徽教育出版社，2008，第 75 页。

③ （清）袁世凯著，骆宝善、刘路生主编《袁世凯全集》第 3 卷，河南大学出版社，2013，第 373 页。

④ （清）李鸿章著，顾廷龙、戴逸主编《李鸿章全集》第 24 册，安徽教育出版社，2008，第 61 页。

⑤ （清）袁世凯著，骆宝善、刘路生主编《袁世凯全集》第 3 卷，河南大学出版社，2013，第 375 页。

⑥ （清）李鸿章著，顾廷龙、戴逸主编《李鸿章全集》第 24 册，安徽教育出版社，2008，第 76 页。

我断不能撤现驻朝鲜之兵”。[①] 陆奥宗光将此作为日本对中国的第一次绝交书：“我国政府已经不能同中国政府采取同一步调，以后不论中国政府采取任何步骤，我国也要独行其是。这是表示我国已经抱有决心不再期望中日两国互相提携。因此，这一宣言也可以说是日本政府对中国政府的第一次绝交书。”[②]

23 日，李鸿章获悉了日本照会的内容，他感到日本在朝鲜内政改革一事上态度强硬，并从袁世凯处了解到，各国对日本在朝鲜的行动表示默许，“倭称扶韩自主，不但韩王及群小乐闻，即各国亦皆默许”。[③] 25 日，李鸿章更是从俄使喀西尼处直接了解了俄国的态度，俄国赞同朝鲜内政改革，“韩王暗弱，国政贪苛，须令设法更改”。[④] 之前，喀西尼对其表示，“俄韩近邻，亦断不容倭妄行干预”，[⑤] 不想此时态度反复。当日，李鸿章还收到汪凤藻的电报，汪凤藻提出中国劝朝鲜进行内政改革，以占据主动，“则釜底抽薪，庶占先手，不独倭衅可弭，实亦为韩至计”。在日本提出内政改革方案之初，李鸿章难以接受，并认为这是日本僭越，不愿触及此事。以上情形让李鸿章态度发生巨大转变，他认识到朝鲜内政改革势在必行，电告袁世凯：“无论倭肯撤兵与否，韩必自将内政整理”，“庶旁人无可借口，务随时切劝之”。[⑥] 25 日，在朝鲜国王的请求下，外国公使团要求中国和日本协商两国同时撤兵，袁世凯同意，而大鸟圭介拒绝，在当日，日本以保护外国公使团为由，继续增兵 5000 人。[⑦]

朝鲜政改方案作为日本提出的扭转撤兵问题带来的被动局面的方案，是极其成功的，它不仅改变了日本在中日交涉中的被动局面，让日本化被动为

---

① （清）李鸿章著，顾廷龙、戴逸主编《李鸿章全集》第 24 册，安徽教育出版社，2008，第 77 页。

② 〔日〕陆奥宗光：《蹇蹇录》，龚德柏译，商务印书馆，1963，第 26 页。

③ （清）李鸿章著，顾廷龙、戴逸主编《李鸿章全集》第 24 册，安徽教育出版社，2008，第 79 页。

④ （清）李鸿章著，顾廷龙、戴逸主编《李鸿章全集》第 24 册，安徽教育出版社，2008，第 83 页。

⑤ 中国史学会主编《中日战争》第 2 册，上海人民出版社，1957，第 562 页。

⑥ （清）李鸿章著，顾廷龙、戴逸主编《李鸿章全集》第 24 册，安徽教育出版社，2008，第 85 页。

⑦ United States Department of State, *FRUS*, 1894, Volume Ⅳ, Chinese-Japanese War, Washington, D. C., United States Government Printing Office, p. 72.

主动，使中日的交涉重心由撤兵问题转移至朝鲜内政改革；它还获得了各国的支持与赞同，改变之前对日不利的国际局势。李鸿章也不得不因应新的国际形势，改变了之前对朝鲜政改方案完全不予接受的态度，将精力放在朝鲜政改方案的交涉中。日本提出朝鲜政改方案，还干扰了李鸿章的判断，让他认为日本想要插手朝鲜内政，意在政治干预，未料到日本打算与中国开战，日本在李鸿章注意力被干扰，缺乏对日本警惕性之时，迅速向朝鲜增兵，并实现了在朝鲜的军事优势。表 1 为朝鲜内乱以来中日派兵人数对比情况。

表 1　朝鲜内乱以来中日派兵人数对比情况

单位：人

派兵日期	中国派兵人数	日本派兵人数
6 月 10 日	2000	500
6 月 13 日	0	800
6 月 16 日	0	3000
6 月 25 日	0	5000

资料来源：根据美国驻朝鲜公使所制《1894 年朝鲜战争编年》绘制，United States Department of State，*FRUS*，1894，Volume Ⅳ，Chinese-Japanese War，Washington，D. C.，United States Government Printing Office，p. 72。

表 1 中中日派兵数的变化轨迹，印证了日本对李鸿章干扰举措的成功以及李鸿章被日本误导决策失误令中国在朝鲜陷入军事被动。

四　日本否认朝鲜是中国属邦与李鸿章认清日本的真实意图

早在 6 月 8 日，李鸿章就收到汪凤藻的汇报，日本就朝鲜是否为中国属邦问题展开纠缠，要求汪凤藻酌改照会内"属邦"二字："查贵国照会中有保护属邦之语，但帝国政府从未承认朝鲜国为中国之属邦。"① 对此，李鸿章指示汪凤藻："文内我朝'保护属邦旧例'，前事历历可证，天下各国皆知。日本即不认朝鲜为中属，而我行我法，未便自乱其例。固不问日之认

① 日本外务省调查部编纂《日本外交文书》第 27 卷，第 519 号，第 169 页。

否，碍难酌改。”[①] 日本此照会为之后其对中朝宗藩关系发起挑战埋下了伏笔。6月初，日本在朝鲜的布置尚未成熟，故未在此问题上多加纠缠。之后，日本通过提出朝鲜政改方案，掌握了主动权，将军队部署到朝鲜并占据优势。为了“合理”走向战争，日本准备“继续玩弄别的花招”，[②] 而利用日朝立约之时日本承认朝鲜为自主之国，否认朝鲜是中国的属邦，挑衅中朝宗藩关系，成为日本的首选。

6月22日，日本召开御前会议做出决议：“日清两国相互提携之事，今已不由我期望。”[③] 这表明日本已决意对中国采取强硬立场。御前会议后，日本继续向朝鲜增兵，又派遣部队前往朝鲜。23日，陆奥宗光致电大鸟圭介：“由于和清政府的谈判（必须由日清协同改革朝鲜内政的谈判）未成，即使平定了东学党，日清两国冲突已不可避免。不能单以清兵撤退为理由，使我军从朝鲜撤退。正如我政府向清国政府提议的那样，不得不单独采取措施（单独对朝鲜内政改革提出劝告之意）。有关的详细命令，由加藤书记官（增雄）带去。”[④] 24日，大鸟圭介接到了陆奥宗光的电报，他决定不等加藤到达，先行拜访朝鲜国王。26日，大鸟圭介拜访朝鲜国王，不仅遵照陆奥宗光的指示提及朝鲜内政改革的方案，还提出了朝鲜独立问题：“夫初认朝鲜为自主之国，使与各国订结平等抗礼之条约者，谁耶？盖莫非日本至功矣。”“故若有认朝鲜为藩属，或乘机设乱欲郡县之者，则拒之斥之，以全朝鲜之自主独立，盖我日本所宜任之也。”[⑤] 在拜访朝鲜国王之后，大鸟圭介认为，朝鲜的主权问题，“乃是目前第一要事”。基于此，他致电陆奥宗光，请求采取强力措施。27日，加藤带着陆奥宗光的密令抵达，密令的大致意思为：“如今的形势，从发展看，开战已不可避免。因此，只要在不负被人非难的责任这个前提下，可以采取任何手段，制造开战的口实。”[⑥] 也

① （清）李鸿章著，顾廷龙、戴逸主编《李鸿章全集》第24册，安徽教育出版社，2008，第49页。

② 戚其章：《甲午战争国际关系史》，人民出版社，1994，第29页。

③ 〔日〕藤村道生：《日清战争》，米庆余译，上海译文出版社，1981，第65页。

④ 〔日〕杉村濬：《明治二十七八年在韩苦心录》，徐玲等译，戚其章主编《中日战争》第7册，中华书局，1996，第13页。

⑤ 王炳耀辑《甲午中日战辑》卷1，沈云龙：《近代中国史料丛刊》第1辑，文海出版社，1973，第38页。

⑥ 〔日〕杉村濬：《明治二十七八年在韩苦心录》，徐玲等译，戚其章主编《中日战争》第7册，中华书局，1996，第15页。

就是说，陆奥宗光允许大鸟圭介根据形势自主采取任何行动。

28日，日本派遣的军队全部抵达朝鲜。军事上的优势让大鸟圭介底气大增，决意正式向中朝宗藩关系发起挑衅。他照会朝鲜政府，质问其对中国回应日本所称的“保护属邦”是否承认，并限其在29日前答复。因未能得到李鸿章的及时指示，朝鲜政府仓促回应：“朝鲜政府从来就是自主的国家，清国对我作何称呼，这是清国自己决定的，与我无关。”①

日本通过朝鲜内政改革方案交涉对李鸿章进行麻痹并趁机向朝鲜增兵，由此逐步实现了在朝鲜的军事优势，此时，日本更是直接向中朝宗藩关系发起挑战，剑指中国，李鸿章慢慢看清日本的真实意图。早在1892年，李鸿章就上奏称朝鲜有自主的意图，而各国一直引诱其自主：“朝鲜孤悬海隅，强邻环伺，时阴啖以自主之利，屡欲没其藩属之名”，“虽迭经煽扰，不为动摇。中朝统辖之权始专，各国猜忌之心亦愈甚，每遇交涉之件，辄连衡设计，图逞其私”。他注意到，日本尤好生事，“日本与朝鲜通商最先，垄断最久，近见中国在彼逐渐经营商务，益虑分其利权，遇事辄生讼端，案牍纷织”。② 此次中日交涉过程中，因日本提出政改方案并在此纠缠，李鸿章将注意力放到朝鲜政改问题上，却不想日本在完成军事准备后在朝鲜是否自主之国上发难、纠缠，且来势汹汹。6月29日，李鸿章获悉了日本质问朝鲜是否中国属邦的通牒。他指示袁世凯，“逼韩不认华属断不可从”，并寄希望于俄国的调处，“俄国倭议正紧，略忍耐，必有区处”。③ 在之前给刘坤一的信中，他也表露了此种态度，“现东邻俄国责问于倭，或将退而思返”。④ 李鸿章还致电袁世凯令其向朝王施压，要求朝王坚持，“如畏日，竟认非华属，擅出文据，华必兴师问罪”。李鸿章希望通过向朝王施压，拖延时间，以待俄国调处发挥作用。然而，当日不久李鸿章获悉传言，虽然“中日战

---

① 〔日〕杉村濬：《明治二十七八年在韩苦心录》，徐玲等译，戚其章主编《中日战争》第7册，中华书局，1996，第17页。

② （清）李鸿章著，顾廷龙、戴逸主编《李鸿章全集》第14册，安徽教育出版社，2008，第460～461页。

③ （清）李鸿章著，顾廷龙、戴逸主编《李鸿章全集》第24册，安徽教育出版社，2008，第89页。

④ （清）李鸿章著，顾廷龙、戴逸主编《李鸿章全集》第36册，安徽教育出版社，2008，第32页。

争在即”，但是“俄使笑云俄不插手”。[①] 这让李鸿章意识到俄国未必可靠，开始做一些军事准备，他致电丁汝昌等“我军应速预备”。[②] 因一直没有得到俄国的确切消息，他开始忧虑，“喀前谓压服，恐亦空言”。[③] 当日，焦急的李鸿章派盛宣怀和罗丰禄到俄国驻华公使喀西尼处打听消息并请喀西尼调处，喀西尼表示日本“不肯撤兵”，并透露“若无别项缘故，倭兵不先开仗”。[④] 在俄国调处无果后，6月30日，李鸿章上奏《酌度日朝情势应预筹办理厚集兵饷折》，通报朝鲜形势日渐恶化，并上奏积极备战。李鸿章意识到，日本重兵入朝，实际剑指中国，“是其蓄意与中国为难，全力专注，非止胁韩而已”。[⑤] 至此，李鸿章意识到日本在朝鲜的真实意图不是要求朝鲜改革，而是瓦解中朝宗藩关系，但是此时日本在朝鲜军事力量已强。李鸿章不愿与日本正面相抗，对其挑衅予以让步，但他为朝鲜事务设立了底线。

五　日本强力推行朝鲜政改与中国在朝鲜事务上的底线

因日本在朝鲜取得了军事力量上的绝对优势地位并准备撇开中国推行朝鲜政改，袁世凯致电李鸿章表达自己想要回国的要求，他提出“送文知照韩，回国禀商，请兵伐韩”。[⑥] 7月1日，李鸿章电告袁世凯，朝鲜并未否认自己是中国的属国，让其留在朝鲜，“密劝坚持”，“要坚贞，勿怯退”。他还安抚袁世凯，日本曾承诺不先与中国开衅。[⑦] 李鸿章给袁世凯的电报显示

---

① （清）李鸿章著，顾廷龙、戴逸主编《李鸿章全集》第24册，安徽教育出版社，2008，第89页。

② （清）李鸿章著，顾廷龙、戴逸主编《李鸿章全集》第24册，安徽教育出版社，2008，第90页。

③ （清）李鸿章著，顾廷龙、戴逸主编《李鸿章全集》第24册，安徽教育出版社，2008，第91页。

④ （清）李鸿章著，顾廷龙、戴逸主编《李鸿章全集》第24册，安徽教育出版社，2008，第94页。

⑤ 中国第一历史档案馆编《中日甲午战争档案》，戚其章主编《中日战争》第1册，中华书局，1989，第9页。

⑥ （清）李鸿章著，顾廷龙、戴逸主编《李鸿章全集》第24册，安徽教育出版社，2008，第95页。

⑦ （清）袁世凯著，骆宝善、刘路生主编《袁世凯全集》第3卷，河南大学出版社，2013，第384页。

出他在朝鲜问题上的底线——朝鲜不能否认自己是中国的属国。李鸿章不同意日本以武力迫使朝鲜改革，“内政只可朝鲜自改，不可听倭人勒改”；[①] 然而，他却未采取实际举措阻止日本推行朝鲜政改。

4日，李鸿章收到袁世凯的电报，获悉朝鲜答复日本照会的情况。朝鲜官员表示“只可暂照约认自主，事过再改变”。袁世凯对朝鲜的回应极为不满，告诉朝鲜官员，“应照各国声明照会办”。然而，朝鲜官员表示，当年朝鲜与日本签订修好条规之时，“无声明照会”，而且当时“约稿钞呈，是华已允自主，现何能与论云”。此外，袁世凯再次表达了想回国的愿望，“日、韩相结，我兵可危”[②]；“华人在此甚辱，凯在此难见人，应下旗回”。他还表示，等他见到朝鲜照会内容，若是“不认属”，“即赴仁”，让唐绍仪暂代其事。[③]

袁世凯对朝鲜对日本回复其为自主之国极为不满，坚持让朝鲜外署，“具文函声叙仍向华保护”。李鸿章认为袁世凯此举“更周密”，但“即不照办似无大碍”。也就是说，李鸿章和袁世凯不同，他可以接受朝鲜回应自己是自主之国。总理衙门与李鸿章的意见一致，二者皆认为朝鲜未否认其是中国属国，仅认自主，不应视为违背体制：“韩为中属，本准自主，若但认自主未认非属，尚不甚妨。”朝鲜不否认其是中国属国是李鸿章和总理衙门在朝鲜问题上的底线。因朝鲜未触及底线，总理衙门也不赞同让袁世凯回国。[④] 同日，李鸿章收到了袁世凯上奏的朝鲜回复日本的原文。朝鲜回避了其是否为中国属国的问题，“只按条约为词，不答‘保护属邦’四字”。[⑤] 因朝鲜未否认其是中国属国，李鸿章和总理衙门皆主张静候、观望。

7月5日，李鸿章再次收到袁世凯的电报。袁世凯继续提出回国请

① 故宫博物院编《清光绪朝中日交涉史料》第14卷，1932年铅印版，第16页。

② （清）袁世凯著，骆宝善、刘路生主编《袁世凯全集》第3卷，河南大学出版社，2013，第384页。

③ （清）袁世凯著，骆宝善、刘路生主编《袁世凯全集》第3卷，河南大学出版社，2013，第385页。

④ （清）李鸿章著，顾廷龙、戴逸主编《李鸿章全集》第24册，安徽教育出版社，2008，第106页。

⑤ （清）袁世凯著，骆宝善、刘路生主编《袁世凯全集》第3卷，河南大学出版社，2013，第387页。

求，“韩意以华不可恃，将派金与日商改政，凯难干预。日在韩专侮华意，凯为使系一国体，坐视胁陵，具何面目”。他还表示，无论中国是否对朝鲜发难，都应该让其先回国，“如大举，应调凯回询情形，筹妥办；暂不举，亦应调回，派末员仅坐探，徐议后举，庶全国体”。① 同日，李鸿章还收到袁世凯关于朝鲜局势危急的汇报：“日兵万人分守汉城四路，各要害及我陆来路均置炮埋雷，每日由水陆运弹丸、雷械甚多”。袁世凯判断，日本无“撤兵息事”的意愿且其所求“甚奢”，如果列强只是调停，不采取强势手段，“恐无益”，只能耽误军机。基于此，他建议如果日本再增兵，“应迅派兵，商船全载往鸭绿或平壤下，以待大举”。此外，他还提出撤回之前派往朝鲜助剿的军队：“韩既报匪平，我先撤亦无损，且津约日已违，我应自行。”他再次提出离开朝鲜的愿望：“我欲和，应速以韩现情与日商，冀可挽；欲战，应妥密筹。凯在此无办法，徒困辱，拟赴津面禀详情，佐筹和战。”② 获悉此消息后，李鸿章致电叶志超与袁世凯，“或设法移平壤，或暂撤回，另图大举”。③

日本决意武力迫使朝鲜政改，袁世凯留在朝鲜也无济于事；而且，袁世凯在朝鲜问题上的立场一贯强硬，将其留在朝鲜无助于朝鲜问题的处理。以上因素促使李鸿章改变主意，同意袁世凯离开朝鲜。7月6日，李鸿章致电总理衙门，请准袁世凯回国，“查袁历年助韩拒倭，与倭夙嫌已深，若调回以唐暂代，与下旗撤使有异”。④ 14日，李鸿章收到袁世凯的电文，称自己身体不适，但是“韩事方殷”，“未便晷刻废事”，饬令唐绍仪暂为照料。⑤ 16日，袁世凯托病离任，将事务交给唐绍仪处理。18日，袁世凯获

① （清）李鸿章著，顾廷龙、戴逸主编《李鸿章全集》第24册，安徽教育出版社，2008，第107页。

② （清）李鸿章著，顾廷龙、戴逸主编《李鸿章全集》第24册，安徽教育出版社，2008，第109页。

③ （清）李鸿章著，顾廷龙、戴逸主编《李鸿章全集》第24册，安徽教育出版社，2008，第108～109页。

④ （清）李鸿章著，顾廷龙、戴逸主编《李鸿章全集》第24册，安徽教育出版社，2008，第109页。

⑤ （清）袁世凯著，骆宝善、刘路生主编《袁世凯全集》第3卷，河南大学出版社，2013，第405页。

准回国。①

日本对朝鲜的胁迫，遭到外国使臣的不满，为防止列强干预，7 月 10 日，大鸟圭介报告，实行朝鲜内政改革的可能性很小，提出不惜以武力胁迫的方案。② 12 日，陆奥宗光电令大鸟圭介：“目前有采取断然处置之必要，只要在不招致外间过分非难的范围内，不妨利用任何借口，立即开始实际行动。”③陆奥宗光的指令即令大鸟圭介尽快促成冲突以挑起战争。17 日，日本召开御前会议，决定开战。大鸟圭介认为，“除借宗属问题促成破裂外别无他策”，④ 7 月 19 日，其向朝鲜政府提出以下最后通牒：“一、汉城、釜山间架设军用电线，应由日本政府自行负责进行；二、朝鲜政府应遵照济物浦条约，速为日本军队修建必要之兵营；三、驻牙山之中国军队，师出无名，应速使其撤退；四、应废除中朝通商条约以及其他与朝鲜独立相抵触之一切中朝间的条约。”大鸟圭介限朝鲜于 22 日以前给予答复。朝鲜政府表示对上述重大问题无法立即回复。23 日，大鸟圭介向朝鲜政府发出最后通牒，在此通牒中，大鸟圭介以之前提出的朝鲜是否自主之国中朝鲜未能给予满意答复作为借口，提出出兵通告。随后，日军发动进攻。25 日，朝王降旨，“从此朝为自主之国，不再朝贡”。⑤ 至此，李鸿章在朝鲜问题上的外交应对宣告彻底失败。

---

① 戚其章认为袁世凯见日本撇开中国独自胁迫朝鲜进行“内政改革”，即知无力挽回局面，有离开朝鲜之意。袁世凯坚持回国，除了因为袁世凯感觉自己留在朝鲜无所作为，徒留受辱，还有其他因素。6 月 24 日，袁世凯给李鸿章的电报中，他还积极在做朝鲜国王的工作，对其分析日本政改要求的实质——日本旨在实际控制朝鲜，“倭无撤兵意，阳扶韩自主，阴实据韩”；而中国对朝鲜只有名分上的要求，“华待韩只属邦名分”，日本“革政主持是得属邦实权”，请其“牢持定见”。袁世凯安抚朝鲜国王，“华已备护韩，惟投鼠忌器，不便轻动”［（清）李鸿章著，顾廷龙、戴逸主编《李鸿章全集》第 24 册，安徽教育出版社，2008，第 79 页］。虽然以上言论有袁世凯安抚朝鲜国王之意，也表示袁世凯当时仍然对清廷增援抱有希望。然而之后，袁世凯迟迟不见朝廷有任何增兵举动，而日本大量增兵，军事上陷入被动，这让袁世凯大感失望。6 月 29 日，朝鲜回应自身是自主之国，袁世凯对此大为不满，而李鸿章及总理衙门对此并不甚在意，也没有采取应对举措。袁世凯了解到李鸿章和总理衙门在朝鲜问题上的底线为朝鲜不声明脱离藩属，这超出了其本人在朝鲜问题上的底线，即朝鲜需要声明其与中国的宗藩关系而不是予以回避。心高气傲的袁世凯与李鸿章和总理衙门存在分歧，之后日本单独迫使朝鲜政改，而李鸿章和总理衙门依然没有采取有效举措，朝鲜局势持续恶化，袁世凯无力挽回局面，多次请求回国。

② 戚其章：《甲午战争国际关系史》，人民出版社，1994，第 46 页。

③ 〔日〕陆奥宗光：《蹇蹇录》，龚德柏译，商务印书馆，1963，第 68 页。

④ 〔日〕陆奥宗光：《蹇蹇录》，龚德柏译，商务印书馆，1963，第 67 页。

⑤ 蒋廷黻编《近代中国外交史资料辑要》中卷，东方出版社，2014，第 469 页。

结 论

日本对朝鲜一直存有觊觎之心，其在朝鲜的权力扩张也是逐步实现的。日本先打开朝鲜国门与朝鲜建交，又利用朝鲜内乱，取得了向朝鲜驻兵以及和中国同时可向朝鲜派军的权力，确立了日本在朝鲜不同于其他列强的特殊地位。在 1894 年以前，日本就不满中国对朝鲜的政治影响力，视中朝宗藩关系为障碍，以解除这种关系作为取得对朝鲜半岛统治权的前提，并对朝鲜进行经济与政治渗透，但受到李鸿章的阻击。1894 年朝鲜发生东学党起义后，日本自然不会放过此次机会，在怂恿中国出兵后，随即出兵朝鲜。因撤兵问题，中国与日本展开交涉。日本在朝鲜问题上以“不使中朝先着鞭”为指针，在中日交涉过程中积极掌握主动权，并成功掌控中日交涉的议题与进程。

作为朝鲜事务的实际负责人，李鸿章的意见对甲午战前的中日交涉影响巨大，而其在应对日本外交攻势时未能洞悉日本的战略目标、勘破日本的战术安排，在中日交锋中处于下风。日军进入朝鲜后，为防止日本在朝鲜生事，李鸿章提出中日同时撤兵，而日本予以拖延、敷衍；李鸿章尝试用惯用的“虚张声势”手法应对日本威慑，却被日本识破，未能奏效。随后，为扭转因撤兵交涉造成的被动局面，日本提出了朝鲜政改方案，此举改变了日本在中日交涉中的被动处境，获得了列强的支持与赞同，扭转了日本不利的国际局势。李鸿章不得不因应列强态度的转变，改变了之前对朝鲜政改方案完全不予接受的态度，开始对日本提出的政改问题予以回应。日本成功化被动为主动，中日交涉的重心由撤兵转移至朝鲜内政改革。日本利用外交交涉吸引了李鸿章的大部分注意力，让他被日方“牵着鼻子走”。通过与中国的频繁外交互动，日本还让李鸿章以为日本并没有与中国开战之意，只是妄图插手朝鲜内政，降低了他的警惕性。日本在对李鸿章牵引、干扰之时，趁机向朝鲜增兵，并逐步实现了在朝鲜的军事优势。在取得军事优势后，日本向中朝宗藩关系发起挑战，逐步暴露了其想要与中国一战的野心。日本否认朝鲜是中国的属国，并胁迫朝鲜回应自己是否独立自主之国，李鸿章意识到日本妄图直接掌控朝鲜，剑指中国，至此才开始积极备战，然而此时日本在朝鲜已经完全占据军事优势。李鸿章在中日交涉进程中被日本“牵着鼻子走”，失去先机，决策出现多次失误，使中国陷入被动。

The First Whip: Li Hongzhang's Mistakes before the Sino-Japanese War of 1894 –1895 from the Perspective of Sino-Japanese Diplomacy Concerning Korea

Huang Fei, *Jin Guangyao*

Abstract In the diplomatic confrontation between Li Hongzhang and Japan before the Sino –Japanese War of 1894 –1895, Japan actively took the initiative and controlled the negotiation topics and process, while Li Hongzhang was in a passive position. At first, in order to prevent Japan from causing trouble in Korea, Li Hongzhang took the initiative to negotiate with Japan, proposing that China and Japan withdraw their troops at the same time, while Japan delayed. Later, Japan put forward the reform plan of Korea's internal affairs to reverse the passive situation caused by the negotiation of withdrawal of troops and shifted the focus of negotiation between the two sides from the withdrawal of troops to the reform of Korea's internal affairs. In the process of blurring its own intentions and drawing Li Hongzhang's attention through diplomatic negotiations, Japan continuously increased troops to Korea and gradually gained military superiority in Korea. After that, Japan challenged the suzerain-vassal relationship between China and Korea. In the end, Li Hongzhang realized that Japan wanted to directly control Korea and reported to the imperial court for war preparation. However, Japan had already occupied the military advantage, became more and more tough and finally started the war.

Keywords Sino-Japanese Diplomacy Concerning Korea; Li Hongzhang; The Sino-Japanese War of 1894 –1895

历史与文化

韩国古代诗坛的唐风与宋风*

——第二次交替：朝鲜中期至朝鲜后期

李丽秋

【内容提要】本文对韩国古代诗坛诗风的第二次交替情况进行了概述，朝鲜中期“三唐诗人”的出现标志着唐风重新抬头，诗集和诗话中也以唐风为正品。17 世纪末期，朝鲜诗坛开始反思唐风，宋风再次抬头。进入 18 世纪后，朝鲜诗坛开始反思拟古，强调“今”的概念和对日常生活的描写，提倡描写朝鲜风土人情的“朝鲜风”和“朝鲜诗”。本文结合当时的社会背景与中国文学思想的影响，分析了各个阶段的特点与变化原因，对汉诗诗风的变化过程进行了梳理。

【关键词】朝鲜时代汉诗　唐风　宋风　三唐诗人　朝鲜风

【作者简介】李丽秋，文学博士，北京外国语大学亚洲学院教授。

一　引言

古代韩国诗坛，总共出现过两次唐宋诗风交替，第一次交替从新罗末期到朝鲜时代前期，唐风的影响始于新罗末期，一直延续到高丽前期；宋风的影响从高丽中期持续到朝鲜时代前期。

* 本文为北京外国语大学 2019 年度一流学科建设自主选题项目“韩国古代诗坛对唐宋诗风的接受研究”（项目编号：YY19ZZA013）的阶段性研究成果。

受遣唐留学生及科举制度的影响，新罗末期的汉诗表现为晚唐风；高丽前期，由于社会稳定，持续实行科举制度，表现为初唐、盛唐和晚唐多种诗风并存。高丽中期到朝鲜时代前期，宋风渐渐兴起，并占据了主导地位。高丽中期，随着苏轼诗文的传入，高丽诗坛掀起了一股苏轼热，苏轼对韩国古代诗坛产生了长久而深远的影响；高丽后期，受性理学影响，高丽诗坛出现了濂洛诗风，探索事物哲理，关注现实；朝鲜时代前期，注重修炼诗法和句法的江西诗派影响逐渐扩大，诗坛出现了“海东江西诗派”。

不同时代诗风变化的原因既有中国的影响，也和当时独特的时代背景与文人的精神取向密不可分。尽管特定时期的诗风表现出不同的倾向，但越是到后期，韩国古代诗人的诗作中体现出来的诗风就越发复杂，往往受到多方面的影响，很难单纯地划分为某一种类型。

本文将考察韩国古代诗坛唐风和宋风的第二次交替，时间为朝鲜时代中期至后期。此前韩国学界已经出现过一些针对某一个时期或代表性诗人的研究，① 但宏观梳理不足，难以了解汉诗诗风变化的全貌。总体来看，朝鲜中期唐风重新抬头，具体表现为“三唐诗人”的出现以及其他文人对唐风的推崇。17 世纪末期，诗坛开始反思唐风，宋风再次抬头，总体体现为批唐主宋论调。进入 18 世纪后，诗坛反思仿古，强调“今”的概念和对日常生活的描写，提倡描写朝鲜生活与民风的“朝鲜风”和“朝鲜诗”。本文将分别论述朝鲜时代中期和后期这两个阶段诗坛的具体变化，总结不同阶段的特点，分析变化原因，从宏观层面勾画出古代韩国诗坛的诗风变化史。

---

① 정순희 ,「조선조 詩壇의 唐・宋詩風 변전의 의미」，『한국언어문학』，2004 년 52 집，pp.1–20.
주승택 ,「조선말엽 당시풍과 송시풍의 갈등양상」，『한국시학연구』，1998 년 1 집，pp.321–345.
안병학 ,「조선중기 당시와 시론의 전개 양상」，『우리문학연구』창간호，2000 년，pp.119–145.
이종묵 ,「16–17 세기 한시사 연구」，『정신문화연구』권 23 제 4 호，2000 년，pp.79–103.
정민 ,「16 , 7 세기 학당풍의（學唐風）성격과 그 풍정（風情）」,『한국한문학연구』19 집，1996 년，pp.189–222.
안대회 ,「18 세기 한시사 서설」，『한국한시연구』6 집，1998 년，pp.221–253.

二　朝鲜中期唐风再现

在韩国的汉诗史上，自高丽中期以来，基本视宋诗为写作规范，侧重于说理载道。进入朝鲜中期，尤其是中宗、明宗之后，诗坛出现了新的变化，朝鲜初期崇尚宋风的“海东江西诗派”影响逐渐变弱，唐风徐徐抬头。宣祖之后，唐风逐渐在诗坛占据主导地位。

这一时期的唐风表现较为多样，根据不同的特点，可以分为两个阶段。第一阶段为“三唐诗人”的出现；第二阶段为以许筠、李晬光等为代表的“诗论派”的出现，下面将分别论述其具体特点，分析出现这些变化的原因。

（一）“三唐诗人”

朝鲜时代中期诗坛由宋风转为唐风有着多重原因。从时代背景来看，这一时期的朝鲜时代新旧之争最为激烈。朝鲜前期，随着王权的巩固，政局日趋稳定，两班士大夫统治阶层利用身份和政治特权占据了大量土地，垄断了受教育的机会，并且通过世袭制代代相传。随着两班士大夫数量越来越多，逐渐分化为两股势力：独揽中央大权的大地主勋旧派和反对易姓革命归乡隐居的中小地主士林派。成宗时代之前一直是大地主勋旧派当权，成宗时代士林派势力崛起，大量进入朝廷，并在学术领域占有一席之地，与勋旧派产生了严重的对立。但随后接连发生了四次“士祸”，导致士林派内部矛盾与分裂加剧。1545 年乙巳士祸之后，外戚当权，朋党之争加剧，很多士林派文人选择归乡隐居。

勋旧派和士林派的对立不仅表现在政治上，同时也表现在文学上。此前主导诗坛的“海东江西诗派”在这一时期开始暴露出一系列问题：崇尚江西派诗风的勋旧派官僚文人喜好华美的文辞，过于重视诗歌技巧和修辞，机械地追求修辞美，因此走向了另一个极端，用词怪异，用典生僻，追求晦涩新奇，引起了人们的反感。“海东江西诗派”因此遭到了士林派的批判。士林派注重追求内心世界的清净诗风，追求温柔敦厚、冲澹萧散。但这种感情表现方式同样具有局限性，由于过于注重内心世界，只强调某些特定情感，无法呈现丰富多彩的人生情感，因此时代迫切需要一种能够表现出丰富情感的新诗风，① 此时唐风作为一种替代方案重新得到文人的关注。

"三唐诗人"的出现率先宣告了朝鲜诗坛由宋风转为唐风。朝鲜中期崔庆昌（1539～1583）、白光勋（1537～1582）、李达（1539～1612）推崇和学习中国的唐诗，被称为"三唐诗人"。"三唐诗人"刻意仿唐，蔚然成风，诗坛积习为之一变。"三唐诗人"的作品不仅具有丰富的思想内容，而且具有鲜明的艺术特色，呈伤感绮丽的晚唐诗风。② 他们通过倡导学习唐诗，注重诗歌意境的创造，融情入景、情景交融，增强了诗歌的艺术表现力。此外，他们还擅长运用绘画式描写和象征等手法，不仅丰富了意象的内涵，同时寄寓了不同的象征意义，内心的情感与情景相互交融，表达了其诗歌所追求的生命意义。

"三唐诗人"十分注意吸收新鲜活泼的民歌入诗，创作了不少乐府诗。车天辂选校、金玄成批阅的《乐府新声》是标榜学唐路线者编撰的首部诗话集，收录了明宗和宣宗时期崔庆昌、白光勋、林悌、李达和李睟光五位诗人 175 首乐府诗，其中 123 首为七言绝句，与擅长七言律诗的海东江西诗派形成对比。《乐府新声》强调这些作品为"新声"，可见当时诗坛由宋风至唐风的转变。③ 该诗集中的作品大部分为唐代诗人擅长的乐府诗拟作，歌唱爱情与相思别恨的作品占了一多半，也有一些作品以民谣的形式描写了农民的生活状况，与朝鲜初期海东江西诗派的诗风截然不同。

"三唐诗人"还直接承继了朝鲜诗歌的写实传统，抨击和揭露不合理的社会现象。16 世纪末期，朝鲜王朝社会矛盾逐渐激化，农民起义不断发生，统治阶级内部朋党之争不断，1592 年壬辰战争的爆发更是给朝鲜整个国家和民众带来无尽的灾难。处于这样一个纷乱的时代，"三唐诗人"怀着深深的忧患意识和爱国之情，以史录的笔法写下了大量优秀作品。这些汉诗题材多样、内容丰富，或描写战争和社会动乱，或揭露统治阶级的残暴统治、描

① 안병학,「삼당파 시세계 연구」, 고려대학교 박사학위논문, 1988 년, p.15.

② "今世诗学，专尚晚唐，阁束苏诗。湖阴闻之，笑曰：'非卑也，不能也。'"权应仁：《松溪漫录》（下）。

③ "唐人为诗，多仿古乐府。如宫词、闺怨、塞下曲、游仙词等，题目尽好。此古人所谓望其题目亦知唐者。宋以下至我东，则鲜有此题，故今取数家，汇为一帙，以俟夫继而有作者。"车天辂选校，金玄成批阅《乐府新声》跋。

写党争、反映统治阶级内部矛盾，还有的描写天灾人祸、同情劳动人民，① 这一倾向在李达的作品里表现得尤为明显。“三唐诗人”不写文章，专攻诗作，可谓“纯诗人”，单以诗歌风靡一个时代，这在韩国文学史上也并不多见。

（二）诗话中的主唐音

16 世纪末“三唐诗人”出现之后，唐风成为朝鲜诗坛的主导诗风，随后 17 世纪初出现了大量诗话集，蔚为大观，盛况空前。这一时期的诗话集无论在数量上还是质量上，均超过了高丽时代和朝鲜时代初期，在韩国文学史上具有重要意义。此前的诗话或以故事为主，或故事与批评混合，而朝鲜时代中期诗话中，文学批评的内容明显增加，批评水平也大大提高。其中最具代表性的诗论家是许筠（1569～1618）、申钦（1566～1628）、李睟光（1563～1629）。

这一时期之所以涌现出大量的诗话集，除了这些诗论家本身对诗歌创作与评论的关注之外，更主要的原因在于当时人们对诗歌的普遍关注以及文学认知水平的提高。他们深入思考文学的存在论和创作论，进行了很多极有深度的分析与批评。这些诗论家本身就是当时的代表性诗人，因此对诗歌批评的关注一直延续到他们的诗歌创作实践当中。此外，这也和他们关注的诗歌作品和诗话集密切相关，对他们影响最大的便是明代高棅编选的诗选集《唐诗品汇》和元代杨士弘所编的诗歌总集《唐音》。

许筠认为《唐诗品汇》收录了大量的作品，给予了积极肯定，并认为《唐音》严格筛选出少量佳作，是学诗最重要的基本工具。许筠的诗选集《国朝诗删》选诗标准为唐诗，诗话集《惺叟诗话》和《鹤山樵谈》提出了唐诗的具体标准，认为“为诗则先读唐音，次读李白，苏杜则取才而已……崔白李三人诗，皆法正音”。申钦十分欣赏《唐诗品汇》，在自己的诗话集《晴窗软谈》中也沿袭了《唐诗品汇》的分类用语。李睟光也对《唐诗品汇》给予了积极的评价，但从实证主义的文本批评观点出发，一一

① 岳秋菊、张京青：《“三唐诗人”诗歌艺术特色论析》，《理论学刊》2009 年第 10 期，第 124 页。

纠正了《唐诗品汇》和《唐音》等诗选集中出现的错误，[①] 体现出真正的文学批评家的态度。

此外，这些诗论家也深受明朝前后七子复古思想的影响。16 世纪中期，前后七子文学论在明朝文坛兴起，17 世纪初传入朝鲜。[②] 前后七子主张摆脱江西诗风，提倡“文必秦汉，诗必盛唐”，视李白、杜甫为盛唐诗歌的典范。这种主张对朝鲜文坛也产生了较大的影响，许多朝鲜文人对此进行了批判性的接受，在诗风上体现为宋风到唐风的转变。许筠虽然反对拟古文，但对前后七子的诗歌持积极肯定的态度，认为他们颇具天赋，且文才出众，在诗歌方面取得了很高的文学成就。[③] 申钦受前后七子拟古主张的影响，创作了大量拟古乐府诗。李睟光深受王世贞的影响，重视字法、句法和篇章。

在中国的历代诗作中，朝鲜中期的诗论家对唐诗格外关注，他们广泛涉猎唐诗选集，尝试总结出作诗和诗学典范，对中国和朝鲜的诗作进行评论。许筠《惺叟诗话》、申钦《晴窗软谈》、李睟光《芝峰类说》都是这一时期的代表性诗话集。

许筠推崇唐诗，作诗以唐诗为范式，论诗亦以唐为基准。他参考中国的诗选集编写了《唐诗选》，共 60 卷，收录了 2600 多首唐诗。在《唐诗选序》中，他强调唐诗是诗歌的鼎盛期，认为《唐诗品汇》、《唐音》和《唐诗删》是最优秀的中国诗选集。[④] 他还挑选唐诗中的绝句汇编成《唐绝选删》，认为“唐之绝句，於是尽矣”。加上《四体盛唐》和《四家宫体》，他编撰的唐诗选集总共达四部，对唐诗的关注可见一斑。

申钦的诗论观点集中体现在《晴窗软谈》中。其中对唐诗的介绍和评论占了相当大的部分，几乎涵盖了初唐、盛唐、中唐、晚唐等各个时期的代表作家，其在继承前人诗学观的基础上提出了很多精辟的见解。在《晴窗

① 조융희,「17 시기 초 시론가들의 중국시선집 수용양상」,『한국고전연구』7 집, 2001 년, p.123.

② 노경희,「17 세기 전반 조선과 18 세기 에도 문단의 명대 전후칠자 시론 수용」,『고전문학연구』43 집, 2009 년, pp.401-445.

③ 이병순,「전후칠자에 대한 허균의 인식」,『한문학논집』27 집, 2008 년, pp.5-32.

④ “有唐三百年，作者千余家，诗道之盛，前后无两。其合而选之者，亦数十家，而就其中略而精核者，曰杨士弘所抄《唐音》；其详而敷缛者，曰高棅《唐诗品汇》；其匠心独智，不袭故不涉套，以自运为高者，曰李攀龙《唐诗删》。此三书者出，而天下之选唐诗者，皆废而不行，吁其盛哉。”许筠：《惺所覆瓿稿・唐诗选序》。

软谈》中，申钦认为《唐诗品汇》和《唐音》最精，[①] 分类也沿用了《唐诗品汇》的分类体系。申钦本身的诗歌创作也深受唐诗的影响，展现了冲和清淡而又韵味隽永的诗歌美学境界。

李睟光三次出使明朝，不仅积极接受中国文化，还首次将西学引进朝鲜，著有《芝峰集》31 卷和《芝峰类说》20 卷。他表现出明显的尊唐倾向，认为诗歌在盛唐时期达到鼎盛，“诗成大道”。[②] 他对《唐音品汇》评价极高，认为其“所取甚广，分门甚精”。[③] 对于明朝的复古运动，李睟光采取了批判性接受的态度，他的诗话集《芝峰类说》深受王世贞《艺苑卮言》的影响，视盛唐诗为典范，认为应努力炼字、炼句、炼篇。

朝鲜时代中期这些诗话集既反映了当时诗坛的尊唐倾向，又通过诗选集和诗话集的编撰促进了文学批评的发展，进一步影响了当时诗文创作。总体来看，朝鲜时代中期汉诗的文学思潮主要体现为浪漫主义，这一时期的唐风体现得十分多样，总体上以崇唐为主，表达了浪漫主义情感，崇尚晚唐、盛唐诗风和魏汉古诗。同时体现出感动、激情与悲壮等浪漫情感以及感伤色彩浓厚的主情面貌，强调诗歌豪放格调与气象。一言以蔽之，这一时期的文学观念体现为“复古主义”。

三　朝鲜后期宋风重起

17 世纪末、18 世纪初，朝鲜诗坛开始对前一阶段流行的唐风提出批判，重新思考宋风的文学价值，同时一些实学派诗人开始认识到具有朝鲜本土文学特色的“朝鲜风”汉诗的价值，后期出现了乐府诗创作热潮。这两种变化几乎是同时进行的，本部分将分别进行叙述。

---

① “选唐诗者，有《品汇》，有《唐音》，有《全唐诗选》，有《万首选》，有《百家诗》，而《品汇》、《唐音》最精。”申钦：《晴窗软谈》（上）。

② “余平生无所嗜，所嗜唯诗，而于唐最偏嗜焉。……夫诗道至唐大备，而数百年间，体式屡变，气格渐下。”“诗自魏晋以降，陵夷之徐庾而靡丽极矣。及始唐稍稍复振，以至盛唐诸人出，而诗道大成，蔑以加焉。逮晚唐则又变而杂体并兴，词气萎弱，间或剽窃陈言，令人易厌。”李睟光：《芝峰集》卷二十一。

③ “如《正音》鼓吹三体等编，亦多主晚唐，或失之太简。而唯《品汇》之选，所取颇广，分门甚精，视诸家为胜。”李睟光：《芝峰集》卷二十一。

（一）批唐主宋

正如此前朝鲜诗坛诗风的交替过程中体现出来的规律一样，朝鲜中期流行的唐风在发展了一段时间之后，也开始逐渐暴露出一些问题。实际上，在唐风流行时也曾经有过一些批判的声音，但这种批判并没有成为主流观点。18世纪初，对唐风批判的声音逐渐变强，其中最具代表性的文人为金昌协（1651～1708）。

金昌协认为“唐人自唐人，今人自今人”，① 时代不同了，诗歌的内容也应该有所不同。其实，金昌协批判的并非唐诗本身，而是朝鲜中期开始兴起的唐风开始变得千篇一律的现象。唐风的出现原本是为了克服朝鲜前期的宋风的弊端，如今却重蹈覆辙，成为被批判的对象。之前宋风之所以被批判，是因为过于注重用典和对偶，重视形式和技巧，导致内容空洞。唐风的出现使得情感的表达更为自由，克服了之前宋风的弊端，但也逐渐走向了另一个极端：流于形式，脱离生活，模仿的痕迹过重，出现了太多无病呻吟之作。比如不合时宜的边塞诗、与现实相去甚远的宫词、故作伤感的抒情诗等。因此，金昌协强调诗应该“即事写景，语皆真实”，② 表达现实空间中感情的变化，“即事”的主题排除了唐诗中经常出现的边塞诗、宫词和深闺诗等。

金昌协主张诗歌应与现实相结合，对于唐风浓郁的乐府诗，也进行了新的创作尝试。朝鲜中期乐府诗中的人物通常是客观的个体，作者以旁观者的视角描述古诗，并不介入其中，只是单纯地展现一些场景。但朝鲜后期的乐府诗往往是以第一人称描述自己亲身经历的生活，从而达到“即事”的效果，和朝鲜中期乐府诗为了达到浪漫主义效果而与诗中人物保持距离的做法形成了对比。③ 这种“即事”观点提倡的是一种关注日常生活的现实主义书写方式，实际上是继承了宋诗的叙事传统，从抒情言志转为叙事呈现，使得

---

① “诗固当学唐，亦不必似唐。唐人之诗，主于性情兴寄，而不事故实议论，此其可法也。然唐人自唐人，今人自今人，相去千百载之间，而欲其声音气调无一不同，此理势之所必无也。强而欲似之，则亦木偶泥塑之象人而已，其形虽俨然，其天者固不在也，又何足贵哉？”金昌协：《农岩集》卷34。

② “大抵皆率意信笔之作，即事写景，语皆真实，而佳篇秀句，未尝不错落其间，诗如是足矣。”金昌协：《农岩集》卷25。

③ 정순희,「조선조 詩壇의 唐・宋詩風 변전의 의미」,『한국언어문학』, 2004년 52집, p.12.

那些被埋没在大量拟作中的诗人的个性得以展现出来，这种特点也和朝鲜前期主导诗坛的“海东江西诗派”的宋风截然不同。

此前朝鲜中期诗坛流行的唐风在一定程度上受到了明前后七子文学复古运动的影响，而朝鲜后期对唐风的批判则是在一定程度上受到了明清文学思想的影响，尤其是受钱谦益的影响。钱谦益批判前后七子的诗学理论及其创作，一是学习古人诗而仅“务于摹拟声调”，二是由于学习效法古人的作品有限，取境难免狭窄，颇有作茧自缚之嫌。因此，在钱谦益看来，“七子派”学诗只知其然而不知其所以然，于是走上了“模拟剽贼”前人而“毫不能吐其心之所有”的拟古道路，学习古人而迷失了自己，徒得古人之貌而遗其精神。[①] 此外，钱谦益重新评价了宋元诗的价值，认为宋诗开拓了不同于唐诗的境界，其深度和广度均大大提升。尽管钱谦益的人品饱受诟病，但他的文集传入朝鲜后，为朝鲜文人反思当代的文风提供了契机。通过《农岩集》的叙述可知，金昌协读过《有学集》,[②] 且感触颇深。正是借助于钱谦益的批评论，金昌协对诗坛的拟古唐风提出了批判,[③] 对扭转朝鲜中期以来的诗风起到了引领作用。

此后韩国诗坛批唐主宋的声音不断，但经过几代沉淀和累积，这种声音和第一次唐宋诗风交替时期不同，更多的是体现为批判唐风的弊端，强调宋诗的优点，带着更加开阔的视野，主张兼师唐宋，代表性文人为金正喜（1786～1856）和申纬（1769～1845）。

金正喜深受清初书法家、文学家和金石学家翁方纲的影响。翁方纲主张文理义理并重，重学而言法，崇尚宋诗，融合神韵肌理诸说，贬抑性灵说。[④] 金正喜在年轻时曾登门造访翁方纲，在翁门下停留数月，他既吸收了翁方纲的“肌理说”，对于“性灵说”和“格调说”也兼收并蓄。他引用清朝性灵论者蒋士铨的五言长篇《辩诗》劝诫人们不要学习唐诗,[⑤] 《辩

---

① 杨连民、李华文：《论钱谦益对前后七子的批评（下）》，《聊城大学学报》（社会科学版）2006 年第 2 期，第 84 页。

② “近看钱牧斋文字，论此最详。”“近观牧斋《有学集》，亦明季一大家也。”金昌协：《农岩集》卷 34。

③ 강명관,『농암잡지평석』, 서울：소명，2007 년.

④ 吴宏一：《清代诗学初探》，台北：学生书局，1985，第 247 页。

⑤ “士说为诗二十年，忽欲学元人诗，盖其意元人多学唐故也。余遂书《辩诗》一篇，以明诗道之作。”金正喜：《阮堂先生全集》卷 9。

诗》批判了认为宋诗一无是处的观点，认为宋诗和唐诗同样重要，以至于后世很多朝鲜人误以为这首诗是金正喜的作品。金正喜尤其喜爱苏轼的作品，留下多首对苏轼的次韵作品，金正喜的次韵诗不仅用苏诗韵脚押韵，而且单句用字亦完全相同，可谓亦步亦趋，有异曲同工之妙。

申纬是一位典型的由唐风转宋风的文人，他的诗前期深受王维的影响，崇尚诗中有画，诗禅一体。1812年，在金正喜的引荐下，申纬作为冬至使的书状官入燕拜见翁方纲，深为其文学观所折服，回国后将自己之前的诗稿一焚而尽。此后开始转学苏东坡，自命由苏入杜，但实际诗风更近苏东坡。申纬反对模仿和抄袭，并强调作诗应该有自己的个性，应该扎根于现实，反映现实。可见申纬批唐主宋并非将宋诗奉为典范，而是强调作诗要有个性，即便侧重于诗的修辞、技巧与形式，以议论为主，也要体现出诗人的意识和表达方式，不能脱离现实。

如果说金正喜和申纬是19世纪上半叶批唐主宋的代表性诗人，“韩末四大家”则为19世纪下半叶批唐主宋的主力。“韩末四大家”包括姜玮（1820~1884）、李建昌（1852~1898）、金泽荣（1850~1927）和黄玹（1855~1910）。姜玮是金正喜的弟子，他也像金正喜一样，强调宋诗的价值，劝告友人放宽视野，认为所有感情皆出自天机，[①]“天机”和“性情”指“天赋”和“个性”。他坦言自己师从江西派，“独溯江西一派归”，并不掩饰对江西派的推崇，同时主张不应贬低明诗。[②]这一主张通过李建昌和黄玹得到了继承和延伸。

朝鲜后期从金昌协到金正喜、申纬，再到“韩末四大家”，都表现出对唐风的批判和对宋风的维护，可见这一阶段虽然宋风略占优势，但唐宋诗风之争一直都存在，没有出现之前一边倒的情况。这一阶段对宋风的崇尚表面上虽然表现出对唐风的批判，实际上也对唐风进行了一定程度的吸收和继承。这实际上也反映出了汉诗体裁文学史地位的变化，随着小说以及小品文等散文逐渐占据主流，以及文学创作阶层的扩散，汉诗已经不像唐宋诗风第一次交替时期那样在文坛占据绝对优势地位。

---

① “（蕙史坚持唐以下无诗之论，故云）界宋分唐是也非，寻常笑骂总天机。欲从沧浪横流地，独溯江西一派归。”姜玮：《姜玮全集（上）·示金蕙史颐奎》。

② “粉泽洗来真骨见，江西一派远相参。”《八家精华·子承宅拈韵》。“异曲同工俱可悦，不尊秦汉不卑明。”《八家精华·晚春子承宅》。

（二）朝鲜诗与朝鲜风

朝鲜后期，文学体裁变得更加多样，除了汉诗以外，在诗歌领域，以民族文字韩文创作的作品逐渐增加，时调、歌辞、辞说时调等民族语诗歌蓬勃发展。文学创作也不再是熟习汉文者的特权，创作阶层扩大到了女性乃至中层身份的中人等。除了“批唐主宋”的声音之外，韩国诗坛开始出现另外一种新动向，认为朝鲜的汉诗不应该盲目地仿古或追随中国，而是应该重视“今”的概念，描写朝鲜人的生活，反映朝鲜的风土人情。这些主张和金昌协的“即事”诗论一脉相承，并且更进一步，强调汉诗创作应追求“朝鲜风”，朝鲜人作“朝鲜诗”。

“朝鲜风”一词最早出现在朴趾源（1737～1805）为李德懋（1741～1793）的诗文集《婴处稿》所作的序中，[①] 之所以谈到“朝鲜风”，是因为有人认为李德懋的诗“学古人而不见其似也”，“乃今之诗也，非古之诗也”。朴趾源反而认为这正是李德懋的优点，时代已经变了，不能一味地仿古，“貊男济妇之性情”也可以成为“国风”的一种。从这个角度来看，朴趾源所主张的“朝鲜风”是指汉诗应该描写朝鲜的民风，它是作为“国风”的一种而存在的概念，并不是指与中国诗风相对立的民族诗风。

“朝鲜诗”概念的起源则可以追溯到丁若镛（1762～1836）《老人一快事六首效香山体》的第五首，诗中提到了“我是朝鲜人，甘作朝鲜诗”。[②] 这首诗可以说浓缩了丁若镛的诗论观，丁若镛认为明清文学世运衰竭，气数已尽，因此朝鲜应该根据本国的世运来决定文学的内容，要摆脱形式与技巧

---

① “今懋官，朝鲜人也。山川风气，地异中华，言语俗谣，世非汉唐。若乃效法与中华，袭体于汉唐，则吾徒见其法益高而意实卑，体异似而言益伪耳。左海虽僻，国亦千乘，罗丽虽俭，民多美俗。则字其方言，韵其民谣，自然成章，真机发现，不事沿袭，无相假贷，从容现在，即事森罗，惟此诗为然。呜呼，三百之篇，无非鸟兽草木之名，不过闾巷男女之语，则邶桧之间，地不同风，江汉之上，民各其俗，故采诗者以为列国之风，考其性情，验其谣俗也，复何疑乎此诗之不古耶？若使圣人者，作于诸夏，而观风于列国也，考诸婴处之稿，而三韩之鸟兽草木，多识其名矣。貊男济妇之性情，可以观矣。虽谓朝鲜之风，可也。”朴趾源：《婴处稿序》。

② “老人一快事，纵笔写狂词，竞病不必拘，推敲不必迟。兴到即运意，意到即写之。我是朝鲜人，甘作朝鲜诗，卿当用卿法，迂哉议者谁？区区格与律，远人何得知？凌凌李攀龙，嘲我为东夷。袁尤槌雪楼，海内无异辞。背有挟弹子，奚暇枯蝉窥？我慕山石句，恐受女郎嗤。焉能饰悽黯，辛苦断肠为？梨橘各殊味，嗜好唯其宜。”丁若镛：《茶山诗文集》卷6。

的束缚，重视文学的元气和内容。从这个意义上来说，他肯定了宋诗的议论性质，尤其赞同陆游的观点，认为应该以不加雕琢的语言来表达日常生活中的自然心情。①

有人将这种主张解释为一种“民族觉醒”的表现，但从 18 世纪、19 世纪韩国诗坛的总体情况来看，“朝鲜诗”或“朝鲜风”的概念并未改变汉诗的总体创作方式与趋势，很难与真正的民族主体论联系起来。因此可以理解为，当时的文人认识到了朝鲜的汉诗不可能和中国完全相同，与其单纯地模仿，不如着眼现实，以朝鲜本身的山水和现实生活为素材。所谓“朝鲜风”也只是从“国风”的角度，将朝鲜的民风视为其中素材之一，朝鲜后期出现的乐府热潮也可以从这一角度来理解。

朝鲜时代的乐府虽然是在元明乐府的影响之下出现的，但在朝鲜后期摆脱了中期的单纯模仿，转为歌咏韩国历史，反映本国民风。曾被视为难登大雅之堂的朝鲜题材、朝鲜诗歌元素被以多种方式引进汉诗，丰富了朝鲜汉诗的内容。李衡祥（1653～1733）甚至将新词、引、操、时调等与具有音乐渊源的诗歌形式统称为“乐府”，可见当时乐府这一概念范围之广。在体现朝鲜风土人情方面，最引人注目的便是以东国史实为题材的咏史乐府、继承了起源于唐朝民歌《竹枝词》的朝鲜风竹枝词，以及将民族语言创作的民谣时调翻译为汉诗的“小乐府”。

这些变化反映出当时人们对俗与雅认识的变化。朝鲜后期出现了不少颇具朝鲜特色的诗集和歌曲集，朝鲜后期的士大夫追求“雅正”，但也积极认可“变风”，这为“小乐府”的流传提供了重要的空间，② 也为“朝鲜诗”和“朝鲜风”的兴起奠定了重要基础。

这种“朝鲜诗”“朝鲜风”汉诗兴起的背后有着多重原因，一方面是朝鲜时代实学发展带来的变化，另一方面是接受明清公安派、神韵派和性灵派文学思想的结果。丁若镛和朴趾源均为朝鲜时代的代表性实学家，这一时期的实学思想是在批判性地继承前一个时代性理学的基础之上发展起来的。在文学方面，丁若镛虽然继承了性理学“文以载道”的主张，但并不认可性

① 박무영,「정약용 시문학의 연구」, 이화여자대학교 박사학위논문, 1993.

② 윤덕진,「소악부 제작 동기에 보이는 국문시가관」,『열상고전연구』34 집, 2011 년, p.118.

理学强调的个人静态的“治心之法”，强调“事”的重要性，[①] 注重对日常生活的描写。朴趾源代表了北学派实学家的观点，主张“法古而知变”“创新而能典”，关注朝鲜社会的现实问题，倡导积极学习清朝的先进文化。

在朝鲜文坛，北学派文人最先开始接受与传播清朝诗风，他们介绍清朝文坛动向，编选清人诗选，提出了“清诗受容论”。朴趾源和李德懋的诗论反映了18世纪后期的汉诗创作特点，他们反对拟古，倡导奇诡尖新的诗风，追求创新，注重技巧，强调个性，对于细微的事物和琐碎的日常也赋予文学意义，追求写实主义描写手法。这种追求崭新和个性的诗风实际上是接受了公安派袁宏道和神韵派王士祯诗论的结果。[②]

王士祯的“神韵说”是对朝鲜文坛影响最为深远的清代诗风流派，北学派文人最为推崇王士祯，不仅推广“神韵说”，还创作具有“妙语”和“味外味”等神韵风格的诗歌，逐渐形成了“新诗”“新调”，[③] 并且注重对眼前景物的真实描写。与李德懋同一时代的文人李书九（1754～1825）评价李德懋“眼前景物总成诗”“摹来真境语还奇”，[④] 正反映了这一创作特点。北学派文人对袁宏道的接受具体可以概括为“对拟古的批判”“童心和真”“相对的古今观”“文学之变”等，[⑤] 朝鲜后期的汉诗注重当下、描写日常生活的倾向乃至对“朝鲜风”的重视都是接受了“相对的古今观”的具体体现。“文体反正”之后，朝鲜文人一度不敢公开探讨公安派文学理论。但19世纪袁枚的“性灵说”传入朝鲜文坛后颇受特殊阶层“中人”的青睐，他们主张“真情”和“性灵”，这为在当时的社会中由于身份的限制而无法施展才华的中人阶层提供了追求个性文学的理论基础，也使他们摆脱了载道文学观和形式的束缚，[⑥] 从而寻求一种更为自由的创作方式。朝鲜后期民谣风格的乐府创作热潮，以及不论身份高低贵贱的委巷诗人的诗集刊行等现象都和“性灵说”的影响密不可分。

正是在实学思想的发展和明末清初多种文学思潮的综合作用之下，朝鲜

① 송재소,「성리학파 문학과 실학파 문학의 연속과 단절」,『태동고전연구』34 집, 2003 년 12 월, p.69.

② 안대회,『18 세기 한국 한시사연구』, 서울: 소명, 1999 년, pp.332-337.

③ 金柄珉:《朝鲜北学派文学与清代诗人王士祯》,《文学评论》2002 年第 4 期。

④ 李书九:《惕斋集》卷一《题李懋官德懋湖西诗卷二首》。

⑤ 강명관,『공안파와 조선후기 문학』, 서울: 소명, 2007 년, pp.355-399.

⑥ 李春姬:《道咸年间诗风与朝鲜文坛诗歌取向》,《社会科学战线》2009 年第 8 期，第 188 页。

诗坛从唐风和宋风的摇摆中逐渐摆脱出来，开始尝试打破形式和内容的束缚，重视“今”的概念，描写日常，朝鲜风土人情和俚语入诗，最终体现为这种以乐府诗为代表的“朝鲜诗”和“朝鲜风”汉诗的创作热潮。

结 语

纵观韩国古代诗坛第二次唐风与宋风的交替，在明朝前后七子复古思想的影响之下，朝鲜中期诗坛出现了尊崇唐风的“三唐诗人”，他们一扫朝鲜前期的诗歌创作积习，改变了宋风在诗坛的主导地位。同时，以许筠、申钦和李睟光为代表的诗论家开始深入思考文学的存在论和创作论，在《唐诗品汇》和《唐音》的影响之下，编撰了一批以唐诗为审美标准的诗歌选集和诗话集。

朝鲜后期，人们开始反思拟古诗风导致诗歌创作脱离现实的问题，金昌协率先对此提出批判，强调“今”的概念和对日常生活的描写，从这一主张的背后可以看到其受明末钱谦益的影响。此后在清朝翁方纲的影响之下，从金正喜和申纬到韩末四大家均批唐主宋，宋风略占优势。在这一过程当中，受到实学发展及明清公安派、神韵派和性灵派的综合影响，朝鲜诗坛开始注重作为国风之一的“朝鲜风”的价值，出现了描写朝鲜风土人情的乐府诗创作热潮。

与第一次唐风与宋风的交替不同，越到朝鲜后期，单一诗风的绝对优势越不明显，这背后有着民族语言诗歌创作的发展、文学体裁与创作阶层的多样化以及文学思潮的综合影响等因素的多重作用。值得注意的是，韩国古代诗坛诗风变化的每个阶段都反映出不同时期中国文学思想的影响，基本呈现出与中国文学史发展相似的趋势，对前一时代诗风的否定与文学思想的发展不断交替循环，既与中国文学史一脉相承，最终又认识到了韩国本土诗歌的价值，“变风”得以与“正雅”共存。

本文对韩国古代诗坛诗风的第二次大交替进行了概述，结合韩国的社会背景与中国文学思想的影响，分析了各个阶段的特点与变化原因，从宏观方面梳理了韩国古代诗坛整个汉诗诗风的变化发展过程，有助于从诗风变迁的角度了解韩国古代汉诗史的全貌。由于篇幅所限，本文未能对每个阶段的具体情况进行更加全面和细致的分析，这一问题留待今后分阶段进一步研究。

Exploration on the Poetic Styles Absorbed from Tang and Song Dynasties in Korean Ancient Poetry

—*The Second Alternation*: *from the Middle to the Late Choson Dynasty*

Li Liqiu

Abstract This paper summarizes the second alternation of Korean ancient poetic styles. The appearance of "Samdang School poets" in the middle period of Choson Dynasty marks the revival of Tang's poetical style. Moreover, poetry collections and the poems with Tang's poetical style are also regarded as the genuine products of poetry. At the end of the 17th century, the Choson poetry began to reflect on the Tang's poetical style, with the Song's poetical style rising again, either. After the 18th century, the Choson poetry began to mirror its ancient counterparts, emphasizing the concept of "the present" and the description of daily life, and advocating the "Choson-esque Style" and "Choson-esque Poetry" that describe Korean customs and practices. Combined with the social background at that time and the influence of Chinese literary thoughts, this paper analyzes the characteristics and reasons of these changes of poetic style in each stage, and trims the changing process of Chinese poetry style.

Keywords Chinese Poems in Choson Dynasty; Tang's Poetical Style; Song's Poetical Style; Samdang School Poets; Choson-esque Style

栗谷孝思想的理气论基础研究*

赵甜甜　崔英辰

【内容提要】 栗谷在《圣学辑要·孝敬章》中主张“人子之身，父母生之，血肉性命，皆亲所遗”，即人之身体是血肉与性命的综合体。他对身体产生这种认识的理气论基础是在重视理的同时，积极强调气的能动性与自主性。他否定理对气运动的统治，认为阴阳动静可以看作自我的原因，这是他对理气概念的一种新的诠释。在对主理的倾向和主气的倾向进行批评、综合的过程中，一些折中的做法使得他自身的理论体系显得有些矛盾，而这种矛盾具体表现在“自尔”和“所以然”的关系上。从形式伦理学上看，代表着气由于自身原因产生运动的“自尔”，和代表着理对气的主宰性和统治性的“所以然”本来是不可能同时存在的矛盾关系，而“妙”解决了这种矛盾，这也正是栗谷的自得处。

【关键词】 栗谷　孝　理气论　“自尔”　“所以然”

【作者简介】 赵甜甜，哲学博士，中山大学国际翻译学院副研究员；崔英辰，哲学博士，韩国成均馆大学名誉教授。

一　绪论

在研究思想体系或思想史时，看待问题的角度和认识事物的方法，是认

* 本文为中山大学高校基本科研业务费中山大学青年教师培育项目“理之能动性认识差异的比较研究——以退溪·高峯·栗谷为中心”（项目编号：19wkpy30）研究成果。

清事物本质的关键。朝鲜儒学史的发展历程实际上是朱子学[1]从丽末鲜初传入朝鲜到融合、发展为独具特色的朝鲜朱子学体系的过程。朱子认为理与气“不相杂，不相离”，退溪李滉强调朱子学中理气不相杂的层面，而栗谷李珥则强调朱子学中理气不相离的层面。[2]

二人对朱子学解释的侧重不同，导致了退溪学派与栗谷学派相互冲突的理论基础，在论争的过程中朱子学本身所包含的问题暴露了出来，[3] 对于这些问题，退溪和栗谷提出了解决方案，并做出了大胆的理论尝试。因此，退溪与栗谷的性理学根据视角的不同，既可以说他们是忠实的朱子学者，同时也可以说是朱子学理论的创新者，二人对朱子学理论发展的多样性和多元性做出了贡献。

> 盖退溪多依样之味，故其言拘而谨；花潭多自得之味，故其言乐而放。谨，故少失；放，故多失。宁为退溪之依样，不必效花潭之自得也。[4]

栗谷此说是从两种角度对朝鲜性理学史进行理解和分析，一种是忠于朱子学理论，比较准确地理解和继承朱子学理论的称为“依样”，在自我领域有所体会的称为“自得”。他认为退溪的理论是“依样”，对此我们不得不提出异议，而对于自身的学问他又是如何评价的呢？我们来看下面的引文：

> 今之学者，开口便说理无形而气有形，理气决非一物，此非自言也，传人之言也，何足以敌花潭之口而服花潭之心哉。[5]

这里栗谷认为自身的学说与“非自言也，传人之言”的“今之学者”不同，也与单纯地对朱子学进行“依样”的学者不同，即他自身的学说为

---

① 本文中朱子学与性理学的概念将区分使用。朱子学在这里指伊川和朱子的学术思想，性理学指除象山系心学以外的宋代六贤的全部儒学理论。

② 蔡茂松：《退栗性理学的比较研究》，成均馆大学博士学位论文，1972，第 2 页。

③ 成乐勳：《韩国儒教思想史》，收录于《韩国文化史大系 VI 》，1970，高丽大学民族文化研究所，第 941 ~943 页。

④ 李珥：《栗谷全书》卷 10，首尔：民族文化推进会，1981，第 215 页。

⑤ 李珥：《栗谷全书》卷 10，首尔：民族文化推进会，1981，第 215 页。

“自得”。孝道是百善之首，具有最高的道德价值，他上呈给君主的学习教材《圣学辑要》中专门写了《孝敬章》以明确其重要性。《孝敬章》的内容虽大多是对前贤圣训的整理，但从文章内容与构成上不难看出栗谷孝思想的特点，这种独特的孝思想究其根源，则可以归结为其独特的理气论思想。

栗谷对孝的讨论始于《孝经》，他在《孝敬章》开篇即言：“身体发肤，受之父母，不敢毁伤，孝之始也。立身行道，扬名于后世，以显父母，孝之终也。夫孝，始于事亲，中于事君，终于立身。”① 孝在栗谷思想体系中的重要性在这里可以窥见一斑。在启蒙图书《击蒙要诀·事亲章》中他进一步阐述说：

> 凡人莫不知亲之当孝，而孝者甚鲜，由不深知父母之恩故也。《诗》不云乎：“父兮生我，母兮鞠我；欲报之德，昊天罔极。”人子之受生，性命血肉，皆亲所遗。喘息呼吸，气脉相通，此身非我私物，乃父母之遗气也。故曰：哀哀父母，生我劬劳，父母之恩，为如何哉？岂敢自有其身，以不尽孝于父母乎！人能恒存此心，则自有向亲之诚矣。②

这里可以看到栗谷理解的个体生命来源于父母“所遗”，而这个个体生命不仅是传统观念上所说的血肉之身，还包括了“性命”，即人之身体是血肉与性命的综合体。他在《孝敬章》中说：“人子之身，父母生之，血肉性命，皆亲所遗，生成之恩，昊天罔极。是故孩提之童，莫不知爱其亲，天性然也。”③ 正是由于有“性命”的“所遗”，才会使得孩提之童也拥有爱亲的本性。可以说栗谷从根源上找出了孝形而上学的依据，对孝的逻辑进行了合理化。他对身体的这种认识正是基于其特殊的理气论，这又影响了其孝的思想，以下我们就来梳理其孝思想是基于何种理气论发展起来的。

---

① 李珥：《栗谷全书》卷 23，首尔：民族文化推进会，1981，第 4 页。

② 李珥：《栗谷全书》卷 27，首尔：民族文化推进会，1981，第 10 页。

③ 李珥：《栗谷全书》，《圣学辑要》篇，首尔：民族文化推进会，1981。

二 “自尔”与“所以然”

观念不是抽象思维的产物，而是在政治社会的基础上产生的风向标。栗谷所处的时代与朱子有着本质上的不同，这就导致了作为栗谷思想核心的理与气，其概念和意义不可避免地发生了改变，甚至理气论也随之产生了历史的变化，这种社会环境与时间历史的改变让我们更加期待栗谷理气论的“自得之味”。

> 近观整庵、退溪、花潭三先生之说，整庵最高，退溪次之，花潭又次之。就中，整庵、花潭多自得之味，退溪多依样之味。①

从这段评价不难看出，在朝鲜的三位大儒之中，栗谷对于罗整庵的评价最高，他赞道：“罗整庵识见高明，近代杰然之儒也。有见于大本，而反疑朱子有二岐之见。此则虽不识朱子，而却于大本上有见矣。”栗谷认为整庵虽然对朱子的理解不够透彻，但在大本上有所见地。由此可见其理气观在一定程度上必然会受到整庵的影响。栗谷所理解的理气概念遵循了朱子学中的“理”优位的思想，但比朱子和退溪更加注重气。这是因为退溪理论中对理进行了反复的强调，对于气却并未做出充分的规定与说明。其后的学者也过于偏重对理的强调，加上与栗谷同一时代的明代儒学者们对“气”的关注越来越多，栗谷的理气论也不可避免地产生了对气的某种偏重。最重要的是单纯地强调理之绝对性，已经不足以解决当时的社会问题，对气的强调可以说是他对“从上至下腐败的官僚主义与腐朽的封建朝鲜王朝政治制度的强烈批判和愤怒，以及对未来社会百姓的担心”。②

栗谷理论中对于气的偏重首先体现在他对于太极阴阳的解释，他在《圣学辑要》中对《太极图说》中“太极动而生阳”到“两仪立焉”之说做了如下注释：

---

① 李珥：《栗谷全书》卷10，首尔：民族文化推进会，1981，第215页。

② 安炳周：《栗谷李珥》，《韩国代表思想家》，首尔：玄岩社，1976，第197页。

> 动静之机，非有以使之也，理气亦非有先后之可言也。第以气之动静也，须是理为根柢，故曰太极动而生阳，静而生阴。若执此言，以为太极独立于阴阳之前，阴阳自无而有，则非所谓阴阳无始也。最宜活看而深玩也。①

朱子认为太极是动静的主宰者，即现实世界中气的作用并不能靠自己完成，而是在太极或道这种理的统治下完成的。但是栗谷则认为“动静之机，非有以使之也”，否定了运动的自我以外的因素。这是栗谷的定论，他在解释“气发理乘”概念的时候曾明确表示：

> 阴静阳动，机自尔也，非有使之者也，阳之动则理乘于动，非理动也。阴之静则理乘于静，非理静也。故朱子曰：太极者，本然之妙也，动静者，所乘之机也。阴静阳动，其机自尔，而其所以阴静阳动者，理也。故周子曰：太极动而生阳，静而生阴。夫所谓动而生阳，静而生阴者，原其未然而言也；动静所乘之机者，见其已然而言也。动静无端，阴阳无始，则理气之流行，皆已然而已，安有未然之时乎？②

栗谷赋予气更多的自主性，认为阴阳的动静并无自我以外的因素，是其机“自尔”，反而是理的动静要取决于所乘之机的动静。他将这种不受理的限制，反而拥有自主性的现象称为“气发理乘一途说”，这是他倾向于重视气的哲学理论基础，也是他区别于朱子、退溪等性理学者的独创性的理论。

但是需要注意的是他在《太极图说》的注释中说“气之动静也，须是理为根柢”，也就是说气虽不受理的限制，理却是气动静的基础。这个理论与“气发理乘一途说”实际上存在着逻辑上的矛盾，而这种逻辑的矛盾在其早年之作《天道策》中也可以窥见一二：

---

① 李珥：《栗谷全书》卷20，首尔：民族文化推进会，1981，第446页。

② 李珥：《栗谷全书》卷10，首尔：民族文化推进会，1981，第216页。

阳速阴迟者，气也。阴之所以迟，阳之所以速者则理也。愚未知其孰使之然也，不过曰自然而然尔。[①]

栗谷既认为阴阳作用的“所以然”是理，同时又认为“自然而然尔”。从表面的意思来看，“自尔”与“所以然”是矛盾的关系，但是在栗谷的理论体系当中并不矛盾。因为在他独特的理气论系统当中，他所理解的理的概念与朱子学中的理并不完全相同。栗谷认为理是气之主宰[②]、枢纽根柢[③]，这一点与正统朱子学的观点一致，但他否定理对气运动的统治性，认为阴阳动静是自我的原因，气拥有自主性，这是他对理气概念新的诠释。即理中已经包含了可以使气运动的“所以然”，气的这种“自尔”不是因为外部的因素，而是本身含有这种可以自己运动的“理”。

从这里不难看出，在这种诠释当中栗谷表现出了以气为优先的倾向，气比起理更具有决定性。因此在他的理论系统当中，如何规定气就显得尤为重要。

三　本然之气与元气

如前所述，栗谷的理气论中气可以根据自己的内在动因而产生运动，即所谓的“其机自尔”，对于这种不受理限制的气，栗谷创新性地提出了代表原始之气的本然之气、元气等概念。

（1）以道心为本然之气者亦似新语，虽是圣贤之意而未见于文字。[④]

（2）气之本则湛一清虚而已。[⑤]

（3）圣贤之千言万语只使人检束其气，使复其气之本然而已。气之本然者，浩然之气也，浩然之气充塞天地，则本善之理无少掩蔽，此孟子养气之论，所以有功于圣门也。[⑥]

---

① 《朱子大全》卷45，《答扬子直》。

② 李珥：《栗谷全书》卷10，首尔：民族文化推进会，1981，第197页。

③ 李珥：《栗谷全书》卷10，首尔：民族文化推进会，1981，第215页。

④ 李珥：《栗谷全书》卷10，首尔：民族文化推进会，1981，第208页。

⑤ 李珥：《栗谷全书》卷10，首尔：民族文化推进会，1981，第209页。

⑥ 李珥：《栗谷全书》卷10，首尔：民族文化推进会，1981，第209页。

根据栗谷的理论，“气有顺乎本然之理者，则气亦是本然之气”，① 这个本然的气就是纯善无恶的道心，湛一清虚的浩然之气，它充塞天地，对本善的理没有一丝一毫的掩蔽。

因此他认为圣人的千言万语归结为一句话就是“使复其气之本然而已”，但是在朱子看来，如果将圣人的千言万语归结为一句话那应该是“存天理灭人欲”。②如果这句话是让人克服情欲，将自身放置于理的框架之内，那么也就是说需要通过对气的统治，达到回归理的状态。朱子将理与气的关系比喻为宝珠与水，明明德就像是在浑浊的水中“揩拭此珠”。③ 那么对《大学》明明德篇的注解中，所谓的复其初就是恢复理。栗谷认为修养的目的是恢复气之本然，与朱子的理论可谓南辕北辙，形成了鲜明对比。当然栗谷这里要恢复的气是“顺乎本然之理者”的本然之气，虽然这个气的根据也是理，但有更多的自主性，甚至是可以决定理的一种存在，是否“听命”于理的主导权完全掌握在气手中。

> 气顺乎本然之理者，固是气发，而气听命于理，故所重在理而以主理言；气变乎本然之理者，固是原于理而已，非气之本然，则不可谓听命于理也，故所重在气而以主气言。气之听命与否，皆气之所为也，理则无为也，不可谓互有发用也。④

上文是栗谷在讨论人心道心的时候，对理气关系的一个界定。他认为气是否听命于理完全由气来决定，气拥有绝对的主导权，理是没有决定权的。在这种逻辑理论之下，气似乎是一个能够独立于理的存在，可以单独进行作用，这是朱子学中并未涉及的问题。栗谷强调在理实现的过程中气所起到的积极作用，实际上是将朱子学的重心从理逐渐转向了气。

如果说本然之气是人心最根本的气，那宇宙根源的气则是元气。《栗谷语录》中对元气做了如下解释：

---

① 李珥：《栗谷全书》卷 10，首尔：民族文化推进会，1981，第 210 页。

② 《朱子语类》卷 12，“圣人千言万语只是教人存天理灭人欲”。

③ 《朱子语类》卷 4，“但禀气之清者，为圣为贤，如宝珠在清冷水中；禀气之浊者，为愚为不肖，如珠在浊水中，所谓明明德者，是就浊水中揩拭此珠也”。

④ 李珥：《栗谷全书》卷 10，首尔：民族文化推进会，1981，第 212 页。

(1) 推其本则一气而已，但以所生之气论之，则天地者，元气中所出之气也。元气者，天地气之所根柢也。[①]

(2) 以此推之，则元气中之天地虽终，而元气则亦未尝息也。若曰，天地终穷之际，元气亦从而游散，则后天地之气，根于何气而出也。[②]

引文（1）中元气是天地的生成者，是天地气的根基，这种气思想及元气论与花潭徐敬德甚至横渠张载等气论者的理论颇为相似。虽然理是主体性的规定者，气是万物生成的质料，但是本然之气和元气是人类和宇宙最本源的基础，这种气比起朱子学中只能被动的被规定的气更具能动性和主体性。在修养论的层面上，理是难言难见的，气相对来说更加具象，是一个更加丰富、充实的概念，因此对气的修养可以很具体、实在。在价值论的层面上，与绝对善的理相比，栗谷主张的气虽然价值中立，但容易流于恶，在价值论的层面上并不具有优势。因此他为气设定了一个相对肯定的价值，即气“湛一清虚”，他将这种湛一的气设定为道德修养的目标，使气在价值论层面上的地位大大提高。

四　理气之妙

上文我们讨论了栗谷在坚持理的优越性的同时，又非常重视气，我们不妨将栗谷的理论看作理哲学向气哲学过渡的一个时期。为了平衡理气的关系，不偏向于任何一方，他提出了“理气之妙说”。

(1) 理气之妙，难见亦难说。夫理之源，一而已矣，气之源，亦一而已矣。气流行而参差不齐，理亦流行而参差不齐，气不离理，理不离气，夫如是则理气一也，何处见其有异耶？[③]

(2) 一理浑成，二气流行，天地之大，事物之变，莫非理气之妙用也。[④]

---

① 李珥：《栗谷全书》卷10，首尔：民族文化推进会，1981，第237页。
② 李珥：《栗谷全书》卷10，首尔：民族文化推进会，1981，第237页。
③ 李珥：《栗谷全书》卷10，首尔：民族文化推进会，1981，第204～205页。
④ 李珥：《栗谷全书》卷10，首尔：民族文化推进会，1981，第304页。

(3) 有问于臣者曰："理气是一物，是二物?" 臣答曰："考诸前训，则一而二，二而一者也。理气浑然无间，元不相离，不可指为二物，故程子曰：'器亦道，道亦器，虽不相离，而浑然之中，实不相杂，不可指为一物。'故朱子曰：'理自理，气自气，不相挟杂'，合二说而玩索，则理气之妙，庶乎见之矣。"①

引文（1）中对理气之妙"难见亦难说"的描述正是真理之貌，而"气不离理，理不离气"正是对理气"相即"关系的说明，正是这种相即不离的关系使得理与气并无先后之分。"理气"虽一，但同时又是二分的，其关系的说明很难用日常的认识或语言来描述，这就是所谓的"妙"。

引文（2）和（3）中对理与气"一而二，二而一"的辩证关系进行了分析。首先"器亦道，道亦器"的思考方式与朱子"理自理，气自气"思考方式的统一，同时也是将作为对立面的花潭的气哲学与退溪的理哲学进行了创造性的统一。②"自尔"与"所以然"这两种对立的矛盾能够统一起来的根据可以说就是"妙"，而这种"妙"的理论正是韩国性理学的特征之一。理气之妙理论的基础是太极与阴阳的辩证关系，栗谷在《修己章》中如是解释二者：

太极者本然之妙也，动静者所乘之机也，太极形而上之道也，阴阳形而下之器也。③

太极即理，阴阳即气，理气之妙可以说就是根源于太极的"本然之妙"，而这样的"本然之妙无乎不在"，"理无所不在各为其形，而其本然之妙则不害其自若也"。④"本然之妙"就是理自身具有的一种自然的妙用。这种妙用无时、无处不在，适才虽然万事万物都为气发理乘，但理可为之主宰，却又都能"自尔"。理气之妙可以说是气发理乘思想的基础，而理通气局思想则可以说是对理气之妙的直接体现。

---

① 李珥：《栗谷全书》卷10，首尔：民族文化推进会，1981，第456页。

② 柳承国：《栗谷哲学的根本精神》，《东洋哲学研究》，首尔：槿城书斋，1983，第250~251页。

③ 李珥：《栗谷全书》，《圣学辑要》篇，首尔：民族文化推进会，1981。

④ 李珥：《栗谷全书》卷10，首尔：民族文化推进会，1981，第209页。

理气元不相离，似是一物，而其所以异者，理无形也，气有形也；理无为也，气有为也。无形无为而为有形有为之主也，理也。有形有为而为无形无为之器也，气也。理无形而气有形，故理通而气局。理无为而气有为，故气发而理乘。理通者何谓也？理者，无本末也，无先后也。无本末、无先后，故未应不是先，已应不是后，是故乘气流行、参差不齐，而气本然之妙无乎不在。气之偏则理亦偏，而所偏非理也，气也。气之全则理亦全，而所全非理也，气也。至于清浊、粹驳、糟粕、煨烬粪壤污秽之中，理无所不在各为其形，而其本然之妙则不害其自若也。此之谓理之通。气局者何谓也？气已涉形迹，故有本末也、有先后也，气之本则湛一清虚而已曷。尝有糟粕、煨烬粪壤污秽之气哉？惟其升降、飞扬、未尝止息，故参差不齐而万变生焉。于是气之流行也，有不失其本然者，有失其本然者。既失其本然，则气之本然者已无所在，偏者偏气也，非全气也；清者清气也，非浊气也；糟粕煨烬，糟粕煨烬之气也，非湛一清虚之气也。非若理之于万物本然之妙，无乎不在也。此所谓气之局也。①

理之于万物的本然之妙无所不在，因此之于气也“不害其自若”，气之本然则也具有了无所不在的妙用。栗谷强调“理通气局”不可以脱离本体理解，要从人物之“性”、之“理”上来理解“通”和“局”的意义。如人之性与物之性不同，只是因为构成人之形与物之形的“气”不同，由于气之闭塞而赋予人和物的“理（性）”亦不同。所以人性不同于物性，是由于“气异”。② 气的本然之妙就是理虽都通，但其的闭塞、偏颇、污浊可以使“自尔”之理各有不同。

对于理气“一而二，二而一”之妙境界的体认，栗谷曾赋诗：

元气何端始，无形在有形。

① 李珥：《栗谷全书》卷10，首尔：民族文化推进会，1981，第208~209页。

② 李珥：《栗谷全书》卷10，首尔：民族文化推进会，1981，第216页，“理通气局要自本体上说出，亦不可离了本体别求流行也。人之性非物之性者，气之局也。人之理即物之理者，气之通也。方圆之器不同，而器中之水一也；大小之瓶不同，而瓶中之空一也。气之一本者，理之通故也；理之万殊者，气之局故也”。

穷源知本合，沿湖见群精。
水遂方圆器，空随大小瓶。
二岐君莫惑，默验性为情。①

元气没有开始的起点，无形之理在有形之气中，气方则理方，气圆则理圆，气大则理大，气小则理小，气动则理动，气静则理静，虽然是两个，但其理气之妙的境界，却需要在性发为情时默默体验。栗谷通过“默验”一词，从形式逻辑分析的思考来强调认识，说明“妙”的难以体认。

且太极为阴阳之根柢，而或阴或阳，两在不测，故曰神无方而易无体。今若曰阴气为阴阳之根柢，则是神有方而易有体矣，尤不可也。且所谓冲漠无朕者，指理而言也，若曰指气，则非阴则阳也，不可谓之无朕也。岂可以无形者，便为无朕乎？今者，空中皆气，虽无所见，岂可谓之冲漠无朕乎？是故，冲漠无朕之称，如就气上指本然之性也，虽曰本性，而实无本性离气之时。犹虽曰冲漠，而实无冲漠之时也。若曰实有冲漠之时而乃生阴阳，则此亦阴阳有始也。此处须著十分理会，不可草草放过。花潭用功非不深，而但思之过中，反以气为阴阳之本，终归滞于一边，理气杂糅无辨，不能妙契圣贤之旨，岂不可惜哉！程子曰：“动静无端，阴阳无始。”非知道者，孰能识之。②

太极（理）与阴阳（气）的辩证关系，如果不是对“道”有十分的体认，即使是花潭这样用功的人都会出错，“不能妙契圣贤之旨”，这里的“妙契”与理之本然之妙、气之本然之妙相互呼应，是栗谷“理气之妙”思想在认识论上的体悟。

结　论

综上所述，栗谷在对主理的倾向和主气的倾向进行比评、综合的过程

① 李珥：《栗谷全书》卷10，首尔：民族文化推进会，1981，第207页。
② 李珥：《栗谷全书》卷10，首尔：民族文化推进会，1981，第185页。

中，一些折中的做法使得他自身的理论体系显得有些矛盾，而这些矛盾具体表现在“自尔”和“所以然”的关系上。从形式伦理学上看，代表着气由于自身原因产生运动的“自尔”，和代表着理对气的主宰性和统治性的“所以然”本来是不可能同时存在的矛盾关系，而“妙”解决了这种矛盾，这也成为栗谷的自得之处。退溪在解决理的无作为性和能动性这一矛盾时也是通过提出“妙”①和“神”②的概念进行化解，这可以看作韩国性理学者的一个理论特征。

栗谷提出“理通气局”观点的目的是探究人性善恶的原因，进而试图将恶恢复为本然之善，他从“理通气局”的层面上分析了孟子的“性善论”、荀子的“性恶论”及扬雄的“性善恶混”的人性观点，同样的道理也适用于其孝的思想当中。

> 百年社稷，千里封疆，举以相贵者乎，若有一毫自暇自逸之念，则孝斯有缺，而先业有亏矣。③

孝的思想是相通之理，有“一毫自暇自逸之念”则是偏浊之气，孝的实行都不会彻底。栗谷这种特殊的理气论对于其孝思想的形成产生了很大的影响。他认为父母所遗的血肉是气，是质料；父母所遗的性命是理，是根本。人子尽孝的原因除了伦理层面的解释，按照栗谷的理气论的说法，其实是人本身所具有的属性，即“自尔”，不是道德伦理的要求，也不是契约精神下的枷锁。人因生来就具有了“孝”这个“所以然”，在没有掩蔽、污浊的情况下都会去尽孝。因此，栗谷才会认为圣贤千言万语的重点在于“检束其气”，而并非朱子所主张的检束其心。

可以说栗谷是在朱子学体系中，通过自己的语言和思维方式对其进行了重新构建，因此他的学说大部分是对朱子学的理解和诠释。不管是“气发理乘一途说”，还是他用自己的语言创造出来的“理通气局说”，都是以朱

---

① 李滉：《退溪集》卷18，首尔：民族文化推进会，1981，第465页，“但见于本体之无为而不知妙用之能显行”。

② 李滉：《退溪集》卷18，首尔：民族文化推进会，1981，第465页，“无情意造作者此理本然之体也，其随遇而见而无不到者，此理至神之用也”。

③ 李珥：《栗谷全书》，《圣学辑要》篇，首尔：民族文化推进会，1981。

子学为基本前提，并未脱离朱子学的范畴。但是他的学术思想并不局限于朱子学，老庄、佛学甚至于阳明学兼有涉略，他以一种积极的姿态力图做到集大成。更难能可贵的是在朝鲜一尊朱子的环境中，他并不盲从，犀利地指出了朱子理论中的矛盾之处，并试图提出解决方案。不仅如此，为了克服朝鲜中期政治的腐败，作为一名实践官僚学者，他具有强烈的批判意识和改革意识，这也是他重视气哲学思想形成的原因，而对气的重视使得朝鲜朱子学的重点逐渐从理转向了气。

Study on Yulgok's Li-Qi Theory
—*Examining the Chapter of "Hyogyeon" in Seonghakjibyo*

Zhao Tiantian, Choi Youngjin

Abstract By examining quotations, such as "A child's body is born by his parents. So, his blood, flesh and life are all left by his parents" which means that human body is an amalgam of blood, flesh and life, from the chapter of "Hyogyeon, Filial Duty（孝敬章）", *Seonghakjibyo*（圣学辑要 *Essentials of the Study of Sages*）by Yulgok, this paper clarifies that Yulgok Lee Yi（1536 －1584）attached tremendous importance to Principle（理 Li）and Energy（气 Qi）, but denied Li's governance of Qi. Moreover, according to Yulgok Lee, Yin（Static）and Yang（Dynamic）can be considered as two opposites of self-causing, which offers a new interpretation of the Li － Qi conception. Hence, Yulgok's Li － Qi theory seems to be self-contradictary, as represented by the relation between Self-Movement（自尔）and Li's Governance of Qi（所以然）. In the end, the actual incompatibility between Self-Movement and Li's Governance of Qi can only be eliminated by Subtlety（妙）, one of the most important concepts in Yulgok's Li-Qi theory.

Keywords Yulgok; Filial; Li-Qi Theory; Self-Movement; Li's Governance of Qi

朴趾源之北学论的构建过程研究*

申佳霖

【内容提要】朴趾源是朝鲜后期的一代文豪与思想巨擘，其北学论在半岛由近世向近代移行的过程中开风气之先，深受后世赞誉。纵观朴趾源一生，经过“白塔结邻”之准备期、“清朝使行”之提出期、“秘省交游”之磨合期、“履职地方”之实践期，他推动北学论登上了朝鲜思想界的舞台。对这一过程的分析，不仅有助于详察朴趾源思想的演进经纬，更对进一步了解前近代朝鲜思想史的发展轨迹，有所裨益。

【关键词】朴趾源　北学论　华夷论　中国观

【作者简介】申佳霖，历史学博士，南京师范大学社会发展学院历史系讲师。

朝鲜王朝英祖、正祖时代，在右文之治和实学风潮下，涌现出一批思想革新者与文学巨匠，朴趾源（号燕岩，1737～1805）是非常具有代表性的一位。作为一代文豪与思想巨擘，他不仅因为文学上的巨大成就而享誉后世，更因为思想上的突破而开风气之先。两者相较，显然思想开拓之功绩要更加引人注目，北学论正是其中硕果。此前学界研究朴趾源的这一理论时，主要将视域集中于深受后世推崇的朝鲜燕行录代表作之一《热河日记》。①

* 本文为国家社科基金青年项目“17～19世纪朝鲜王朝的中国观察与自我区域角色定位研究”（项目编号：20CSS016）的阶段性成果。

① 中国学界可参见赵兴元《18世纪朝鲜学者朴趾源的“北学”主张》，《朝鲜·韩国历史研究》（第十一辑），延边大学出版社，2009；许明哲：《朴趾源〈热河日记〉的文化阐释》，延边大学博士学位论文，2009；张丽娜：《〈热河日记〉研究》，中央民族大学博士学位论文，2013；等等。韩国学界可参见김명호,『열하일기 연구』, 서울: 창작과비평사; 1990. 유봉학,『연암일파 북학사상 연구』, 서울: 一志社, 1995; 실시학사 편『연암 박지원 연구』, 서울: 성균관대학교출판부, 2012; 等等。日本学界可参见山内弘一「朴趾源に於ける北学と小中華」、『上智史学』(37)、1992年11月；山内弘一『朝鮮からみた華夷思想』、山川出版社、2003年；等等。

这固然是其北学论的集中表达，但绝不是唯一表达。本文尝试重返真实历史语境中去，历时性梳理朴趾源一生际遇，重现他构建这一理论的始末经纬。揆诸史料，朴趾源的北学论经历了长时段的发展过程，因应其自身处境的变化而呈现出不同的阶段特征。其中，早年“白塔结邻”为准备阶段，中年“清朝使行”为提出阶段，归国后“秘省交游”为磨合阶段，晚年“履职地方”为实践阶段。

一　“白塔结邻”与北学论的准备阶段

历史的必然总是成就于历史的偶然。18 世纪 60 年代末，以朴趾源为首的一些年轻朝鲜知识人，聚集到王京汉阳城中的白塔附近比邻而居，于此度过一段静好岁月，彼此间结下了深厚而真挚的友谊，一生缅怀不已。朴齐家有诗文：“杯巡到手惊新别，肉食当前念旧人。万口争传濡水记，十年拟结燕岩邻。”① 柳得恭亦有诗文：“我谓北坊好，家家平远山。散衔游日下，衰鬓对花间。雅酒何须讳，真诗不可删。慇懃白塔路，又醉策驴还。”② 后又在为朴趾源所作挽诗中追念：“尊酒论文盖有人，曹溪白塔尚嶙峋。如今试问悠悠世，五十年交几个真。”③ 他们都对这一段早年时光十分眷恋，坐标正在于白塔结邻。有关此时情境，朴趾源之子朴宗采在记录父亲行状的《过庭录》1767 年条中这样写道：“时宾客日盛，殆无虚席，每当雪朝雨夕，连骑导灯、挈榼携壶而来。”④ 无独有偶，朴齐家回忆 1768 年、1769 年初识朴趾源及其交游圈时，有如下描写：“诗文尺牍，动辄成帙，酒食征逐，夜以继日。”⑤ 大概，交游圈结成之初就气氛热烈，日常文会、酒会不断。按照韩国学者吴寿京的考证，其中主要参与者有朴趾源、朴齐家、李德懋、柳

① 朴齐家：《送燕岩之官安义》，《贞蕤阁》三集，《韩国文集丛刊》261，首尔：民族文化推进会，2001，第 534 页。

② 柳得恭：《燕瓮小斋》，《燕岩关系资料》一部，《韩国汉文学研究》第 11 辑（资料），1988，第 128 页。

③ 柳得恭：《挽朴燕岩》，《泠斋集》卷五，《韩国文集丛刊》260，首尔：民族文化推进会，2000，第 102 页。

④ 朴宗采：《过庭录》卷一，《韩国汉文学研究》第 6 辑（资料），1982，第 215 页。

⑤ 朴齐家：《白塔清缘集序》，《贞蕤阁文集》卷一，《韩国文集丛刊》261，首尔：民族文化推进会，2001，第 597 页。

得恭、柳琴、郑喆祚等知识人，[①] 皆与北学论关系紧密。

早年时光“白塔结邻”对接下来的“北学理论”产生了怎样的影响呢？1781 年，朴趾源为后学朴齐家之代表作《北学议》撰写了一篇序文，其中明言：“此（指北学——引者注）岂徒吾二人者得之于目击而后然哉，固尝研究于雨屋雪檐之下、抵掌于酒烂灯灺之际。”[②] 就是说，“北学”并不是朴趾源、朴齐家两人燕行过程中突然灵光闪现的成果，而是早年在友人们的共同努力下，多年来积累而成的硕果。对于“早年”这一时空间，朴趾源将之措置到了“酒烂灯灺之际”与“雨屋雪檐之下”。这就与上文相关知识人描述交游圈时提到的“酒食征逐”“雪朝雨夕”两指征，出现了偶合。当然，此间时间差并不短暂，偶合或许不过是某种巧合，我们还需要详察另外的证据。实际上，“白塔结邻”阶段交游圈为北学论所做铺垫，在 1780 年朴趾源燕行的相关记录中，特别是《热河日记》中得到了充分显露。

先看主观性的“中州意向”方面。朴趾源在《热河日记》中屡屡言及早年圈中友人对中州的艳羡。他引用柳得恭诗文“杭州举子潘香祖，可怜佳句似南施”，以及李德懋诗文“好事中州空艳羡，尧峰文笔阮亭诗”，并分别评论道：“吾东艳慕中州名士如此”，“先是吾辈谈说中原空费艳羡”。[③] 需注意的是后一句李诗的创作因缘。李德懋曾援用圈中另一好友李书九之语，对海东知识人面对清朝特别是清朝学问，“动辄以胡人二字抹杀之”的盲目态度加以强烈批评，认为正是这样的盲目致使书籍文章东传迟滞。他借读《带经堂全集》后，直称自己“目瞠舌呿”，对此书“相见苦晚”，因此写下了上面诗句。[④] 这些诗文皆作于朴趾源清朝使行之前，即“白塔结邻”阶段。再看客观性“制度器具”方面。朴趾源在《热河日记》中多次提到，昔日与一众友人共同致力于制度、器物的研究准备。在前往清朝的旅途中，

---

① 参见오수경，『연암그룹 연구』，서울：월인，2013，p.59。

② 朴趾源：《北学议序》，《燕岩集》卷七，《韩国文集丛刊》252，首尔：民族文化推进会，2000，第 109 页。

③ 朴趾源：《避暑录》，《热河日记》，《燕岩集》卷十四，《韩国文集丛刊》252，首尔：民族文化推进会，2000，第 282 页。

④ 李德懋：《王阮亭》，《清脾录》三，《青庄馆全书》卷三十四，《韩国文集丛刊》258，首尔：民族文化推进会，2000，第 47 页。

他看到城墙于是想起“余尝与次修论城制”,[①] 看到牲畜于是联想到“余尝与郑石痴论土产马价贵贱”,[②] 看到交通于是回忆“吾尝与洪湛轩德保、李参奉圣载讲车制”,[③] 谈到西学于是追思：“庭中所置亦有似吾友郑石痴家所见者。……尝与洪德保共诣郑，两相论黄赤道、南北极。”[④] 朴趾源之所以不断强调“尝与”，是因为如上事实皆发生于使行以前，亦即“白塔交邻”阶段。由上可见，早年时光对朴趾源北学论的积淀作用，正是主观上的艳羡中州触发了他的北学意志，而理论的核心内容恰恰在于客观的制度与器物。

诗酒文章的结邻交游没能长久进行下去，学界倾向于将正祖设立奎章阁的 1779 年视为交游圈由盛转衰的拐点。当年，圈中一些成员被选擢为检书官，另一些成员却不得为之，际遇差别决定了他们人生走向的不同。[⑤] 但揆诸史料，其内部实际早已龟裂暗现。交游圈结成之初的 1767 年，朴趾源即对“表面上高朋满座的文字之乐”与“暗地里权势标榜名望之举”的名实不符有所发现，失望中萌发了“远由之志”。[⑥] 四年后即 1771 年，朴齐家也觉察到圈中变化：“一二年前翩翩去来饮酒繁华之事已如破梦之不可续、流水之不可捉也”，“吾辈青春弱冠，尚尔落落如此，年纪稍长俗缘转深之后，则时事可知”。[⑦] 次年（1772 年），朴趾源开始感慨从早时的“宾客日盛”“有意当世”，到此时的“华发早生”“病困衰落”，自己身上出现了巨大反差。[⑧] 按照《过庭录》的记载，此时朴趾源减少交游的主要原因是放弃了科举入仕的愿望。[⑨] 1774～1775 年，交游圈行至一个阶段性节点，在朴齐家笔

① 朴趾源：《渡江录》,《热河日记》,《燕岩集》卷十一,《韩国文集丛刊》252，首尔：民族文化推进会，2000，第 155 页。

② 朴趾源：《太学留馆录》,《热河日记》,《燕岩集》卷十二,《韩国文集丛刊》252，首尔：民族文化推进会，2000，第 219～220 页。

③ 朴趾源：《驲汛随笔》,《热河日记》,《燕岩集》卷十二,《韩国文集丛刊》252，首尔：民族文化推进会，2000，第 178 页。

④ 朴趾源：《谒圣退述》,《热河日记》,《燕岩集》卷十五,《韩国文集丛刊》252，首尔：民族文化推进会，2000，第 318 页。

⑤ 参见안대회,『18 세기 한국한시사 연구』, 서울：소명출판，1999，pp.308－311。

⑥ 朴宗采：《过庭录》卷一,《洌上古典研究》第 8 辑（资料），1995，第 372 页。

⑦ 朴齐家：《与洛书哀》,《贞蕤阁文集》卷四,《韩国文集丛刊》261，首尔：民族文化推进会，2001，第 659 页。

⑧ 朴趾源：《酬素玩亭夏夜访友记》,《燕岩集》卷三,《韩国文集丛刊》252，首尔：民族文化推进会，2000，第 64 页。

⑨ 朴宗采：《过庭录》卷一,《洌上古典研究》第 8 辑（资料），1995，第 373 页。

下，友人们“落落离居，贫病日侵，有时相逢，虽各幸其无恙，而风流减于畴昔，容光非复曩时”。[①] 继而从 1776 年起，圈中多人开始了仕宦生涯，有的更作为使臣远赴清朝和日本，但朴趾源的处境十分艰难，受到朝中权臣威吓，不得已远离了王京。面对越来越明显的境遇落差，朴趾源十分落寞，他形容隐居期间的自己就如同娶妻戴发的和尚，真正的友人已寥寥无几。[②] 其子证言：“先君中年交游益鲜。”[③]

“中年”是朴趾源思想的重要转折点。他曾自述：“稍长征逐儒士，及中岁落拓，始有志归农”，[④] “中年以来，落拓潦倒，不自贵重，以文为戏，贱且陋矣”。[⑤] 朴宗采亦称：“（先君）中年以来，灰心世路，渐有滑稽逃名之意”，[⑥] “（先君）中年以来，食贫吃苦，流离迁徙，殆不堪其忧”。[⑦] 友人李德懋同样认可这一转折点：“（燕岩）中年以来，投身垢污，逃名鄙谤，足验造物之有所忌悭。”[⑧] 不难看出，中年以后的朴趾源越发潦倒，其关注目标向底层转移，文学形式向游戏发展，个人志趣向农学倾斜。当我们沿着这几大变化加以观察，尤其是与其北学论加以对接观察时，将会发现一些深刻关联。潦倒处境，帮助朴趾源深入了解朝鲜的贫困现实，这是他提出北学论的出发点；关注底层，促使朴趾源将视域聚焦于千万普通民众，确定了北学论真正想要服务的对象；以游戏为鲜明特色的文学形式，在朴趾源北学论的载体《热河日记》中得到了充分运用；农学方面的志趣，更是朴趾源日后着手进行北学实践的关键。当言，朴趾源的“中年”与其北学理论不乏一些连带因果关系，可视为理论之准备阶段和提出阶段的分界线。

---

① 朴齐家：《白塔清缘集序》，《贞蕤阁文集》卷一，《韩国文集丛刊》261，首尔：民族文化推进会，2001，第 597 页。

② 朴趾源：《答洪德保书》（第二），《燕岩集》卷三，《韩国文集丛刊》261，首尔：民族文化推进会，2001，第 76 页。

③ 朴宗采：《过庭录》卷一，《韩国汉文学研究》第 6 辑（资料），1982，第 238 页。

④ 朴趾源：《进课农小抄文》，《燕岩集》卷十六，《韩国文集丛刊》252，首尔：民族文化推进会，2000，第 341 页。

⑤ 朴趾源：《答南直阁书》，《燕岩集》卷二，《韩国文集丛刊》252，首尔：民族文化推进会，2000，第 35 页。

⑥ 朴宗采：《过庭录》卷一，《韩国汉文学研究》第 6 辑（资料），1982，第 236 页。

⑦ 朴宗采：《过庭录》卷一，《韩国汉文学研究》第 6 辑（资料），1982，第 245 页。

⑧ 朴宗采：《过庭录》卷四，《韩国汉文学研究》第 7 辑（资料），1984，第 318 页。

二　“清朝使行”与北学论的提出阶段

困顿中的朴趾源即将迎来重要机遇——清朝使行，将清朝作为参照，有效验证并就此提出了朝鲜应向外学习先进器物与制度的理论，即后人盛赞的北学论。可以说，这次使行是其北学论最直接的触发因缘。那么，他是如何加入使团的呢？这不仅是友人们相互影响的结果，还与其本人夙愿息息相关。

此前学界已注意到交游圈中的先期使行经验对朴趾源的吸引力，特别强调了洪大容的清朝使行及其与清朝知识人之间缔结下的“天涯知己”的先验性示范作用。① 毋庸置疑，洪大容的燕行作品极具号召意义，很多年轻学人履其行迹，踏上了中国旅途。但在朴趾源方面，似乎1778年朴齐家、李德懋的燕行要更具激励效果。一方面，他对小友们即将到来的机遇十分期待，李德懋《入燕记》中载，朴趾源非常重视这次使行，行前特意赶来，连连相送，劝酒赠言，彻夜话别。② 另一方面，他对自身处境又难免惆怅，这一阶段朴趾源正陷于艰难境地，愁于生计，受人胁迫，不久后全家离京到地方隐居。③ 处境上的反差在朴、李两人东还后表现得更加突出。似乎两人在旅途中受益良多，兴奋之情溢于言表。朴趾源在一封写给近友洪大容的信中写道：“（朴、李）东还以来，心目益高，百无可意，眉眼之间，时露锋颖。奇游一段……不须更事探讨，非为更无奇事，聊以抑之，故不语芦沟以西事，诸君辈颇亦怪之。”④ 面对兴奋地夸耀使行见闻的小友们，他刻意做出不甚关心的姿态。当然，朴趾源并不是真的漠不关心，而是强自按捺好奇心，信函末尾又言：“吾今枯落乡庐，山以外事，不惟不闻，亦所不问。第其平生爱惜者存与吾兄颇同，故临书自然及之。未知其间有尝往复，而诸君日记已成，有所示否？”⑤ 显然，不问山外事与关心朴、李二人的最新游记

① 参见〔日〕夫马进《1765年洪大容的中国京师行与1764年朝鲜通信使》，《复旦学报》2008年第4期，第18～19页；김명호，『열하일기 연구』，서울：창작과비평사，1990，pp.72~73。

② 李德懋：《入燕记》（上），《青庄馆全书》卷六十六，《韩国文集丛刊》259，第197页。

③ 朴宗采：《过庭录》卷一，《韩国汉文学研究》第6辑（资料），1982，第224～225页。

④ 朴趾源：《答洪德保书》三，《燕岩集》卷三，《韩国文集丛刊》252，首尔：民族文化推进会，2000，第77页。

⑤ 朴趾源：《答洪德保书》三，《燕岩集》卷三，《韩国文集丛刊》252，首尔：民族文化推进会，2000，第77页。

是有所矛盾的，不难看出其内心之纠结。如此心境下，面对次年堂兄朴明源的燕行邀请，朴趾源当即“慨然诺之”。①

当然，这次中国之行亦来源于早年交游圈艳羡中原的氛围熏染，是朴趾源夙愿的达成。多年后，他曾谈到这次使行的动因：自己较早放弃了科举，心境闲适，逍遥于方外世界。于是，效仿李穑、洪大容两位著名北游之士，一鞭轻装，万里在前，完成了夙愿。② 朴趾源的这一夙愿也获得了周边亲友的认可。学生韩锡祜有赠诗：“常愿风漂万里舟，遍登天下有名楼。如今匹马金台路，何似悠然海上浮。”③ 韩氏在诗中援用朴趾源“常愿风漂万里舟，遍登天下有名楼”之句，表达了对先生愿望达成的祝贺。妹婿李在诚亦赠诗：“宿昔桑蓬志，沈冥鹿豕群。犹被双眼役，可忘白头纷。”④ 诗中同样提到朴趾源多年桑弧蓬矢的四方之志。不仅限于学生和妹婿，朴趾源的中国之行获得了很多友人的支持。如朴南寿赠诗：“莫云头已白，天地忽无穷。匹马辽东野，一鞭万里风。”⑤ 他赞叹朴趾源在中年窘迫的处境中，终于迈向广博天地。朴趾源一生的忠实友人金履度，此时亦有赠诗：“耿介湛轩子，倜傥燕岩叟。殊方知姓名，高风继前后。”⑥ 他将洪大容和朴趾源相提并论，以“高风”相称，可见对这次使行的支持。

1780 年，已经 44 岁的朴趾源以子弟军官的身份开始了自己的中国之行，不仅对夙愿有所交代，亦从此开启了新的理论方向，甚至是新的人生轨迹。他参与的是朝鲜当年派出的第一个使团，作为特使朝贺乾隆帝古稀之年的寿辰，正使为其同族堂兄朴明源。五月启程，八月入京，旋赴热河，十月归国，通过六月有余的清朝见闻，朴趾源草创了代表作《热河日记》。需留

---

① 金泽荣：《朴燕岩先生传癸卯》，《韶濩堂文集定本》卷九，《韩国文集丛刊》347，首尔：民族文化推进会，2005，第 338 页。

② 朴趾源：《答李仲存书》，《燕岩集》卷二，《韩国文集丛刊》252，首尔：民族文化推进会，2000，第 45 页。

③ 朴趾源：《避暑录》，《热河日记》，《燕岩集》卷十四，《韩国文集丛刊》252，首尔：民族文化推进会，2000，第 290 页。

④ 朴趾源：《避暑录》，《热河日记》，《燕岩集》卷十四，《韩国文集丛刊》252，首尔：民族文化推进会，2000，第 290 页。

⑤ 朴趾源：《避暑录》，《热河日记》，《燕岩集》卷十四，《韩国文集丛刊》252，首尔：民族文化推进会，2000，第 290 页。

⑥ 朴趾源：《避暑录》，《热河日记》，《燕岩集》卷十四，《韩国文集丛刊》252，首尔：民族文化推进会，2000，第 290 页。

意的是，这本名著并非完成于当年。据韩国学者金明昊考证，《热河日记》至少经历了三个阶段的成书过程：作者身处清朝期间撰写的草稿，返回朝鲜后至 1783 年整理的初稿，以及此后反复的修订过程。朴趾源离世前没能亲手定稿，直到 19 世纪 20 年代，《热河日记》才最终由其后人完成。① 这本游记从草稿流出之日起，即引起了极大反响，被誉为朝鲜燕记的代表成果，至今仍为文史哲学界的重要研究课题。19 世纪以来，东亚学界针对其中内容的研究硕果累累，其中林荧泽教授提出的“利用厚生之课题”与“天下大势之展望”，这一“二轴式”解读方式尤为重要。② 特别是“利用厚生之课题”，简明扼要地点出了朴趾源北学论的要义。

随着清朝使行时旅行记录的草创（1780 年），为朴齐家《北学议》所作序文的完成（1781 年），《热河日记》初步脱稿（1783 年），朴趾源集中提出了以“学习中国”为鲜明特色的理论，随即以周边交游圈为中心，快速向外传递，誉谤交织，成为知识界议论的焦点。朴趾源提出这一理论的基础，在于对朝鲜国内现实情况的清醒认识：“吾东之士，得偏气于一隅之土，足不蹈函夏之地，目未见中州之人，生老病死，不离疆域。则鹤长乌黑，各守其天，蛙井蚡田，独信其地，谓礼宁野，认陋为俭，所谓四民，仅存名目，而至于利用厚生之具，日趋困穷。”概言之，他认为“病症”来源于因封闭而孤陋、因孤陋而困穷的连续因果关系，直指其中症结——“不知学问之过也”，对症下药提出了北学需求——“如将学问舍中国而何？”③ 唯此，以北学为“良方”的朴趾源，对如上致病机理进行逆推，制定了“走出去”“学回来”“富民生”的策略步骤：“尽学中华之遗法，先变我俗之椎鲁。自耕蚕陶冶，以至通工惠商，莫不学焉。人十己百，先利吾民。”④ 在其理论中，主要获利的人群是普通民众，主要获利的场域则为普通民众的日常生活。

具体而言，朴趾源提到了哪些学习目标呢？将“法”“效”“得”“学”

---

① 김명호，『열하일기 연구』，서울：창작과비평사，1990，pp.18-24.

② 임형택，「연암의 경제사상과 이용후생론」，실시학사 편『연암 박지원 연구』，서울：성균관대학교 출판부，2012，p.52.

③ 朴趾源：《北学议序》，《燕岩集》卷七，《韩国文集丛刊》252，首尔：民族文化推进会，2000，第 109 页。

④ 朴趾源：《驲汛随笔》，《热河日记》，《燕岩集》卷十二，《韩国文集丛刊》252，首尔：民族文化推进会，2000，第 177 页。

作为检索的关键字，《热河日记》有载："碑制极佳，此可为法""运砖输土，莫非足法""斋舍汛治，足法可喜""盖瓦之法，尤为可效""缫车尤妙，宜可效也""窑制判异，窑制可得""耕蚕陶冶，莫不学焉""通工惠商，莫不学焉"。[①] 归纳来看，这里既有"斋舍汛治"所代表的秩序方面，亦有"运砖输土"所代表的利用方面，还有"通工惠商"所代表的厚生方面，三者以"三位一体"模式支撑起北学论之主体构架。值得注意的是，它们并非并列关系，而是递进性地呈现了出来。初入清朝时，朴趾源对所见所感有如下描写："周视铺置，皆整饬端方，无一事苟且弥缝之法，无一物委顿杂乱之形。……嗟乎！如此然后始可谓之利用矣，利用然后可以厚生，厚生然后正其德矣。"[②] 先行研究普遍注意到，句中的"利用""厚生""正其德"，是对《尚书》中"正德""利用""厚生"的翻转。不应忽视的是，此前还有另一秩序性质的预设条件——"整饬端方"，亦为朴趾源一再强调的重点。于是，秩序→利用→厚生→正德，才是朴趾源北学论的完整逻辑，前三者是过程，"正德"为结果。

三　"秘省交游"与北学论的磨合阶段

在通常情况下，思想家提出一个新理论且构成话题后，必然会强化研究，对之进行体系化、规模化建设。继续著书立说，培养弟子，建立学派，提升理论在学界中的地位和社会影响力，并积极探索将之付诸实践的方式方法。但就目前可见的资料而言，朴趾源在这些方面的进展表现皆不明显，这与他随后一个阶段的个人境遇不无关系。

1783 年初步脱稿的《热河日记》并没有给作者带来处境上的改善，朴趾源之子言："先君自燕峡以后渐无当世之志。"他接连失去了几位重要朋友，其中包括"始终无替"的近友洪大容，失落寡合，身边亲人都"闵其踽凉、无适韵"。[③] 朴趾源曾以玩笑口吻对朴齐家言："厄甚陈蔡，非行道而

① 朴趾源：《热河日记》，《韩国文集丛刊》252，首尔：民族文化推进会，2000，第 152 ~ 153、155 ~ 156、158、177、180 页。

② 朴趾源：《渡江录》，《热河日记》，《燕岩集》卷十一，《韩国文集丛刊》252，首尔：民族文化推进会，2000，第 151 页。

③ 朴宗采：《过庭录》卷一，《韩国汉文学研究》第 6 辑（资料），1982，第 242 页。

为然，妄拟陋巷，问所乐而何事，久此膝之不屈，奈好官之莫如仆仆亟拜、多多益善。”终于，1786 年朴趾源由俞彦镐推荐入仕，成为缮工监监役，但职位低微，生活艰难以致“家计赤立”。① 历数其这一阶段的作品，主要集中于祭文、寿序、谥状之类，鲜见北学方面的著作，但这不能说明他与前一阶段的理论氛围发生了脱节。之所以这样讲是因为，接下来在地方仕宦的过程中，朴践源从获得可掌控平台的那一刻起，几乎是立即凭借精准记忆开始了北学实践，如此“精准”正说明其研究得到了一贯的保持。于是，笔者将朴趾源从完成《热河日记》初稿（1783 年），到离开王京、赴任安义（1792 年）之间的时光，作为其北学论的磨合阶段。对此，朴趾源方面虽资料较少，但其交游圈中的相关记录可以提供一些线索。

北学相关知识人中，朴趾源出仕最晚，且未能获得特别际遇。以世孙身份登位的正祖，深受党争苦楚，为平衡各方势力，沿用了英祖的荡平策，并着力扶持亲卫力量，奎章阁（亦称秘省）应运而生。② 朴趾源的交游圈中，包括朴齐家、柳得恭、李德懋、成大中、成海应等身为庶子、党派性较弱的友人，先后被选擢为检书官，得到正祖恩遇。但生于执权派老论世家、师承老论学脉，具有鲜明出身属性的朴趾源没能进入其中。尽管如此，由于奎章阁中人士多为其旧友，朴趾源与阁中人士关系十分密切，早年的白塔交游圈顺延为秘省交游圈。《过庭录》1783～1786 年条载：“先君既与世龃龉，人亦从以阻绝，独懋官、在先、惠风三检书以旧时门生爱慕不替，检校有暇辄来留连。……先君常留意于一部文献，而诸人之该洽博闻可以掌故辨证，故常爱好不已。”③ 成大中记录 1786～1792 年生活的《秘书赞屏记》亦云：“余直秘省五年，都下名流不鄙弃余，载酒相就。如燕岩朴美仲……其选也。书画篆籀，棋酒文史，各尽其娱，会辄移日。”④ 1783～1792 年跨越了整个北学磨合阶段，这两段史料至少为我们提供了以下信息：朴趾源与世龃龉、境况信是艰难，他常常流连于奎章阁且与阁中人士关系密切，而周边交游圈延续了早年致力于文学艺术的研究氛围。

---

① 朴宗采：《过庭录》卷一，《韩国汉文学研究》第 6 辑（资料），1982，第 257 页。

② 参见김용덕，『정유 박제가 연구』，서울：중앙대학교출판구，1970，pp. 99－121。

③ 朴宗采：《过庭录》卷一，《韩国汉文学研究》第 6 辑（资料），1982，第 242～243 页。

④ 成大中：《秘书赞屏记》，《青城集》卷七，《韩国文集丛刊》248，首尔：民族文化推进会，2000，第 473 页。

朴趾源圈中开始反复出现一个新关键词“秘省十年”，如早年一般，几位北学相关知识人同样陶醉其中。柳得恭盛赞“升沉终古不须云，十载缘清秘省芸”，[①] 李德懋亦言“愿见何多名下士，相逢尽是意中人”，[②] 还有成大中的诗文：“风流频接故人薰，粉署清凉早许分。”[③] 此时，作为秘省掌管人的成大中位置显著，被睦万中称赞为：“今上开奎章阁，极选一世文学之士处，君以秘省十年，眷遇特深。”[④] 正如睦氏所言，奎章阁中人士极具文学修养，堪称“一世文学之士”。当然，秘省交游圈并不局限于阁中供职人员，晚年成大中与朴趾源相与回忆：“记余直秘省时，名胜选日来集，风流文彩，照暎当世。古雅则罗子晦，篆籀则李仲云，通才则洪太和，博洽则李懋官，词律则朴在先，而文则推公，是皆一代之选而饫沐恩造者也，以故秘省雅集之盛可备圣世故事。”[⑤] 其他友人在秘省所作诗文中，也频频提到朴趾源。柳得恭对朴趾源的诗作加以了高评“从此可无鲥橘恨，燕翁诗好不徒文”，[⑥] 朴齐家则重点推介了朴趾源的《热河日记》：“腕底忽添松石赏，惊人不独热河文。”[⑦] 种种迹象都显示出，朴趾源在秘省交游圈中的深入参与程度。

交游中，诗会、酒会固然是日常节目，学问研究同样为圈中重点。如前揭，朴宗采特别指出，吸引三位检书官流连忘返的原因是父亲的文献研究，众人该洽博闻，掌故考证，爱好不已。在成大中笔下，友人们“各尽其娱，会辄移日”的交游盛况中，除了聚焦于书画、篆籀和手谈外，文史亦为不

---

① 柳得恭：《别成龙渊赴北青都护任》，《泠斋集》卷五，《韩国文集丛刊》260，首尔：民族文化推进会，2000，第80页。

② 李德懋：《与成青城集沈园李京山朴燕岩李进士同会》，《青庄馆全书》卷十二，《韩国文集丛刊》257，首尔：民族文化推进会，2000，第212页。

③ 成大中：《秘省雨中会燕岩太湖青庄古芸柳惠甫贞蕤朴在先玉流迭前韵》，《青城集》卷三，《韩国文集丛刊》248，首尔：民族文化推进会，2000，第394页。

④ 睦万中：《送成使君大中赴任北青序》，《余窝先生文集》卷十二，《韩国文集丛刊》续90，首尔：韩国古典翻译院，2009，第216页。

⑤ 成大中：《送燕岩之官襄阳序》，《青城集》卷六，《韩国文集丛刊》248，首尔：民族文化推进会，2000，第453页。

⑥ 柳得恭：《秘省纂次兵制朴令洪黄州李注书见访次韵》，《泠斋集》卷五，《韩国文集丛刊》260，首尔：民族文化推进会，2000，第78页。

⑦ 朴齐家：《辛亥七月同青庄泠庵奉命纂辑国朝兵事开局于秘省而青城适就直太湖燕岩玉流诸公偶集》，《贞蕤阁》三集，《韩国文集丛刊》251，首尔：民族文化推进会，2000，第531～532页。

可或缺的部分。不难推测，秘省交游圈大概率延续了早年的学问气氛。他们具体涉及历史、关防、兵制、农制、外语等诸多方面，皆为朴趾源北学论中的关键内容。成海应回忆："先君（指成大中——引者注）就直秘省，一时名士多载酒就之。……言古昔治乱兴废之源，及华夏山川关防形便，应辄如响，缅缅不已。"① 他对父亲于奎章阁中结交当世名流的往事记忆犹新，更指出他们议论的重点，在于"古昔治乱兴废之源""华夏山川关防形便"。曾几何时，这正是朴趾源和洪大容深以为病、时常连日探讨的问题。朴宗采载："先君常病吾东士大夫多忽于利用厚生经济名物之学，类多因讹袭谬、粗鲁已甚。湛轩平日持论亦如此，每相盍簪，辄留连累日，上自古今治乱兴亡之故……与夫山川关防历象乐律，无不贯穿包罗。"② 时至此时，秘省交游圈的多年研究已达到怎样的程度呢？柳得恭在《秘省重阳》中写道："读书粗识兵农制，出塞能为满汉音。"③ 兵、农两制皆属利用厚生之学问，外语更是自北学奠基人洪大容以来一贯被强调的工具，既然柳氏以"粗识""能为"相称，可见其中进展。值得注意是，除汉语外上文还提到了满语。1778年朴齐家提出，语言问题是朝鲜软肋，要加强日语、蒙语及满语的全面习得。④ 显然，秘省交游圈中已有突破。

值得关注的是，此间朴趾源意外获得了一次将理论付诸实践的机会，1788年正祖命他准备修筑宫中春塘台。这次机会于朴趾源而言意义非凡，《过庭录》特别记载了始末："（徐公）曰：有旨入见春塘台形止矣。于是先君随户判入，周览石渠阁、暎花堂诸处。……先君与李喜经用中国立窑法甓之，尺度亦准其制，燔得几十万颗，费甚省约，果如燕行所录者。"首次尝试就烧制成功固然令人欣喜，但烧制成功并不意味着实践成功。对于此事结果，朴宗采不过以"公家有事，台竟未筑，而甓则他用"寥寥略过。⑤ 事实果然如此吗？次年《承政院日记》有一则相关记录。"上教趾源曰：'春塘台石筑事尔其闻于前户判乎？'趾源曰：'臣果闻之矣。'上曰：'尔见则何

---

① 成海应：《书白永叔事》，《研经斋全集》卷十七，《韩国文集丛刊》273，首尔：民族文化推进会，2001，第432页。

② 朴宗采：《过庭录》卷一，《韩国汉文学研究》第6辑（资料），1982，第220页。

③ 柳得恭：《秘省重阳》，《泠斋集》卷五，《韩国文集丛刊》260，首尔：民族文化推进会，2000，第78页。

④ 朴齐家：《译》，《北学议》，《楚亭全书》下，首尔：亚细亚文化社，1992，第493页。

⑤ 朴宗采：《过庭录》卷一，《韩国汉文学研究》第6辑（资料），1982，第250~251页。

如耶?’趾源曰：‘似是坚固，而以其补阶物力之夥然观之，不若甓筑之为便矣。’”① 春塘台并未采用砖制，而是沿用了石制，正祖还特别下询朴趾源感受。既然砖制兼备诸多好处，几十万颗甚至已烧制出炉，何以会被轻易摒弃？这一结果已预示了燕岩北学论的最终命运。

四 “履职地方”与北学论的实践阶段

离开王京汉阳、外放地方官，是朴趾源人生的又一转折点，此后其境遇开始发生明显好转。就外放履历而言，朴趾源曾于1790年赴开封郡（京畿道）短暂担任齐陵令，1792年赴安义（庆尚道）担任六年安义县监，1797年赴沔川（忠清道）担任四年沔川郡守，1800年赴襄阳（江原道）担任一年襄阳府使，随后辞官。② 在此期间，朴趾源十分享受地方上的自由空间，并切实掌握了一些可以发挥自己才能的平台与资源，其北学论终于获得了实践可能，部分学于清朝的机械被打造了出来。

族弟朴准源、友人柳得恭在挽诗中对朴趾源的这段经历加以重点描写。朴氏云：“薄试才猷为邑治，敦行孝友有家传。热河记出闻惊世，莫把公身了此篇。”③ 柳氏云：“岭云湖月宦游还，一部农书箧里残。略试平生经济手，名留循吏传中看。”④ 他们都提到，任职地方期间朴趾源经世济民的才能得到了运用，但运用得并不全面，于是两人谨慎使用了薄试、略试的有限表达。正如前文春塘台结局所表明，传统的惯性十分强大，革新在当时绝非易事。如此环境下，朴趾源的北学实践如何着手、又将从哪着手？其子回忆：“先君入燕时，略观其农、织诸器之利于民用者，欲仿而制之以行国中。”⑤ 身处清朝期间，朴趾源本人亦指出：“《天工开物》《农政全书》有

① 《承政院日记》册1669，正祖十三年十二月壬戌，首尔：国史编纂委员会，1971年影印本，第825页。

② 参见실시학사 편「연암 연보」, 收入『연암 박지원 연구』, 서울: 성균관대학교출판부, 2012, pp.383-393。

③ 朴准源：《族兄燕岩挽》，《锦石集》卷四，《韩国文集丛刊》255，首尔：民族文化推进会，2000，第91页。

④ 柳得恭：《挽朴燕岩》，《泠斋集》卷五，《韩国文集丛刊》260，首尔：民族文化推进会，2000，年份，第102页。

⑤ 朴宗采：《过庭录》卷二，《韩国汉文学研究》第6辑（资料），1982，第302页。

心人可取而细考焉，则吾东生民之贫瘁欲死庶几有瘳耳。”① 朴趾源的北学目标非常明确，即解决贫穷问题，农业、手工为其两大切入点。就具体表现而言，安义阶段偏重于手工，沔川阶段则转向农业。

先看安义部分。目前学界十分重视朴趾源首次主政地方的安义阶段，并对他于此进行的北学实践加以高度评价。韩国学者金东锡谈到，这里有朴趾源为实现北学精神所付出的全部努力，林荧泽亦称安义为“燕岩一生中最得意的时光”。② 需补充的是，安义时期朴趾源的北学实践主要集中于手工方面。他一向对庄子的逍遥游十分向往，此刻条件允许，旋即按照北学所得打造自己的“濠梁之趣”。《过庭录》载：“先君晚仕为贪，得除是邑，遂有跌荡文酒贲释太平以度几年之意。……遂凿池上下，引沟储水，种鱼植莲，隐然有濠梁之趣。临池构屋，窑砖筑堵，略仿华制，修竹茂林，葱蒨可爱。”③ 不仅如此，朴趾源还仿造清朝的家用器具，取得了巨大成功，风柜子是其中代表：“中土又号飏扇，为风柜子，家家有之。……岭邑时仿造其制，一稚童倚柜踏枮，微蹑其足则百斛之谷一朝尽簸。”但是，这些便利器具并未能够得到大众接受。朴趾源记下来的发言充满了遗憾：“然而竟无效造者，盖佃夫故喜粗谷而不乐其精，恐田主之无所隐蔽而责其常数也，又恐纳籴之难容稃稗而责其精实也，此非独下乡匠手之难得而工费之难办也。”④ 他分析，器具不被接受，不能完全归咎于外在的客观条件，而是人们主观上无意改变现状。这也表明，以北学为手段的革新，不仅要承受上层的巨大压力，下层积久难化的守旧意识亦是难以突破的障碍。

再看沔川部分。借鉴安义的经验教训，朴趾源发现以个人力量推广手工革新希望渺茫。此时正值正祖向全国征求农书，他的重点方向开始转向农业，尤其重视农具部分，另一名著《课农小抄》问世。朴宗采谈到此书的

---

① 朴趾源：《驲汛随笔》，《热河日记》，《燕岩集》卷十二，《韩国文集丛刊》252，首尔：民族文化推进会，2000，第 179 页。

② 参见김동석，「안의현감 박지원이 보여준 북학의 실천과 치적 – 연민 선생의 북학에 관한 연구와 연관선상에서」，『열상고전연구』（57），2017，p.66；임형택，「연암의 경제사상과 이용후생론」，收入실시학사 편『연암 박지원 연구』，서울：성균관대학교출판부，2012，pp.64–70。

③ 朴宗采：《过庭录》卷二，《韩国汉文学研究》第 6 辑（资料），1982，第 285 页；朴宗采 저，김윤조 역주：『역주 과정록』，서울：태학사，1997，p.334。

④ 朴趾源：《农器》，《课农小抄》，《燕岩集》卷十六，《韩国文集丛刊》252，首尔：民族文化推进会，2000，第 367 ~ 368 页。

成书因缘如下："先君入峡以后，最喜读农家子流，《葢叶》《缥缃》，抄录富有。及是岁正月，上特下劝农政、求农书纶音……遂因昔日所抄录者而作按说，参以燕行所见之可行于吾东者，凡十有四编，名之曰《课农小抄》。皆先君所尝讲磨，欲一试于域中者也。"① 燕岩的农书完成于1798年，距离早年燕行已近二十年，但他对中国见闻的运用丝毫不显生疏。如描写耨耰："向于辽蓟之野详见其制，刃如葛叶，项长一尺半，柄长二尺余，可以立锄，小无长短，千锄如出一范。"②描写水轮："尝行过三河县，见临水鼓冶，缫茧磨麦，莫不激水转轮。今若仿而行之，则奚独利于农家磨谷脱壳，可以移用于水利矣。"③ 类似案例极多。朴趾源更在书中倡导："如欲利其器械，则莫如学中国。学中国者，学古圣人之法也。将谓今日之中国非古之中国而耻学焉，则是并与古圣人之法而贱弃之也。《周礼·考工》曰：粤无镈。粤之无镈也，非无镈也，夫人而能为镈也。镈果善也，虽粤人，学之可也。如耻其粤而不学，则是真无镈也。……诚因使者之行，购得中国之农器，如果胜也，使如赵过者依式锻造，广颁八路，亦善其事之道。"④ 晚年的朴趾源依旧极力呼吁北学，说明这一理论多年来未曾切实落地，正如他在农书中所坦言："习俗之安，未易矫改，不过因循，姑且略施劝课而已，书中之事尚未有一二试者。"⑤

总体来讲，朴趾源的北学实践非常有限，只散见于周边范围内，未见大规模实施。后人对此颇为惋惜："（先生）乃一大经济家也。以此全才，早致身于朝廷之上……固其宜也。而乃大谬不然，落魄挫抑，至其白首，始乃薄试于数郡，则犹一布衣之寒而已，岂不可惜哉！"⑥ 朴趾源本人曾在《课农小抄》中以"一亩三畎之法"举例，进行反思："一亩三畎之法，后稷氏

① 朴宗采：《过庭录》卷三，《韩国汉文学研究》第7辑（资料），1984，第253页。

② 朴趾源：《农器》，《课农小抄》，《燕岩集》卷十六，《韩国文集丛刊》252，首尔：民族文化推进会，2000，第365页。

③ 朴趾源：《农器》，《课农小抄》，《燕岩集》卷十六，《韩国文集丛刊》252，首尔：民族文化推进会，2000，第367页。

④ 朴趾源：《农器》，《课农小抄》，《燕岩集》卷十六，《韩国文集丛刊》252，首尔：民族文化推进会，2000，第368页。

⑤ 朴趾源：《进课农小抄文》，《课农小抄》，《燕岩集》卷十六，《韩国文集丛刊》252，首尔：民族文化推进会，2000，第341页。

⑥ 朴胜奕：《跋》，《燕岩关系资料》三部，《韩国汉文学研究》第11辑（资料），1988，第168页。

开创之，赵过润色之，天下之民至今遵而勿失，独我东民不肯为者，何也？亦无学问之过也。夫诵孔孟程朱之书，相与讲说义理，以为治心修身之方者，是固士之学问。而天下之末业小技，一皆不可以无学问也。而况农为民生之大本，而独可以苟然率臆、不致其博学审问之功乎。"[①] 他认为，东民之所以"不肯为"的原因是"无学问之过"，责任主要应由士人承担起来，正是士人的学问观出现了问题，沉湎于心性义理之学，有虚无实。而朴趾源的学问观非常简单："学问非别事，只是做一事明白，构一屋方正，造一器有规模，辨一物有识见，皆是学问之一端。"[②] 日常而非庙堂，积跬步以至千里，方为朴趾源北学实践精神的要义。

结　语

经过"白塔结邻与北学论的准备阶段""清朝使行与北学论的提出阶段""秘省交游与北学论的磨合阶段""履职地方与北学论的实践阶段"，四阶段共计三十余年时间，朴趾源北学论的具体构建过程大略得到了连贯性勾勒。从中可见，其理论绝不是某一时刻或某一阶段突然创出的结果，而是经历了一个线性的长时段发展过程。在这一过程中，发展并不是一路顺畅的，随着生平境遇的变化，朴趾源不断地调整自己对北学理论的理解与期待，并相应改变了理论实践的方法与手段，由此呈现出一种"调节式"或谓"应激式"的思想演进样相。

---

① 朴趾源：《农器》，《课农小抄》，《燕岩集》卷十六，《韩国文集丛刊》252，首尔：民族文化推进会，2000，第372页。

② 朴宗采：《过庭录》卷四，《韩国汉文学研究》第7辑（资料），1984，第305页。

A Study on the Process of Constructing "Northern Learning Theory" by Piao Zhiyuan

Shen Jialin

Abstract Piao Zhiyuan is a famous writer and thinker in the late Joseon dynasty. His north learning theory played an important role in the process of the modernization of Joseon dynasty. It was highly praised by the later academic circles. Throughout his life, after the preparation stage of "living near the white tower", the proposal stage of "travel to China", the running-in stage of "make friends in kui zhang ge" and the practice stage of "serve as local official", he finally introduced the theory of northern learning to the ideological circle. Based on the analysis of above process, we can observe the evolvement process of Piao Zhiyuan's thoughts in detail, and further understand the ideological development trajectory of the pre-modern Joseon dynasty.

Keywords Piao Zhiyuan; North Learning Theory; Hua-yi Theory; The View on China

渤海与新罗边疆接壤区域考*

刘加明　宋欣屿

【内容提要】渤海定都东牟山后，向南收服“高丽和靺鞨余众”，势力范围迅速向南发展。新罗在占领百济故地后，势力范围向北推进。新罗军队应唐朝的要求，配合唐朝与渤海作战。战后，渤海与新罗在浿江下游流域（今大同江流域下游的平壤一带）和新罗东北的泥河一带形成两大接壤区域。为了巩固在边疆接壤区域的统治，新罗在浿江下游流域增设郡、县、军镇，向这一地区移民，渤海国则在南部地区设置南海府。但二者多数时间都只意图对边疆接壤地区进行治理，而非主动向对方发起军事进攻。原因在于渤海国在大钦茂即位后，国家侧重向北发展，对南部的经营以稳固为主；新罗则将更多的精力放在对百济故地的统治上，加之进入9世纪新罗内部斗争不断，限制了其向北发展；而此时的唐朝则通过册封双方国王等方式，与其建立良好关系，令其彼此相互牵制，以确保该区域的和平与稳定。

【关键词】渤海　新罗　边疆接壤区域

【作者简介】刘加明，博士，山东大学东北亚学院助理研究员；宋欣屿，山东大学东北亚学院博士生。

7世纪后半期，东亚区域格局发生巨大变动，朝鲜半岛成为利益变动最

* 本文为国家社会科学基金专项“中国与朝、韩古史体系冲突研究”阶段性成果（项目编号：17VGB005）。

为核心的地带。[①] 圣历元年（698 年），大祚荣趁营州之乱，率众东奔，后在高句丽故地建立靺鞨国，更名渤海国，并且迅速将势力范围南拓至朝鲜半岛北部。而半岛南部的新罗亦不断向北蚕食高句丽故地，由此二者围绕对高句丽故地的占有问题存在矛盾。[②] 据史料记载，双方以泥河为界。但当时此界难以进行明确划分，二者应是在边界地带逐渐形成了相互接壤的边疆区域，后该地成为它们"文化、政治、民族碰撞最为直接的区域，也是两个临近政权交融互动的平台"。[③] 因此，牵涉渤海与新罗边疆接壤区域等相关问题的研究应引起学界的广泛关注。

目前，学界针对渤海与新罗关系的研究可谓成果颇丰。早期具有代表性的观点由朴时亨提出，他在继柳得恭的"南北国论"后，又进一步认为在当时新罗的心目中渤海国即是"北朝"，渤海国则认为新罗应是"南朝"，[④] 该观点后在朝鲜半岛学界产生了较大影响。如今也存在部分韩国和日本学者认同新罗和渤海存世阶段大部分时期处于对立和斗争状态，缓和时期较少。[⑤] 但多数中国学者均对此"南北国时代"观点持反对态度。[⑥] 李东辉从二者对疆域的争夺、战争等角度论述渤海与新罗的对立关系；[⑦] 马一虹则从东亚地区大局势变动的背景入手对二者的关系进行了细致分析。[⑧]

综观学界，至今仍少有对渤海与新罗边疆接壤区域问题做详细剖析之论述，故本文以此为题，首先重点阐述渤海与新罗边疆接壤区域的形成过程，而后针对各自对边疆接壤区域的开发、经营及在这一区域的矛盾等问题分别

---

① 苗威：《唐朝平灭百济析论》，《韩国研究论丛》2017 年第 1 辑，第 127 页。

② 参见黄约瑟《武则天与朝鲜半岛政局》，刘健明编《黄约瑟隋唐史论集》，中华书局，1997，第 72 页。

③ 苗威：《建构中国特色的中国边疆学话语体系》，《中国边疆史地研究》2018 年第 3 期，第 54 ~ 55 页。

④ 〔朝〕朴时亨：《为了渤海史的研究》，李东源译，刘凤翥校《渤海史译文集》，黑龙江社会科学院历史所，1986，第 11 页。

⑤ 〔日〕酒寄雅志「渤海国家史の展開と國際關係」、『朝鮮史研究論文集』16，1979；〔韩〕宋基豪：《东亚国际关系中的渤海和新罗》，尹铉哲译，杨志军编《东北亚考古资料译文集》，北方文物杂志社，1998，第 245 ~ 253 页。

⑥ 冯立君：《渤海与新罗关系的多面性》，《西北民族论丛》2016 年第 2 辑，第 95 ~ 99 页；魏国忠、杨雨舒：《驳柳得恭的"南北国论"》，《社会科学战线》2018 年第 9 期，第 116 ~ 122 页。

⑦ 李东辉：《渤海与新罗的对立关系》，《朝鲜·韩国历史研究》2011 年第 1 辑，第 71 ~ 86 页。

⑧ 马一虹：《靺鞨、渤海与周边国家、部族关系史研究》，中国社会科学出版社，2011，第 355 ~ 371 页。

做具体梳理，进而在此基础上尝试总结出其各自对边疆接壤区域的经略特点，并对呈现该特点的成因进行深层挖掘，以期为学界针对该领域的研究略尽绵薄之力。

一　渤海与新罗边疆接壤区域的形成过程

圣历元年（698 年），大祚荣在东牟山建立渤海国。渤海建国初期迅速向南拓展统治区域。第二代王大武艺即位后，仍继续向外扩张。鉴于此，新罗在完全占领百济故地后，也开始重视对北方的经营，二者矛盾自此凸显，遂经不断争夺，逐渐形成了广大边疆接壤区域。渤海与新罗的边疆接壤区域主要包括两大地区，按形成时间的早晚分别为新罗东北部泥河（今龙兴江）一带与新罗西北部的浿江（今大同江）流域下游一带。此两区域以北为渤海控制，以南则为新罗势力范围。这两个区域为两方政权往来最为活跃、频繁的地区，是其彼此和平交流和军事对抗的前沿阵地。

（一）渤海国的“南进”

渤海建国初期的首要任务即是巩固新政权，获取更多人的支持，以应对唐王朝随时可能的再次来讨。对此，《旧唐书·渤海传》记载：“祚荣骁勇善用兵，靺鞨之众及高丽余烬，稍稍归之。”① 可见大祚荣定都东牟山后，凭借其勇猛和出色的用兵策略收归了大量的靺鞨人和高句丽遗人。被收归的高句丽人和靺鞨人的来源应有二：一部分为大祚荣东奔之时，协助其击退唐朝将领李楷固的高句丽和靺鞨之众，其中部分民众追随大祚荣到东牟山建国；另一部分为来自东牟山南部，曾隶属于唐朝安东都护府的靺鞨和高句丽遗众，而建立之初的渤海国即意图南进收归这部分靺鞨和高句丽遗众。②

关于促成此举的深层原因，一方面，渤海建国之前，唐朝对朝鲜半岛南部地区、鸭绿江和西北流段松花江流域的控制渐弱。总章元年（668 年），

① 《旧唐书》卷 199《北狄·渤海传》，中华书局，1975 年标点本，第 5360 页。

② 参见苗威《渤海国的高句丽遗民》，《通化师范学院学报》（人文社会科学版）2015 年第 2 期，第 4 ~ 6 页。

唐罗联合灭亡高句丽，唐朝虽将大批的高句丽遗民迁往中原地区，[①] 却也有大量的高句丽遗民留居原地，因此唐朝设安东都护府统辖之。加之该辖域广阔，“不仅包括中原王朝传统意义上的辽东地区，还包括百济故地以及高句丽迁都平壤所占据的大同江以南临津江以东的广大地区”。[②] 于是唐朝因俗而治，任命当地的酋长为都督、刺史、县令，同时派遣薛仁贵带兵二万人常驻安东都护府所辖地区。[③] 然而，唐仅驻守二万兵力以维持此广域统治显然欠妥。并且当时吐蕃势力兴起，骚扰唐朝北部边疆。薛仁贵随即被调与吐蕃作战，其又从二万人的军队中抽调部分兵力随其征战，这也极大地削弱了安东都护府的控制力。咸亨元年（670 年）四月，高句丽遗人“大长钳牟岑率众反，立藏外孙安舜为主”，唐朝立即调遣“高侃东州道，李谨行燕山道，并为行军总管讨之”。[④] 虽然唐朝用时四年得以平定此叛，但长期战乱使得安东都护府的治所平壤早已“痍残不能军”。与此同时，新罗趁机收纳高句丽叛军首领安胜，“奉以为君，愿作藩屏，永世尽忠”，[⑤] 并率众大举占领了原百济故地。上元二年（675 年）二月，唐派遣刘仁轨在七重城大败新罗，又诏李谨行为安东镇抚大使，屯兵买肖城，共历三战，唐朝皆胜。[⑥] 面对高句丽遗民和新罗的不断侵扰，唐方显然已经疲于应对，于是主动做出调整：在上元三年（676 年）二月将安东都护府治所由平壤移于辽东郡故城（今辽阳地区），仪凤二年（677 年）又移至新城（今抚顺地区）。简言之，唐朝“放弃了对朝鲜半岛南部的控制，采取向辽东收缩的政策”。[⑦] “安东都护府管控集中在辽东至平壤一线，鸭绿江下游、第二松花江流域等以往高句丽统治地区已经被放弃。”[⑧] 至此，建国伊始的渤海国果断抓住时机，谋划“南进”，终得以收归高句丽及靺鞨众人。

另一方面，渤海建国之初，新罗一方并未与渤海相对，迅速北拓。上元

---

① 苗威：《高句丽移民研究》，吉林大学出版社，2011，第 198 页。

② 辛时代：《安东都护府的辖治范围考述》，《东北师范大学学报》（哲学社会科学版）2013 年第 1 期，第 224 页。

③ 《唐会要》卷 73《安东都护府》，中华书局，1955 年标点本，第 1318 页。

④ 《新唐书》卷 220《高丽传》，中华书局，1975 年标点本，第 6197 页。

⑤ 《三国史记》卷 6《新罗本纪》，文武王十年秋七月条，吉林大学出版社，2015 年标点本，第 88 页。

⑥ 参见《新唐书》卷 220《东夷列传·新罗》，中华书局，1975 年标点本，第 6204 页。

⑦ 韩昇：《东亚世界形成史论》，复旦大学出版社，2009，第 273 页。

⑧ 范恩实：《论七世纪中后期靺鞨的发展及其建国的内外因》，《学问》2016 年第 4 期，第 66 页。

二年（675 年）唐罗战争之后，唐朝将安东都护府治所从平壤迁至辽东故城之际，新罗实则有机会向北拓展疆域，但在唐开耀元年（681 年）新罗向北占领原高句丽故地泉井郡后，其并未继续北拓。原因有二。其一，新罗北部，高句丽故地仍为唐朝关注的地区。虽然唐朝将安东都护府迁至辽东地区，但直至渤海建国前后，唐朝对朝鲜半岛北部仍有较强的控制力。此时唐朝自身实力并未减弱，只是进行了战略上的收缩并将更多精力投入到征讨西北地区的吐蕃上，故对高句丽故地管控有所放松。但若新罗此时向北进至大同江及鸭绿江流域的高句丽故地，则势必会遭遇唐朝反击，而此时的新罗并无实力与唐正面对抗。其二，新罗在与唐朝联合灭亡百济和高句丽后，其主要目标转为占领百济故地。新罗王认为“新罗、百济累代深仇。今见百济形况，别当自立一国，百年以后，子孙必见吞灭新罗，既是国家之州，不可分为两国，愿为一家，长无后患”。[①] 因此，相比于向北对高句丽南部故地拓张，此时的新罗显然更加注重对百济故地的占领及统辖，由此可断，渤海建国伊始，新罗北上的意愿并不强烈。

（二）新罗的“北拓”

虽然在大钦茂统治渤海国时期，新罗向北拓展缓慢，但是新罗在渤海建国之前也曾快速发展，后由于忌惮强大的唐朝，向北发展才有所缓慢。上元二年（675 年）唐罗战后，唐朝将安东都护府治所从平壤迁至辽东故城之时，新罗一度派兵至鸭绿江流域观察唐朝在这一地区的军事布局情况。[②] 后于唐开耀元年（681 年），新罗向北占领原高句丽故地泉井郡，并改名井泉郡，在附近筑炭项关门，[③] 派遣精兵三千戍守井泉郡南部的比列忽州。后渤海迅速南进，双方于开元九年（721 年）之前，已于新罗东北部泥河一带形成了边疆接壤区域。开元九年，新罗圣德王“征何瑟罗道丁夫二千，筑长城于北境”。[④] 这里的“何瑟罗”为高句丽时期的河西良，向北连接靺鞨部

---

① 《三国史记》卷 7《新罗本纪》，文武王下，吉林大学出版社，2015 年标点本，第 99 页。

② 参见姜维公《三国史记·李勣奏报的真伪问题》，《长春师范大学学报》2002 年第 1 期，第 17 ~ 21 页。

③ 《三国史记》卷 35《地理志》，吉林大学出版社，2015 年标点本，第 486 页。

④ 《三国史记》卷 8《新罗本纪》，圣德王二十年秋七月条，吉林大学出版社，2015 年标点本，第 116 页。

落，后属新罗，景德王时改名为冥州。[①] 冥州位于新罗疆域东北部。史料中记载征调何瑟罗的人丁去北境修建长城，而开耀元年（681 年）新罗曾在疆域东北部建井泉郡，故此次征调的何瑟罗人丁所筑长城应在井泉郡一带。防御工事的修建也体现出新罗在与北部势力的对抗中处于劣势且当时在新罗北部与其作战，并让新罗在争夺中处于劣势的，应是渤海国。由此不仅可断，渤海、新罗的接壤区即位于新罗东北部附近，并且也从末节证实了渤海南下势头之猛，以及新罗北上进程之缓。此外，据史料记载，渤海“南比新罗，以泥河为境”。泥河正是新罗井泉郡（今天元山和德源一带）以北临近的一条江。[②] 如此进一步可推断，渤海与新罗的接壤区位于新罗东北部的泥河（今龙兴江）一带。换言之，新罗北设井泉郡后，并未继续北拓疆域，渤海国经历了建国之初至大武艺时期的不断南进，后双方在开元九年（721 年）之前，已于新罗东北部泥河一带接壤。

渤海国第二代王大武艺即位后，仍主张向外“斥大土宇”，扩展势力范围，而新罗在完全占领百济故地后，也开始重视对北方的经营，双方矛盾越发凸显。唐朝方面有意遏制渤海国的持续南进，故唐罗联合，新罗协助唐朝向北进攻渤海，而渤海与新罗位于新罗疆域西北部的另一大接壤区也因此形成。具体而言，渤海建国后的迅速南进，引起了唐朝的高度警觉，为遏制渤海国的势力扩展，唐朝于开元十年（722 年）在渤海国北方的黑水靺鞨地区设置黑水府，派遣官员监察，[③] 可见唐朝试图利用黑水靺鞨夹击渤海国。后渤海国围绕是否向北进攻黑水靺鞨问题产生内部分歧，唐朝支持渤海王子大门艺与国王大武艺在国内发生武装冲突。[④] 大门艺战败后逃往唐朝，并且得到唐朝的庇护。于是，渤海王大武艺在开元二十年（732 年），向唐朝发起进攻，“遣大将张文休率海贼攻登州”。登州位于今天山东半岛的蓬莱市，其至登州的行军路线即是史书中记载的渤海国去唐朝朝贡的路线：出鸭绿江口沿辽东半岛的东侧海岸，向南跨越渤海海峡进攻山东半岛的登州。至登州

---

① 《三国史记》卷 35《地理志》，吉林大学出版社，2015 年标点本，第 486 页。

② 〔朝〕李俊杰：《关于咸镜两道一带渤海遗址遗物的调查报告》，李云铎译，顾铭学校，杨志军主编《东北亚考古资料译文集》，北方文物杂志社，1998，第 90 页。

③ 参见《新唐书》卷 219《北狄·黑水靺鞨传》，中华书局，1975 年标点本，第 6178 页。

④ 参见《新唐书》卷 136《乌承玼传》，中华书局，1975 年标点本，第 4597 页。

后“杀刺史韦俊”，唐朝立即派遣“左领军卫将军盖福慎伐之”。① 对于讨伐的结果，史料中已无记载，但从后来登州仍作为唐朝同渤海和新罗交流的重要口岸来看，它应处于唐朝的控制之下。渤海国在此战中应是快速突袭登州口岸，大肆掠夺后，迅速沿原路返回。唐朝对渤海国此行径极为不满，随即命令“金思兰返回新罗，发兵进攻渤海国的南部。但由于途遇大雪，新罗士兵冻死过半、不得不被迫返回”。② 虽然此次由于自然原因，新罗军队未能直接与渤海国进行作战，但新罗利用此次协助唐朝向北进攻渤海国的机会，已经把势力范围由礼成江一带拓展至浿江流域。③ 这从后来的唐朝敕新罗诏书即可看出：“近又得思兰表称，知卿于浿江置戍，即当渤海冲要，又与禄山相望，仍有远途。固是长策。”④ 新罗在浿江下游流域一带驻兵戍守以对抗渤海。开元二十四年（736 年），新罗王上书唐朝的《赐土地谢表》中称：“伏奉恩敕，浿江以南，宜令新罗安置。臣生居海裔，沐化圣朝。”由此可知，新罗此次“北拓”至占据浿江下游及以南地区正式得到了唐朝的官方承认。

在此需特别强调，此次新罗得以顺利“北拓”的一个深层客观因素为唐朝边防军事力量的薄弱。唐朝虽不满渤海的持续南进，但由于其边防军力匮乏，只得命新罗协助其北攻渤海，进而才促成了新罗北向疆域的顺利拓展。具体而言，唐朝在与新罗作战之后，将安东都护府由平壤迁辽东郡故城，但此时安东都护府依然对辽东地区至朝鲜半岛北部的平壤一线有较强的管控能力。后开元二年（714 年）唐朝将安东都护府从新城迁移至平州，⑤ 开元八年（720 年）唐朝管理东北地区的重镇营州再度被契丹人攻陷。⑥ 唐朝对东北地区尤其是朝鲜半岛北部地区的控制力自此减弱。加之渤海的南进势头迅猛，所以在唐渤登州之战前，渤海的向南势力即已越过清川江，拓至浿江上游一带。渤海阻断了唐朝从营州至朝鲜半岛北部的陆上交通线，进而

---

① 《新唐书》卷 5《玄宗纪》，中华书局，1975 年标点本，第 136 页。

② 参见《资治通鉴》卷 213，玄宗开元二十一年春正月条，中华书局，1956 年标点本，第 6800 页。

③ 〔日〕李成市「新羅兵制における浿江鎮典」、『古代東アジアの民族と国家』、東京：岩波書店、1998 年、278 頁。

④ 《文苑英华》卷 471《敕新罗王金兴光书三首》，中华书局，1966 年影印本，第 2404 页。

⑤ 《旧唐书》卷 39《地理志二》，中华书局，1975 年标点本，第 1526 页。

⑥ 宋卿：《试述唐代东北边疆重镇营州的权力伸缩》，《史学集刊》2014 年第 3 期，第 82 页。

造成唐朝在朝鲜半岛北部一带的军力匮乏，因此唐朝才诏新罗出兵进攻渤海国的南部地区。

概以言之，随着渤海国的不断南进和新罗势力的不停北拓，以及唐朝一方的居中影响，渤海与新罗在浿江流域下游和泥河流域的两大边疆接壤区域逐渐形成。

二 渤海与新罗对边疆接壤区域的经略过程

新罗方面，其在获得唐朝赐予的浿江以南地区后，即开始不断加强对该地区的控制。尤其景德王执政期间（742～764年），新罗国力增强，于是越发重视对该区域的管控。天宝七年（748年），新罗王“遣阿飡贞节等检察北边，始置大谷城等十四郡县”。[①] 宝应元年（762年），又“筑五谷、鸺岩、汉城、獐塞、池城、德谷六城，各置太守”，[②] 以及置郡、县等，只为加强对该地的管辖。宣德王执政期间（780～784年），又“发使安抚浿江南州郡”，“三年二月，王巡幸汉山州，移民户于浿江镇”，“四年春正月，以阿飡体信为大谷镇军主”。[③] 不仅如此，宣德王执政期间，大量民户被移至新罗北部地区，同时在该地区又出现“镇”一级行政建置，浿江镇、大谷镇即是一种有别于“十停”的特殊的地方军事组织，其设置的主要目的亦是加强对新罗北部的管控及为与渤海国作战做准备。[④]

虽然新罗意图不断加强对北部浿江以南区域的控制，但从开元二十四年（736年）唐朝将浿江以南地区赐予新罗后，渤海、新罗势力范围相接壤，至8世纪并未见二者在边疆接壤地区有军事冲突。直至9世纪初，渤海国大仁秀即位前后，渤海与新罗再次发生战争。据《辽史·地理志》载，大仁秀即位后“南定新罗，北略诸部”。大仁秀向南平“定”新罗，这说明在大

① 《三国史记》卷九《新罗本纪》，景德王七年春正月条，吉林大学出版社，2015年标点本，第125页。

② 《三国史记》卷九《新罗本纪》，景德王二十一年夏五月条，吉林大学出版社，2015年标点本，第128页。

③ 《三国史记》卷九《新罗本纪》，宣德王三年春二月、闰正月，四年春正月条，吉林大学出版社，2015年标点本，第131页。

④ 参见〔日〕李成市「新羅兵制における浿江鎮典」、『古代東アジアの民族と国家』、東京：岩波書店、1998年、278－280頁。

仁秀即位之前新罗曾有意向北侵扰渤海国的南部疆域。而在大仁秀即位之前，渤海国统治阶级内部出现了矛盾，这为新罗北上发展提供了可乘之机。渤海国自贞元九年（793 年）大钦茂去世之后，出现了严重的王位继承之争，至大仁秀即位前夕，共 26 年时间，其间先后历经六代渤海王的统治。需强调，渤海国存世 200 余年，共历十五王。[①] 此 26 年时间即更换 6 代王，则该时期渤海王室内部纷争之激烈景象可以想见。而统治阶层内部的争权斗争，会直接影响中央对地方的控制力。新罗又恰在贞元六年（790 年）和元和七年（812 年）两次派遣使者至渤海国，[②] 其目的也是探测渤海国内部危机的虚实情况，[③] 以伺机向渤海国南部地区发起军事进攻。不过当渤海王大仁秀即位后，其结束了渤海国王位更替频繁的局面，使得渤海国国力渐盛，不久便向南粉碎了新罗企图继续北拓的战略谋划。关于渤海与新罗在 9 世纪初期的战争地点，史料并未记载。不过考虑到新罗自 8 世纪中期便不断在浿江流域增开郡、县，并移民至此的一系列举动，笔者推断双方战争的地点应在浿江下游或下游以北一带。另由于此战在《新唐书・渤海传》及《三国史记》中均未被提及，可知此战规模不会太大。而大仁秀时期渤海国的强盛，使得新罗宪德王在宝历二年（826 年）又命牛岑太守，“征汉山北诸州郡人一万，筑浿江长城三百里”。[④] 可见新罗在与渤海的交战中依然处于守势。

渤海方面，相较于新罗增开郡、县，并通过移民的方式加强对浿江边疆接壤地区的控制的记载，渤海国对其南部接壤地区管控的史料记载明显偏少。但可明确的是，渤海国第十一代王大彝震即位，渤海国发展至全盛时期，“拟建宫阙，有五京、十五府、六十二州，为辽东盛国”。其中在南部与新罗接壤地区专门设置南京，南京的治所为南海府，位于咸镜南道青海土城，[⑤] 向南与新罗东北部的井泉郡距离较近，并且过南海府有通往新罗的

① 魏国忠、朱国忱、郝庆云：《渤海国史》，中国社会科学出版社，2006，第 135 页。

② 参见《三国史记》卷 10《新罗本纪》，元圣王六年三月条，宪德王四年秋九月条，吉林大学出版社，2015 年标点本，第 135、140 页。

③ 马一虹：《靺鞨、渤海与周边国家、部族关系史研究》，中国社会科学出版社，2011，第 362、368 页。

④ 《三国史记》卷 10《新罗本纪》，宪德王十八年秋七月条，吉林大学出版社，2015 年标点本，第 144 页。

⑤ 韩亚男：《渤海国南京南海府故址“北青说”再探讨——以青海土城一带的考古发现为中心》，《边疆考古研究》2015 年第 1 期，第 308 ~ 310。

“新罗道”。因此，泥河一带，渤海的南海府、新罗的井泉郡成为二者交流的重要区域和互通的交通要道。

9 世纪末期，随着渤海和新罗的国力渐衰，二者内部的地方势力在边疆接壤区域开始活跃起来。史料记载：“十二年（唐光启二年，886 年）春，北镇奏，狄国人入镇，以片木挂树而归，遂取以献。其木书十五字云，宝露国与黑水国人共向新罗国和通。”① “北镇”是指新罗东北部的朔庭郡，② 在井泉郡南。黑水靺鞨在渤海国北部，宝露国曾为黑水靺鞨下的一个部落，唐朝曾在此地设置勃利州，③ 渤海国强盛之时，二者皆役属于渤海国，后其趁渤海国衰落之时，沿海路（日本海）南下至新罗东北部，尝试与新罗沟通。随后更多的靺鞨人纷纷南下至新罗东北部。“（后梁龙德元年，921 年）二月，靺鞨别部达姑众来寇北边，时太祖将坚权镇朔州，率骑击大破之。”④ 靺鞨别部“达姑”或为“达姤”，达姤为室韦一支，位于嫩江与松花江汇合的东部，⑤ 后南下与靺鞨人众相交融，成为“靺鞨别部”。在渤海国强大后受渤海国控制，至渤海国衰落，该部落又重获自由，由陆路向南过南海府，至新罗东北部的朔州。不过此时新罗内部统治也出现了严重的危机，即政权内部出现割据势力，进而导致新罗所能控制的范围越来越小，⑥ 最终被北部王建所建的高丽政权所灭。

三 渤海与新罗对边疆接壤区域的经略特点及成因分析

本文通过对渤海与新罗在边疆接壤区域经略过程的梳理，总结出二者对

---

① 《三国史记》卷 11《新罗本纪》，宪康王十二年春条，吉林大学出版社，2015 年标点本，第 158 页。

② 〔日〕池内宏「真興王の戊子巡境碑と新羅の東北境」、『滿鮮史研究』上世第二册、東京：吉川弘文館、1960 年、56 頁。

③ 魏国忠、朱国忱、郝庆云：《渤海国史》，中国社会科学出版社，2006，第 503 页；金毓黻：《渤海国志长编》，社会科学战线杂志社，1982，第 502 页。

④ 《三国史记》卷 12《新罗本纪》，景明王五年二月条，吉林大学出版社，2015 年标点本，第 167 页。

⑤ 马一虹：《靺鞨、渤海与周边国家、部族关系史研究》，中国社会科学出版社，2011，第 186 页。

⑥ 〔韩〕李基白：《韩国史新论》，厉帆译，厉以平译校，国际文化出版公司，1994，第 102 ~ 106 页。

边疆接壤区域的经略主要呈如下显著特点。

第一，在大祚荣、大武艺时期，渤海国势力范围迅速向南发展，在登州之战爆发前的疆域已向南扩至朝鲜半岛北部。登州之战爆发后，新罗力量开始北上，自此二者势力范围在浿江下游流域和泥河流域一带接壤。但自大钦茂即位后，渤海国虽仍不断地发展壮大，却再不见主动向南即朝鲜半岛北部拓展势力范围，即对向南发展呈冷漠态度。而渤海国第十一代王大彝震在渤海国南端设置南海府，其目的也是稳定对南部边疆接壤地区的统治。

第二，在百济和高句丽灭亡后，新罗首先忙于对百济故地的占领，无暇对朝鲜半岛北部地区进行争夺。自开元二十四年（736 年）唐朝承认浿江以南地区为新罗属地之后，新罗则在该地区增置郡、县和军镇，并通过移民来加强对该地区的控制。可见新罗诸多举措的目的均在于稳固对浿江下游地区的统治，少有主动向渤海发起军事进攻。虽然新罗在 9 世纪初曾向北侵扰渤海国南部疆域，但并没有发生大规模的战争。渤海王大仁秀的有力回击，使得新罗在宝历二年于北部边境修筑防御性质的长城。

第三，在渤海和新罗统治末期，原受渤海控制的靺鞨部落南下来到新罗东北部的泥河一带，与新罗进行交流和战争，较此前新罗和渤海的往来稀疏形成反差，不过此时建立的联系已经不是新罗和渤海两个政权之间有意愿的进行官方交流，而是二者下属的地方势力企图摆脱控制的私下沟通。

综上，在渤海与新罗边疆接壤的浿江流域和泥河一带，二者很少出现相互攻伐、争夺领土的现象，即双方均更倾向于稳固对边疆接壤区域的控制及戍守，而非攻取对方的势力范围。故及至新罗和渤海末期，二者接壤的数百里区域竟已成为无人之地，① 这与之前高句丽、百济、新罗三者共存时期相互攻伐之局面形成鲜明对比。究其原因，浅析如下。

其一，渤海方面，相较于建国初期的迅速南拓，后渤海国的南进速度则明显放缓，这是因为渤海国逐渐确立了向北部发展的方向。渤海国初代王大祚荣时渤海国曾重点向南拓展疆域，收归了大量高句丽和靺鞨遗众。后大武艺时期渤海国与唐朝发生战争，此时渤海势力已经南进至朝鲜半岛北部，与新罗也已有相互接壤的区域。但后由于渤海所依靠的突厥势力衰落，同时唐

① 参见金渭显《契丹的东北政策——契丹与高丽女真关系之研究》，台北：华世出版社，1981，第 77 页。

朝在北部边疆地区建立的节度使制度不断成熟,[①] 唐朝得以恢复在北部边疆地区的统辖力。且唐朝曾命新罗协助进攻渤海国的南端，后又承认了新罗对浿江以南地区的占领，可见在对抗渤海国的问题上，唐朝与新罗达成一致。因此渤海王大武艺被迫放弃南向进攻新罗以及西南向试探唐朝北部边疆地区的发展战略。后大钦茂即位，在安史之乱发生之前，他就将都城向北迁至上京龙泉府（今牡丹江市宁安镇），即将国家发展方向调整至向北发展，并将大量精力投入到征服拂涅、铁利、越喜、虞娄靺鞨等部落上。后大仁秀即位，渤海国国力强盛，北方强大的黑水靺鞨部落也役属于渤海国。及大彝震时期，渤海国发展至全盛，在北部地区挹娄（虞娄）故地设定理府、安边府；在率宾故地设率宾府；在拂涅故地设立东平府；在铁利故地设立铁利府；在越喜故地设立安远府、怀远府。概言之，渤海国在迁都上京龙泉府之后，逐步确立了向北发展的战略方向,[②] 国家的主要力量均投入到向北的拓展与经营中，故对南进计划自然呈淡漠态度。

其二，新罗方面，在与唐朝联合灭亡百济和高句丽之后，新罗的主要意图是占领百济全境，而非继续北越浿江谋求发展。百济和高句丽灭亡后，唐朝在百济故地设置熊津都督府对其进行直接管辖，此举引起了新罗的极大不满，其不惜与唐朝兵戎相见，最终迫使唐朝撤销熊津都督府的建置，至此，百济故地被新罗完全占领。后唐朝又将浿江以南地区赐予新罗，“而这一区域也正是原百济被高句丽夺取的领土，新罗获取百济全境后，其统一的目标完成”,[③] 为巩固对该区域的管辖，新罗在浿江以南设置郡、县。需强调，得以顺利增设郡、县必然有其先决条件，只因随着新罗不断占领原百济领土，其疆域范围亦不断扩大，因而文武王开始采取一系列措施加强中央集权。至圣德王时期（702～737 年），新罗政权内部安宁，确立了至高无上的王权地位；至景德王（742～765 年）统治新罗时期，新罗达到鼎盛。[④] 所以至8 世纪中期新罗才有余力在浿江以南增置郡、县。不过在大历元年（766 年）后，新罗国力渐衰，内斗不断，先后表现为中央政权内部贵族斗

① 参见《新唐书》卷 66《方镇表三》，中华书局，1975 年标点本，第 1832 页。

② 刘加明、苗威：《渤海国北进战略的确立》，《安徽史学》2019 年第 2 期，第 41 页。

③ 参见王小甫《新罗北界与唐朝辽东》，《史学集刊》2005 年第 3 期，第 44 页。

④ 〔韩〕李基白：《韩国史新论》，厉帆译，厉以平译校，国际文化出版公司，1994，第 79，98 页。

争、地方割据势力兴起等，[①] 内不安，尚无法攘外，故新罗在与渤海的对抗中，经常筑造长城，处于战略守势状态，可知新罗再无能力继续北拓。

其三，唐朝方面，其在渤海与新罗对边疆接壤区域的经略过程中扮演了重要角色。在高句丽灭亡后，唐朝对朝鲜半岛的经略态度亦随势而变。起初唐朝在高句丽和百济故地设置安东都护府和熊津都督府，目的是对二者故地进行直接控制。但由于新罗对百济领土不断地吞食，同时唐朝要兼顾与西北的吐蕃作战，因此唐朝调整了对朝鲜半岛的经营策略，将势力范围收缩至辽东及朝鲜半岛北部地区，即默许新罗对百济故地的占领，意图建立以自身为中心的天下秩序，确保周边安定，[②] 避免战事发生。后当渤海国建立后，唐朝对渤海国也施行羁縻控制，不希望渤海国过于强大，也正是在唐朝和新罗的打击之下，渤海国被迫无奈才向北发展，而未选择继续南下与新罗交战。同理，唐朝也希望利用渤海国的存在，牵制新罗的持续北上。因唐朝从朝鲜半岛南部撤出的一个重要原因即是受到新罗力量的排挤，二者还因此发生过战争，虽然新罗后又及时缓和与唐朝关系，但唐亦懂得吸取教训，以用制衡之术，维稳利己。所以唐朝通过册封渤海王等方式来加强与渤海国的交流，实则也为限制新罗向北发展。总之，唐朝意图令渤海与新罗相互牵制，以维持半岛地区的和平与稳定。

综上所述，依据现存史料所见，作为 8～10 世纪在东亚地区共存的两个相邻政权，二者的联系较少。渤海国在大祚荣时期就快速南下占领大片区域，不过此时渤海与新罗疆域并没有接壤，因为唐朝在朝鲜半岛北部还有相当的势力。自登州之战后，渤海和新罗在浿江下游流域和泥河流域逐渐形成两大边疆接壤区域。这两个区域应是二者接触较为活跃的地区，不过由于渤海和新罗在发展的过程中大多数时间处于敌对状态，在边疆接壤区域的和平交流较少。但同时也少有双方的军事进攻，二者均更倾向于采取措施加强对边疆接壤地区的戍守和统辖。这主要由渤海和新罗各自发展诉求的差异性所致。同时唐朝为维持在东亚地区的中心地位，册封渤海和新罗国王，希望二者相互牵制，进而维持和平状态，这在一定程度上的确保证了该区域的稳定。

---

① 〔韩〕金哲埈『韓國古代国家発達史』、武田幸男・浜田耕策訳、東京：學生社、1979 年、141 頁。

② 韩昇：《东亚世界形成史论》，复旦大学出版社，2009，第 274 页。

The Study on Contiguous Areas between Bohai and Xinluo

Liu Jiaming, Song Xinyu

Abstract Bohai conquered the people of Gaogouli and Mohe, and expanded the territory southwards rapidly after the foundation of Bohai Kingdom. While Xinluo expanded their territory northwards after they have occupied Baiji. Xinluo's army, as the subordinated force of Tang Dynasty, has cooperated with Tang Dynasty to fight against Bohai. Gradually, it was forming two contiguous areas in the downstream of Bei River (today in the downstream of Taedong River, close to Pyongyang) and Ni River in Xinluo's northeast area between Bohai and Xinluo. In order to consolidate the rule in those two contiguous areas, Xinluo set up prefecture, county and army town, and immigrated people here; while Bohai set up the Nanhai Fu in south border area. However, Bohai and Xinluo attempted to control the contiguous areas respectively, but not to fight against each other. Since after Daqinmao succeeded to the throne, the expansion of Bohai Kingdom has focused on the northern area, and did not pay attention to the expansion southwards; it is limited northward expansion for Xinluo to pay more attention to govern the territory of Baiji, and Xinluo itself was troubled by internal struggle in 9th century; Tang's hegemony was maintaining a quite peaceful relationship with Bohai and Xinluo by granting official subordinated titles on their kingdom to keep them under mutual restraint and in a peace and stability in the contiguous areas.

Keywords Bohai Kindom; Xinluo; Contiguous Areas

朝鲜贡使安璥《驾海朝天录》中的海洋形象研究*

裴钟硕

【内容提要】 17世纪明清交替时期，中断了近两百年的海路使行重新开启，安璥坐上了通航后的首艘船出使中国。从上船前一直到回朝鲜，安璥每天记录，形成了17世纪首部海路使行记录——《驾海朝天录》。该书记载了行程中的事件和吟诵情感的诗。他在海上作的诗展现了朝鲜儒家文人眼中的海洋。海洋对文人而言是一个陌生的地方，然而险峻的海路也更加凸显受命使臣的忠诚和使命感。全球化时代，海洋的作用愈加重要，关于海洋的人文研究也变得十分必要。对此，过去文人刻画的海洋形象，为我们从人文学角度理解海洋提供了一个新的维度。

【关键词】 安璥　《驾海朝天录》　海路使行　海洋形象

【作者简介】 裴钟硕，文学博士，复旦大学外文学院韩国语言文学系讲师。

追溯朝鲜半岛历史，自由无畏地遨游在浩瀚的大海是20世纪以后的事情。对于朝鲜朝文人来说，大海是神秘而恐怖的存在。朝鲜末期的文人黄玹（1855～1910年）提道："大海之澜，无风自激。卷者蔽天日而漾者吞山岳，天下之险，无过于是。"① 除了生计所需，朝鲜朝百姓不会出海。同样，文

* 本文得到复旦大学亚洲研究中心2019年度研究课题资助。

① 〔韩国〕黄玹：《梅泉集》卷6，《海史说》影印于《韩国文集丛刊》卷348，第509C页。

人也忌讳大海，与大海相关的文献远不及与陆地相关的文献。因而，以海洋作为素材的文献显得相当珍贵。

17 世纪上半叶，安璥（1564～1640 年）在海路使行归来后留下了《驾海朝天录》。该书于 2002 年为学界所知。① 直到今天，中国有 3 部关于《驾海朝天录》的研究和资料集，韩国则有 2 部。韩国学者研究的是与日本通信使行之间的比较，以及与明朝文人之间的交流。② 相反，中国学者则关注《驾海朝天录》的史料价值。③

本文与以往研究不同，从人文学层面理解海洋，通过剖析《驾海朝天录》，研究朝鲜朝贡使的记录，分析其眼中的海洋形象，了解近代以前的知识分子对海洋的理解。值得一提的是，安璥是 17 世纪明清交替时期首批通过海路往返中国的使臣之一，《驾海朝天录》也是当时唯一一部记载海路使行全过程的记录，成为后行使臣的参考书。

一 《驾海朝天录》的海上行程

世宗三年（1421 年），明朝迁都北京，为防止倭寇的入侵，封锁了唯一一条连接汉阳和南京的海路使行站——登州。此后两百年间，中韩使臣利用陆路往来，朝鲜人自然到达不了登州。然而，宣祖二十五年（1592 年）壬辰倭乱爆发，北方女真族迅速崛起，最终努尔哈赤建立了后金，征服了辽东地区。自此，中朝使臣重新启用海路，人们又络绎不绝地来到了登州。两百年未行的海路使行，从光海君十三年（1621 年）开始，到仁祖十五年

① 〔韩〕许敬震：《最早通过海路出使明朝的使臣记录“驾海朝天录”》，《出版期刊》第 316 期，大韩出版文化协会，2002，第 40～41 页。最近笔者在韩国学中央研究院藏书阁确认了《驾海朝天路》的异本，具体图书信息如下。安璥：《芹田集》坤，韩国韩国学中央研究院藏书阁藏。

② 〔韩〕许敬震：《水路朝天录和通信使行录的海洋体验比较》，《韩国汉文学研究》第 43 期，韩国汉文学会，2009，第 49～79 页；〔韩〕许敬震、崔海燕：《明清交替期最早的水路朝天录：安璥的“驾海朝天录”》，《中国学论丛》第 34 期，韩国中国文化学会，2011，第 126 页。

③ 陈长文：《登州与明末中朝海上丝路的复航——以朝鲜贡使安璥“驾海朝天录”为文本》，登州与海上丝绸之路国际学术研讨会，2008；刘焕阳、刘晓东：《落帆山东第一州：明代朝鲜使臣笔下的登州》，人民出版社，2012；刘晓东：《安璥胶东纪行诗探析》，载《明代朝鲜使臣胶东纪行诗探析》，山东人民出版社，2015，第 260～290 页。

（1637 年），前后持续了约 17 年。①

光海君十三年（1621 年）五月，朝鲜王朝时隔两百年重启海路使行，派陈慰使（正使权尽己、书状官柳汝恒）与辩诬赐恩冬至圣节谢恩使（正使崔应虚、书状官安璥）一同出使。当时明朝使臣亦在朝鲜。由于后金在 1620 年后逐渐强盛，明朝想维持与朝鲜的关系，于是于 1621 年春，任命刘鸿训为正使、杨道寅为副使，通过陆路到达朝鲜，希望恢复明朝和朝鲜的传统友好关系，并要求朝鲜一同对抗后金。然而，当他们出使结束想要回到明朝时，后金已经征服了辽东地区。陆路不通，朝鲜遂为明朝使臣造了两艘船。② 与此同时，备边司已采取措施，让陈慰使与谢恩使跟着明朝使臣一同前往明朝。③ 由于当时明朝实行海禁政策，外国人不能通过海路到达明朝，但明朝使臣替他们解释放行。④ 就这样，明朝使臣与陈慰使、谢恩使一同从朝鲜安州的清川江出发到达了登州。

《驾海朝天录》是从作者与明朝使臣相会的那天开始记录的。从那天开始一直到到达登州，安璥的海上行程与船上作诗如表 1 所示。

表 1　《驾海朝天录》中的海上行程

日期	行程	内容
五月十七日	安州（清川江）	决定跟随明朝使臣（正使刘鸿训、副使杨道寅）一同前往登州。
十八日	安州	与巡察使、牧使、整理使等饯别。
十九日	安州	与陈慰使相会。担忧沉船，分持两份奏文、咨文。

① 迄今整理 17 世纪海路使行相关资料的论文如下：〔韩〕林基中：《燕行录研究》，一志社，2002；叶泉宏：《航海朝天录——朝鲜王朝事大使行的艰辛见证》，《东吴历史学报》2003 年第 10 期；〔韩〕郑恩周：《明清交替期对明海路使行记录研究》，《明清史研究》第 27 期，明清史学会，2007，第 189 ~ 228 页；〔韩〕朴贤奎：《17 世纪上半叶对明海路使行相关行程分析》，《韩国实学研究》第 21 期，2009，第 117 ~ 148 页；〔韩国〕尹载焕：《17 世纪初对明海路使行的海上使行诗——构建对明海路使行文学研究基础的诗论》，《韩国文学与艺术》第 22 期，2017，第 31 ~ 68 页。

② 刘焕阳、刘晓东：《落帆山东第一州：明代朝鲜使臣笔下的登州》，人民出版社，2012，第 42 页。

③ 《光海君日记》，光海君十三年（1621 年）五月初二日。“备边司启曰：‘二百年来，使臣浮海朝天，创自今日。今此陈慰使臣，若不得随行天使以行，则决无得达之路。’”

④ 〔韩〕许敬震、崔海燕：《明清交替期最早的水路朝天录：安璥的“驾海朝天录”》，《中国学论丛》第 34 期，韩国中国文化学会，2011，第 126 页。

续表

日期	行程	内容
二十日	横寺前浦口	《别舍弟》(五律)、《妓鞋落水》(五律)。 明使臣船与陈慰使、谢恩使船及避难船等共22艘出航。
二十一日	艮云里	《横寺》(五律)。航行十余里,于浅水停靠。
二十二日	秃伊浦	《秃浦洋中》(五律)。航行十余里,于浅水停靠。
二十三日	秃伊浦	《挂泥书怀》(五律)。 航行不到五里,被沙土绊住,短暂停留后再次出发。
二十四日	老江前洋	《老江镇前》(五律)。住在老江边的船工一家痛哭。离开大洋。
二十五日	宣沙浦前洋	《宣沙浦前洋》(五律)。 经过定州海域,晚上在郭山宣沙浦海域休息。
二十六日	木米岛—椵岛	《木米岛椵岛俗称牟麦稷云故戏作》(五律)。 经过木米岛,在铁山海域的椵岛休息。
二十七日	朴达浦	《朴达串岩上叙怀》(五律)。晚上狂风大作,杨使臣在铁山停靠。
二十八日	车牛岛	《车牛之石如积万卷书册故题》(五律)。在龙川海域的车牛岛停靠。
二十九日	獐子岛—鹿岛	写下祭文祷告。夜晚遇暴风,人无法站立。
六月初一日	石城岛	《石城岛》(七律)。遇到风浪,船桅歪斜,船桨折断。
初二日	长山岛	《长山岛》(七律2首)。在前往长山岛的途中遇到风浪。
初三日	广鹿岛—金州	七律。经过广鹿岛在金州卫海域停泊。
初四日	旅顺浦口	旅顺浦口深夜狂风大作,船只相撞,9艘船沉没,多人死亡。
初五日	旅顺浦口	打捞船上装载的货物和文书,放到沙子上。遇到假鞑靼人。
初六日	漂流	遇假鞑靼人而挂起船帆出海。多云雾。
初七日	漂流	货物因雾气无法晾干而腐烂。晚上大雨,遇上风浪,彻夜祈祷。
初八日	漂流	向明使臣问安。下午写祭文祷告。假鞑靼人和海盗出现。
初九日	漂流	风雨大作,雷电交加。受假鞑靼人攻击。吹东风,杨使臣命令出航。
初十日	漂流	见登州岛,但逆风不可至。遇暴风,桅杆与船舵折断。祈祷。
十一日	漂流	见黄城岛,但逆风不可至,于海上漂流。
十二日	漂流	向旅顺海域回航。漂流至夜里,进入供奉龙堂王神的岛停靠。
十三日	漂流	出航遇逆风返回。夜有暴风。
十四日	漂流	大雨。唐人给予鸡、蔬菜和水果。下午修船。
十五日	漂流	向龙堂王神献祭猪,进行祈风祭。得知敌军至,放船出海。
十六日	黄城岛	《黄城雾中》(五律)。在雾中远航。见岛哭泣跪拜。晚上停靠在岛上。
十七日	舵矶岛	哨官冯民敬报告明使臣和陈慰使船只情况。
十八日	庙岛群岛	《人形石》(五言二十句)。在庙岛前的小岛停靠。
十九日	庙岛—登州	《题庙岛镜面石》(七律)、《登州游观处》(七律)。 在庙岛与明使臣和陈慰使会面,前往登州。
二十日	登州	七律。下船。

车牛岛—100里—薪岛—500里—鹿岛—500里—石城岛—300里—长山岛—200里—广鹿岛—500里—旅顺浦口—600里—黄城岛—200里—舵矶岛—300里—庙岛—100里—登州。
总计:3300里。

安璥一行从朝鲜安州出发到登州总共花了 30 天。鉴于 17 世纪海路使行从宣沙浦到登州平均所需时间为 22.4 天，此次行程算是拖延了相当长一段时间。[①] 这主要是因为安璥的船在旅顺浦口和黄城岛之间遇到暴风，漂流了 10 天。

在船上所作诗共 18 节 19 首，其中五言律诗 11 节 11 首，七言律诗 6 节 7 首，其他五言古诗 1 首。起初坐船开始出使时创作的全是五言律诗，在遇到风浪后开始作七言律诗。此后受暴风之害及漂流期间没有作诗。在黄城岛安定下来后又作五言律诗。即将到达登州时作五言古诗，到达登州后作 3 首七言律诗。

安璥作五言律诗与七言律诗是否随机尚未可知，如果与其行程相比较，就可以发现，他在安稳坐船时作五言律诗，遇风浪时作七言律诗。由此可以推测，安璥在安稳乘船时，更倾向于作五言诗。

二　《驾海朝天录》中的海洋形象

（一）丰富的诗思宝库

1617 年，安璥曾作为千秋使的书状官通过陆路前往北京。当时陆路已成为两百多年使臣往来的唯一手段，留有许多相关记录。然而，海路时隔两百年重新开启，海洋对安璥而言是很陌生的。正因如此，安璥在船上看到的海上新风景足以激发其作诗的灵感。以下是安璥从朝鲜安州出发四日后于清川江口停靠时写的《老江镇前》。

> 晚泊江门外，三声画角寒。城池围树木，楼榭倚波澜。拂剑行装远，浮查去路难。居人进鱼菜，珍重且加餐。[②]

安璥一行人在老江镇海域遇上了逆风，停靠在冬乙即山。那里是清川江

---

① 〔韩〕朴贤奎：《17 世纪上半叶对明海路使行相关行程分析》，《韩国实学研究》第 21 期，2009，第 134 页。

② 安璥：《老江镇前》，《驾海朝天录》，韩国国立中央图书馆藏，第 7 页。

口与西海相接的地方，平时有许多居民坐船。由于此次海路使行是从安州出发，当地有人被选为船工，他们深知海路使行的艰难，看到使臣的船就开始担忧起来。船工的父母、妻子和孩子，为不知道何时才能归来的家人担忧痛哭。安璥听到居民的哭声，写下了这首诗。

傍晚时分船靠岸停泊，一处军营传来号角声。听见这一象征着日落的声音，即便是在夏天，也会感到一股凉意。随着这声音望一望远处的老江镇，那里的城池树木环抱，有一座亭子能俯身看见大海。老江镇的模样与旧时没有什么区别。

使团的船停靠在那里，之后要走的路遥远且艰险。那里的居民怀着担忧的心情拿出肉和蔬菜等珍贵的食物招待他们，说道："保重身体，好好吃饭。"他们大多是船工的父母、妻子和孩子，由于平时都与大海打交道，更清楚大海的艰险。他们担心不能再和自己的儿子、丈夫或者父亲见面，四处痛哭。安璥在老江镇看到这样的场景，以此为素材，在诗中原封不动地表现出来。以下是安璥在铁山海域的椴岛停留时所作的《木米岛椴岛俗称牟麦稷云故戏作》。

> 穀称牟麦稷，奚取岛名同。牧人占梦富，场马得蒭豐。峰岳周遭在，江河转运通。汲泉粮不患，饱饭此舟中。①

安璥一行到了木米岛（《东舆图》中又作木尾岛），想要打泉水，因为干旱严重，泉水全都干涸了。之后他们在椴岛停靠，那里根本就没有泉水。尽管如此，这两座岛却俗称"牟麦岛"和"稷岛"。无法取水的岛却以麦和稷为名，安璥对此感到惊讶，以此为题材作了一首诗。

麦和稷原来是谷物的名称，给岛加上这一名称，安璥感到好奇。安璥到岛上一看，只有牧场，养马的人来到这里，会向往富庶。幸运的是，岛上马的食物充足。从地形上看，岛上四面是山峰，一定程度上挡了一些风。岛之间有水路，因而运马也很方便。但这里没有泉水，因而安璥认为，这里只要有淡水，就不用担心粮食了，可以在船上吃得很饱。除了没有足够的淡水这一点，岛上的生活还算不错。安璥将椴岛的地形、牧场和

① 安璥：《木米岛椴岛俗称牟麦稷云故戏作》，《驾海朝天录》，韩国国立中央图书馆藏，第8页。

岛名作为其诗的素材。以下是停靠在龙川海域时所作的《车牛之石如积万卷书册故题》。

> 岛号车牛载，诗书若有藏。层层成万轴，叠叠置千箱。似举齐眉案，如登坦腹床。停舟留半日，读罢古皇王。①

当日谢恩使和陈慰使的船走错了路，安璥的船在车牛岛等他们而在那里停靠。《新增东国舆地胜览》这样描述车牛岛："形如驾车牛，故名。岛中多奇岩怪石，鸟飞不下，人若近之，毛发森竖，凛不可留。"②

安璥之前在文献中看过车牛岛的名称由来，但车牛岛的形状仍让他十分惊奇，因而将其用作诗的素材。奇形怪状的石头好像堆了上万卷书，又好像叠起来的箱子一样。有时看上去像是东汉孟光与丈夫举案齐眉，有时又像东晋王羲之露着肚皮躺在床上的模样。他吟诵道，一一观察石头的形状，就好像把古代帝王的故事都读了一遍那样有趣。

安璥在车牛岛等待两位使臣的时候被珍奇的景象吸引。船上的生活很单调，然而他对周围的景物十分感兴趣，对这些事物有了新的认识，借机作了一首诗。之后参与海路使行的使臣的记录中时而会出现车牛岛，视角却与安璥有很大区别。③ 下面是安璥在长山岛所作的诗，没有题目。

> 称獐称鹿岛名多，谁遣奔鲸蹴怒波。云海渺然连玉宇，星槎疑是上银河。
>
> 帆前共助呼邪语，棹下同欢欸乃歌。直待天明宜早发，夜来风浪更如何。④

这天正好雾气消散，天气放晴，众人在石城岛相会后一起向长山岛驶

① 安璥：《车牛之石如积万卷书册故题》，《驾海朝天录》，韩国国立中央图书馆藏，第10页。

② 《新增东国舆地胜览》，《平安道铁山郡》。

③ 有1623年奏闻使书状官李民宬的诗、1625年圣节使正使全湜的诗、1632年奏请使副使李安讷的诗等。1626年圣节谢恩陈奏使正使金尚宪和书状官金地粹在车牛岛遇台风停留三日，写下诗和祭文。

④ 安璥：《六月初二日（长山岛）》二首中的第二首，《驾海朝天录》，韩国国立中央图书馆藏，第13页。

去。即将到达长山岛时，风浪突起，波涛汹涌，无法继续行驶，只能停靠。等待风浪平息，直到夜里才摇着桨出航。那几天，安璥不断经历海上的风浪，作了这首诗。

回头看看所经过岛屿的名称，有多处为“獐”或“鹿”字。不料，岛屿周围的海域与其温顺的名称相悖，时常掀起大浪。安璥用凶猛的鲸比作大海，感叹岛屿名称与巨大的海浪不相符。远远望去，云海相接，仿佛通过这条海路就能到达天上。这让人想起了汉朝时，有人在海边乘坐木筏到达了银河，见到了牛郎和织女的故事。① 晚上，风浪渐渐平息，船工开始“嘿呀咿呀”地喊着，齐心协力摇着桨，唱着欸乃歌（船歌），兴致盎然。但晚上风浪又起，人们无法入睡。即使众人知道第二天一早就要出发，却也无可奈何。

平生第一次接触到远海的安璥，重新认识了岛屿的名称和海上的景物，陌生的海域给了他新鲜的灵感和丰富的素材，带他达到崭新的诗境。

（二）使臣使命感的体现

安璥在出使过程中，始终没有忘记对君主的忠诚和作为使臣的使命，这在艰险的海路上显得尤为珍贵。以下是安璥在朝鲜清川江河口写的《秃浦洋中》。

> 远峀看逾小，沧溟去益深。天空飞鸟没，日落暝云沉。刳木初通路，承筐欲献琛。孤舟如许重，一片载丹心。②

从安州出发行驶十余里，能看见横寺，再行十余里能看见秃伊浦。随着离陆地越来越远，陆地上的山峰变得越来越小，海水也变得越来越深，海鸥都飞不到这里来。正好太阳落山，天空乌云密布，四方黑沉沉的。此时，安璥开始思考自己为什么在这里。朝廷在两百年后重新开启海路使行，带了一箩筐一箩筐的贡品货物，祭拜了海神。此次出行之所以重要，是要执行君主下达的命令。正是因为对君主的一片丹心，安璥才在这片海上。

---

① （晋）张华：《博物志》卷3，“传说古时天河与海相通，汉代曾有人从海渚乘槎到天河，遇见牛郎织女”。

② 安璥：《秃浦洋中》，《驾海朝天录》，韩国国立中央图书馆藏，第6页。

此处体现了使臣奉君主命令出使的衷心。以下是《朴达串岩上叙怀》，描写当晚风浪大作。

> 谁能超大海，直欲到中原。瘴雾晴犹湿，腥风昼亦昏。帆飞随鸟举，船跃避鲸吞。愿及朝天早，生还报国恩。①

出发已有一周。旅程缓慢，有时一天走十里，有时一天走五里，因此还没到达铁山海域。旅程比想象中要慢，安璥心中郁闷，“谁能超大海，直欲到中原”，表达了他想要早日离开水路的心情。当时由于是夏季，即使瘴气消散，也会留下黏糊糊的盐分，还要昼夜不停地闻充满腥味的海风。船帆不断在风中飘扬，船随着波浪起起伏伏。无论从触觉、嗅觉、视觉、听觉哪方面来看，船上的生活都并不愉快。安璥想要尽快到达北京进行朝拜，回国向君主复命。

与刚出发时不同，船上的生活越发枯燥无趣，安璥也开始感到厌倦。他只能想着君主授予的使臣任务，努力克服这些困难。然而此时，惊涛骇浪却扑向了他们的船只。

> 因顺风早发终日行船。暮时风势渐恶，杨使之船，最任前头，挥旌入一浦口。是乃旅顺也。……诸船皆泊于此。夜半，狂风大作，雨注浪覆。浦口甚狭，船皆相击，尽为沉败，人死者甚多。刘使漂水，仅赖水汉之拯。赤脱登岸，泥涂满身。陈慰谢恩诸使臣及其余两行员役，亦皆仅以身脱相携登岸，船遂覆。②

早上顺风航行，晚上因为风势渐大，众人在明使臣杨道寅的带领下进入了旅顺的一个浦口。但浦口太过狭窄，船只能相互挨着度过夜晚。然而，深夜时暴风袭来，船只相撞。许多船受损，不断有人死去。安璥描写了明朝使臣刘鸿训艰难脱险的情形，叙述了当时的危急状况。

与风浪的搏斗一直持续到第二天。根据谢恩使崔应虚上报的奏折所说，

---

① 安璥：《朴达串岩上叙怀》，《驾海朝天录》，韩国国立中央图书馆藏，第9页。

② 安璥：《六月初四日（旅顺口）》，《驾海朝天录》，韩国国立中央图书馆藏，第15页。

刘使臣的船和崔应虚的船、陈慰使坐的船、装有明朝使臣行李的船等9艘船沉没，多人死亡。[①] 安璥写道："败舟者，浮尸相杂，弥漫于水。攀舷号哭，冒死争登。苍黄急遽之际，才运方物，仅八九只。"[②] 鉴于出发时总共有22艘船，此次风浪的破坏程度可见一斑。

另一方面，陆地上的后金势力与假鞑靼人形成了很大的威胁。这对在海上与风浪搏斗的使团而言是很大的负担。因此众人在浦口没有充分休息和整顿，就重新起航了。雪上加霜的是，自那天起海上大雾弥漫，风雨雷电交加，为寻求生路，船只各自分散，有的迷了路，有的在旅顺和黄城岛之间漂流了十天。

在漂流的第七天，安璥一行受暴风影响，向旅顺方向返航，停靠在一座岛上，当时船和桨全都破损了。船工对安璥说，想修好船回到朝鲜向君主领罪，埋在故乡的土地上。安璥擦着眼泪说道："受命出疆，复命何辞。况我国既远，而登州入望，庶几竭诚，神必扶持。"[③] 说罢，又朝着登州出航。漂流期间没有留下诗的记录。

六月十六日，安璥重新开始作诗。当天他们在雾中淋了雨，傍晚时分有两三只海鸥开始飞行，随之很快就看见了远处的岛。安璥写下了当时的感想："等之十余日漂流，苦望黄城者是耶。今日再生，莫非天也。"并立船上，挥泪四拜。[④] 在岛上停靠后，才脱了衣服睡了个安稳觉。安璥当天作诗如下：

> 不识登莱路，谁分岛屿名。雾穿微雨霁，天漏落霞明。海燕迎樯语，沙鸥近楫惊。扁舟今始泊，几日到皇京。[⑤]

由于和其他船只相隔较远，通往山东省登州或莱州的路并不明确。只能推测前面船只的航行路线，在雾中穿行。大雾渐渐消散，雨也停了，天空照着明亮的霞光。最终安璥一行停靠在岛上，战胜了风浪。虽然安璥为自己的

---

① 《光海君日记》，光海君十三年（1621年）六月二十五日。"天使到旅顺口，夜半狂风大作，刘天使所乘船，臣所乘船陈慰使所乘船，两天使卜物所载船唐船，并九只败没。刘天使仅以身免，唐人溺水，死者不知其数。臣亦仅仅浮出，表奏咨文，拯出水中，方物太半漂失。"

② 安璥：《六月初四日（旅顺口）》，《驾海朝天录》，韩国国立中央图书馆藏，第16页。

③ 安璥：《六月十三日》，《驾海朝天录》，韩国国立中央图书馆藏，第25页。

④ 安璥：《六月十六日》，《驾海朝天录》，韩国国立中央图书馆藏，第28页。

⑤ 安璥：《黄城雾中》，《驾海朝天录》，韩国国立中央图书馆藏，第29页。

九死一生感到无比高兴，但这也只是暂时的，想到君主委派的使臣任务，他又开始为前往北京的路途感到担忧。

安璥的诗体现了其在危险关头，却始终不忘作为使臣的使命。安璥从北京回来，正要从登州回国时，那里的官员以风浪大作为由劝他们将出航延期至春天，但安璥以受王命为由，认为不能停留过久而强行要求出航。这也体现了安璥的忠诚和使臣的使命感是多么的弥足珍贵。

结 论

安璥的《驾海朝天录》是韩国现存最早的海路使行记录。由于海路使行隔了两百年重新开启，出发时安璥一行有很大的心理负担。他每天在船上把当天发生的事详细记录下来，用诗来抒发当时的情感。本文以安璥的日记为背景，分析了安璥诗中的海洋形象。诗含有其他体裁无法传达的内心共鸣，能够深入了解朝鲜文人对海洋的理解。

对于那些长期生活在内陆的人们来说，大海是一个陌生的空间。无法预测天气，只能依赖风向行驶的使行团也对海洋抱有一种莫名的恐惧。海路使行途中遇到的海上新景象赋予了安璥许多灵感和诗境。他通过作诗，生动地描述了海上的巨浪、陌生的风景和身临其中的情感。

安璥笔下的海洋，异常险峻，时刻发生翻船丧命的危险。然而，安璥时刻不忘自己是受王命前往明朝的使臣，面对艰难险阻，他坚守着对君主的忠贞。路程的艰辛更是凸显了受命使臣的忠诚和使命感。可以看出，安璥笔下的海洋区别于当代人的物理视角，需要从朝鲜当时的人文视角切入，分析当时文人对海洋的认知。

The Ocean Imagery of An Gyeong's *Gahaejocheonrok*

Pei Zhongshuo

Abstract In the 17th century, An Gyeong (安璥, 1564 -1640) was sent on a diplomatic mission to the Ming Dynasty by sea between the Ming and the

Qing Dynasties. He was the first man who went to the Ming Dynasty by sea after an interval of 200 years. An Gyeong kept a record of the trip from the day of departure to the day when he returned to Korea, which is "*Gahaejocheonrok*". It consists of two parts, one is the incidents and details, the other is the poems that recorded the feelings of what he experienced. These characteristics are the views of the ocean recognized by Korean Confucians. When we read these poems carefully, we can appreciate the spirit beyond life and death in the storm of the sea, the beautiful ocean view, and the sense of mission that bears the king's order. In the era of globalization, the ocean plays a more and more important role, hence an interpretation of humanities is required now. At this time, the past view of the ocean may also become part of the humanities cognition.

Keywords An Gyeong; *Gahaejocheonrok*; Diplomatic Sea; Ocean Imagery

李东辉共产派与韩国临时政府的兴衰（1918～1923）

邵　雍

【内容提要】韩国临时政府总理李东辉的事业起点是1918年6月在哈巴罗夫斯克（伯力）参与建立韩人社会党，该党后来与共产国际取得了直接联系，并得到了后者的巨额资助。哈巴罗夫斯克（伯力）与符拉迪沃斯托克（海参崴）对遥远的上海有着直接的巨大的影响。但在韩国临时政府初期起主导作用的李东辉共产派并不受设在伊尔库茨克的俄共（布）中央西伯利亚局东方民族处的待见。1921年5月，李东辉在上海改组韩人社会党，成立高丽共产党。与此同时，伊尔库茨克也成立了由朝鲜共产党改组而来的高丽共产党。双方在朝鲜国内均有支部。1922年共产国际主导促进两派联合失败后对韩国临时政府不再感兴趣，即使次年夏上海共产派实际控制了临时政府后还是未予认可。在朝鲜国内，1923年后伊尔库茨克派高丽共产党也取代了上海派，掌握了社会主义运动的主导权。李东辉的上海派在国内外均遭受致命的打击，连带影响到它所参与的韩国独立运动遭到重大挫折。

【关键词】李东辉　韩国临时政府　伊尔库茨克

【作者简介】邵雍，上海师范大学人文学院教授、博士生导师。

2019年是韩国临时政府成立100周年，学术界关于韩国临时政府的论著已有不少，但是尚无专文探讨苏俄、共产国际与韩国临时政府的关系，近年来涉及这一领域的相关论文有权赫秀《关于朝鲜共产主义者支持中国共产党创建工作的若干史实》（《朝鲜·韩国历史研究》第14辑，延边大学出版社，2013）、〔韩〕裴京汉《国民革命与东亚“反帝地带”——以韩国志士吕运亨的在华活动为中心》（《近代史研究》2015年第4期）、李丹阳《“慷慨悲歌唱大同”——关于中华民国时期的大同党》（《晋阳学刊》2019年第2期）等。笔者在这些研究的基础上，参照相关的俄罗斯与日本的档案材料，以李东辉共产派为主线，探讨其与韩国临时政府兴衰的关系，彰显苏俄、共产国际对韩国独立运动的支持与帮助，深化对东亚近代史的研究。

一

1919年夏，无产阶级革命导师列宁鉴于欧洲社会主义革命连遭失败，转而把目光转向东方，希望在殖民地半殖民地掀起反帝革命。包括朝鲜在内东方各国的民族主义者为了追求民族独立也迫切期待来自苏俄、共产国际的支持与帮助。韩国独立运动要人吕运亨说：“我之所以参加共产主义运动并不是为了阶级与党派，而纯粹是为了民族的独立与幸福。”① 参加共产国际二大的朴镇淳也深知，“有许多分子只是为民族政治解放的目的而加入我们国际主义者队伍的。我们要在反对世界资本主义、争取全世界社会革命胜利的斗争中利用他们的革命热情”。② 1921年8月，日本内务省警保局外事课长、内务书记官大塚谈到在上海的过激派朝鲜人时说：“光这些朝鲜人搞朝鲜独立运动，是成不了事的，今日世界大势，是高举共产主义大旗，通过世界运动来图谋成功。一方面同中国人搞在一起，为此，成立了联系中国人的机关中韩亲友会，掀起了把中国人朝鲜人捆在一起的运动。从共产主义的立场来说，有共产主义者的联系一事。姚作宾、陈独秀、梁启超等与在上海的中国共产党的年轻实力派联手，其机关为《东亚之青年》与《震坛》两报，与俄国的关系处于必须注意的状态。”③ 日本官方认为在朝鲜人中富有声望

① 梦阳吕运亨先生全集发刊委员会编《梦阳吕运亨全集》第一卷，汉城，1991，第443页。转引自裴京汉《国民革命与东亚“反帝地带”——以韩国志士吕运亨的在华活动为中心》，《近代史研究》2015年第4期。

② 转引自李丹阳《“慷慨悲歌唱大同”——关于中华民国时期的大同党》，《晋阳学刊》2019年第2期，第52页。

③ 中共一大会址纪念馆编《中共建党前后革命活动留日档案选编》，上海人民出版社，2018，第221页。

的李东辉，属武断派。“李东辉认为，用温和的手段是达不成朝鲜独立的，朝鲜独立只有靠武断主义……要得到独立的机会，只有使日本跟中国打、跟美国打、跟俄国打，除此以外别无他法。他的思想是一旦日中、日美、日俄之间爆发了战争，他们临时政府和韩民族要步调一致行动起来，趁日本忙于战争之时，从北方的间岛方向进入朝鲜的北部，不管是平安北道还是咸镜北道，如能坚守该地三个月，世界各国必承认我为交战团体，这样的话，朝鲜独立势必能达成。但是，日美战日中战事实上并非如此容易，过激派政府与俄国握手；煽动俄国用日本最讨厌的赤化主义支配日本，则日俄间必定爆发战争，如得到俄国的援助，则朝鲜就能达成独立，故而努力与俄国捆绑。……李东辉与派遣的朴镇顺（朴镇淳——引者注）一起，组织了共产党，以此来捆绑俄国。”[①] 张国焘后来回忆说，1919 年 12 月至 1920 年 4 月初他在上海时，韩国临时政府要员金奎植和吕运亨“曾向我表示他们能与莫斯科打通关系，准备和俄国的布尔什维克联络起来，推翻日本在朝鲜的统治；中华全国工业联合协会的黄介民要组织一个大同党，主张联络中国一切的社会主义者，与朝鲜的革命派合作并沟通俄国的关系”。[②]

1919 年七八月间，韩人社会党朴镇淳一行到达莫斯科与共产国际取得联系。韩人社会党是在俄共（布）远东组织的帮助下，1918 年 6 月在哈巴罗夫斯克（伯力）成立的一个具有共产主义倾向的社会团体。1919 年 8 月朴镇淳奉命离开莫斯科来华，11 月上旬到上海进行革命活动，[③] 不满半个月朴镇淳即返回莫斯科。

1920 年 4 月俄共（布）中央委员会远东局[④]符拉迪沃斯托克（海参崴）分局外国处将吴廷康从当地派往中国，同中国的革命组织建立联系。同行的有“两名助手季托夫同志（毕业于东方学院）和谢列布里亚科夫同志（著

① 中共一大会址纪念馆编《中共建党前后革命活动留日档案选编》，上海人民出版社，2018，第 222 ~ 223 页。

② 张国焘：《我的回忆》第一册，东方出版社，1998，第 82 页。

③ 有人认为朴镇淳此行是帮助中国建立共产党组织，这是刚成立不久的共产国际帮助中国建立共产党的最初努力，但证据不足［权赫秀：《关于朝鲜共产主义者支持中国共产党创建工作的若干史实》，《朝鲜・韩国历史研究》（第 14 辑），延边大学出版社，2013，第 262 ~ 263 页］。

④ 1919 年 3 月 20 ~ 21 日，在鄂木斯克召开的俄共（布）西伯利亚代表大会决定，“远东建立西伯利亚区委情报宣传局”，“与东方和美国的共产党人建立联系，组织交换情报工作，进行口头和书面宣传”等。参见中国社会科学院现代史研究室等选编《一大前后》（三），人民出版社，1984，第 153 页。

名的朝鲜社会活动家）。三人都是共产党员”。[1] 据张国焘回忆，1920 年夏当他知道斯基（即吴廷康）被共产国际派到中国的同时，还听说“一位姓金的朝鲜人也被共产国际派来。……金在上海与朝鲜临时政府中的人联系，也与组织了短命的乌托邦政党的黄介民联系”，金声称自己带来 40 万金卢布以便在远东各国组织共产党。[2]

5 月，在吴廷康等筹备下共产国际东亚书记处于上海建立，由苏俄外交人民委员会远东事务全权代表维连斯基·西比利亚科夫担任执行局主席。它是苏俄在远东统一领导与协调中国、朝鲜、日本共产主义运动的机构。东亚书记处下设三个科，即中国科、朝鲜科和日本科。“东亚书记处把很大注意力放到了报刊宣传工作上”，在符拉迪沃斯托克（海参崴）、哈尔滨、北京和上海建立了出版中心。[3]

为了同共产国际取得联系，朝鲜天道教非常革命最高委员会外务委员长崔东曦前往符拉迪沃斯托克（海参崴），积极要求给朝鲜的独立运动以支持和必要的援助，并指出，“贫贱民众的忠仆天道教”和“工人阶级的先锋共产国际”之间的密切联系将完全保证东方革命的成功。“崔东曦甚至致函当时的苏联外交人民委员契切林，请求两年内提供可以装备十五个混合旅的枪炮、弹药、炸药、骑兵装备和运输工具，以组建高丽国民革命军。……然而，苏联和共产国际没有答应天道教革新势力的这一要求。”[4]

1920 年 12 月 21 日，位于伊尔库茨克的俄共（布）中央西伯利亚局东方民族处高度评价吴廷康在中国上海的工作，认为“这就为我们在远东国家开展有步骤的组织工作奠定了基础”。[5] 但东方民族处对远东局克拉斯诺

---

① 中共中央党史研究室第一研究部译《联共（布）、共产国际与中国国民革命运动（1920～1925）》，北京图书馆出版社，1997，第 50 页。又据中共中央党史研究室第一研究部译《联共（布）、共产国际与中国国民革命运动（1926～1927）》（下）（北京图书馆出版社，1998，第 569 页）的人名索引，谢列布里亚科夫原姓基姆，1920～1926 年（断续）在上海做地下工作。基姆快速连读的发音就是“金”。

② 转引自李丹阳《“慷慨悲歌唱大同”——关于中华民国时期的大同党》，《晋阳学刊》2019 年第 2 期，第 49 页。

③ 中共中央党史研究室第一研究部译《联共（布）、共产国际与中国国民革命运动（1920～1925）》，北京图书馆出版社，1997，第 39～40 页。

④ 金日成：《金日成回忆录》第 3、4 册，郑万兴译，中国社会科学出版社，1995，第 75～76 页。

⑤ 中共中央党史研究室第一研究部译《联共（布）、共产国际与中国国民革命运动（1920～1925）》，北京图书馆出版社，1997，第 50 页。

晓科夫安插的人、朴镇淳的工作人员朝鲜人朴爱“不断进行反对东方民族处和朝鲜共产主义组织中央的活动，以苏俄如何之可怕吓唬前来的朝鲜代表，劝阻他们不要去伊尔库茨克，等等”，① 向共产国际执委会表示强烈不满，并认为去中国打算召开朝鲜社会党代表大会的共产国际代表朴镇淳，“由于在上海没有大量朝鲜群众，这次会议无非是朴个人对他本人所熟悉的朝鲜知识分子的挑选”。②

1921 年 1 月，共产国际执行委员会远东书记处在俄共（布）中央西伯利亚局东方民族处的基础上成立，驻地仍在伊尔库茨克。

由此可见，无论哈巴罗夫斯克（伯力）还是符拉迪沃斯托克（海参崴），都是苏俄在西伯利亚传播共产主义的重镇，对遥远的中国上海有着直接的巨大的影响。这两个城市正是上海韩国临时政府的发源地。

二

后来成为早期韩国临时政府重要人物的李东辉在流亡俄西伯利亚时与俄共（布）远东组织接上了关系。早在 1907 年 4 月，李东辉就与安昌浩、李东宁、柳东说、卢伯麟、金九、李始荣等人秘密发起成立新民会。1918 年 6 月 26 日，韩人社会党在俄共（布）远东组织的帮助下于哈巴罗夫斯克（伯力）成立，反日义兵领袖李东辉被选为委员长，朴镇淳当选书记部长。③ 该党宣言是由后来担任上海韩国临时政府军事部副部长的朝鲜同志于同年 4 月 30 日起草的。④ 除了朴镇淳后来成为共产国际执行委员会和外交人民委员部工作人员（1919～1920）外，朴爱还是朝鲜社会党驻共产国际

---

① 朴爱，1919～1920 年任朝鲜社会党驻共产国际执行委员会代表，1920～1921 年任俄共（布）中央远东局朝鲜科科长。参见中共中央党史研究室第一研究部译《联共（布）、共产国际与中国国民革命运动（1926～1927）》（下），北京图书馆出版社，1998，第 553 页。这样一个在共产国际有一定身份的人，当年是否真的说过上述这些话，有待查证。

② 中共中央党史研究室第一研究部译《联共（布）、共产国际与中国国民革命运动（1920～1925）》，北京图书馆出版社，1997，第 55～56 页。

③ 权赫秀：《关于朝鲜共产主义者支持中国共产党创建工作的若干史实》，《朝鲜·韩国历史研究》第 14 辑，延边大学出版社，2013，第 261 页。

④ 《维经斯基给某人的信》（1920 年 6 月），中共中央党史研究室第一研究部译《联共（布）、共产国际与中国国民革命运动（1920～1925）》，北京图书馆出版社，1997，第 30 页。

执委会代表。[①]

1919 年朝鲜“三一”运动后，韩国民族中央总会于 3 月 27 日在俄国符拉迪沃斯托克（海参崴）宣布成立大韩国民议会政府。推举孙秉熙为总统、朴泳孝为副总统、李承晚为国务总理、尹显振为度支总长、李东辉为军务总长、安昌浩为内务总长、南亨佑为产业总长、柳东说为参谋部部长、金奎植为讲和大使。经过大韩国民议会宣战部（相当于军务部）部长李东宁与李会荣、李始荣等民族志士的努力，在中国东北地区设立了可以培养独立军干部的“新兴武官学校”。[②]“三一”运动后，这一带已组织成立有四五十个独立军武装部队。另有材料说，李东辉在延边等地传播《共产党宣言》等；[③] 翻译“出版《共产》《新生活》《曙光》《东方共产新闻》等朝文报刊小册子，朝文版《俄罗斯共产党政纲》《我们无产阶级前进的方向》等”。[④]

4 月 10 日，在上海法租界举行的韩国临时议政院会议，由议长李东宁主持，决定成立“大韩民国临时政府”，推举李承晚为国务总理、赵素昂为国务院秘书、崔在彤为财务总长、安昌浩为内务总长、金奎植为外务总长、李始荣为法务总长、李东辉为军务总长。

4 月 23 日，由韩国 13 道的 24 名代表组成的国民议会在汉城宣布“韩国临时政府”成立，推举李承晚为执政官总裁、李东辉为国务总理总裁、朴容万为外务总长、卢伯麟为军务总长、李始荣为财务总长、申圭植为法务总长、金奎植为学务总长、文昌范为交通总长、安昌浩为劳动总长、柳东说为参谋总长。

由此可见，在另外两个临时政府中也都有李东辉的名字，职位分别为军务总长和国务总理总裁。因此在 1919 年 8 月 18 日召开的韩国临时议政院第 6 次会议上，安昌浩提出将政府的形态改为总理制的临时宪法修正案，同时还吸纳了以汉城政府国务总理而声名鹊起的李东辉。不仅如此，为了使大韩

① 中共中央党史研究室第一研究部译《联共（布）、共产国际与中国国民革命运动（1926～1927）》（下），北京图书馆出版社，1998，第 553 页；中共中央党史研究室第一研究部编《共产国际有关中国革命的文献资料 1919～1928》，中国社会科学出版社，1981，第 46 页。

② 韩国独立运动史研究所编《韩国独立运动的历史》，韩国独立纪念馆，2013，第 144 页。

③ 吉林省委党史研究室编《中国共产党吉林历史》第一卷，吉林人民出版社，2005，第 28 页。

④ 《中国共产党海林历史》第一卷，内部刊行，2013，第 12 页。

国民议会参与联合政府，还向俄沿海州派遣了代表。9 月 17 日组成的第二届韩国临时政府兼顾了三个政府原有的人选，实现三个政府的统一。新政府的主要成员如下：大统领李承晚、国务总理李东辉、内务总长李东宁、军务总长卢伯麟、法务总长申圭植、交通总长文昌范、外务总长朴容万、财务总长李始荣、学务总长金奎植、劳动总长安昌浩。①

不过当大韩国民议会的李东辉和文昌范到达上海时发现临时议政院并没有解散而只是按照汉城政府的组织改造了内阁，马上提出异议，与临时政府展开论争。文昌范拒绝就任交通总长，返回符拉迪沃斯托克（海参崴）。11 月 3 日，经历了艰难曲折的历程，最终李东辉就任临时政府国务总理。这是一个左右合作的联合政府。② 在上海活动的一批韩国独立运动领袖赵琬九、申采浩、赵东祜、安秉瓒等加入了韩人社会党，由此李东辉势力大增，在临时政府内部占据上风。

1920 年 6 月吴廷康在上海向上级汇报时写道：

> 对朝鲜临时政府的评价是：总的来说，它不是社会主义的政府，但一半以上阁员（9 人中有 5 人）是共产党员。部长会议中的共产党党团占据以下职位：
>
> 1. 总理
>
> 2. 部长会议事务长
>
> 3. 军事部副部长（此人被我们派到东京去了）
>
> 4.5. 两名阁员
>
> ……同朝鲜的所有革命团体保持着密切的联系。很快就要派人去朝鲜把革命团体联合在一起，制订出总的策略。③

1920 年初，李东辉先后派遣韩人社会党代表朴镇淳和临时政府代表韩馨权赴莫斯科，向苏俄政府和共产国际请求经济资助。7～8 月，韩人社会

① 韩国国家报勋处等编《韩国独立运动史》，黑龙江人民出版社，1994，第 95～101 页。

② 参见韩国独立运动史研究所编《韩国独立运动的历史》，韩国独立纪念馆，2013，第 136～137 页。

③ 中共中央党史研究室第一研究部译《联共（布）、共产国际与中国国民革命运动（1920～1925）》，北京图书馆出版社，1997，第 30 页。

党朴镇淳出席共产国际第二次代表大会，共产国际执行委员会给了该党60万卢布的活动经费。《金日成回忆录》透露，李承晚“也曾支持过苏维埃俄国……曾到莫斯科去要求给于巨额的财政援助，遭到了拒绝。从此，他背离苏联和共产国际，倒向了彻底亲美的一边”。[①]

在1920年12月临时政府大统领李承晚抵达上海之前，韩国临时政府中主要是李东辉派与安昌浩派在主持大局。临时政府成立后派遣李裕弼等人前往中国东三省谋求与独立军联合作战。为了统一指挥东三省的独立军团体并通过他们开展独立战争，临时政府军务部一度计划转移到该地区，然而从全局的观点出发并考虑到财政上的困难，只在东三省设立了军务部支部以便就近指挥，而上海总部则对该地区进行宏观调控。[②]

在政治宣传方面，1920年10月31日申圭植在上海创办《震坛》周刊，韩国独立运动的领导人李东辉、安昌浩、李东宁、李始荣、赵琬九纷纷题词、题诗或撰写祝贺文章。与申圭植隔墙而居的陈独秀称该刊为“东亚之光”，江亢虎的祝词是“震旦出友，坛坫出光”。[③]

在韩国临时政府中，李承晚等完全依赖欧美外交支持，李东辉等主张武装斗争和争取苏俄支持。李承晚的外交独立论、安昌浩的独立战争准备论（培养实力论）与以李东辉的独立战争论为代表的路线相对立和矛盾，随着1920年12月李承晚为履行总统职务到达上海之后矛盾进一步激化。[④]1921年春李承晚大幅调整了临时政府内阁，5月11日免去了安昌浩劳动总长的职务。同月，李承晚以参加太平洋会议为由再次远走美国，从此一去不复返。

1921年8月来自日本官方的情报说，“朝鲜临时政府在大正八年（1919）的万岁骚动之后的四月推举了李承晚为首任总理，存续到第二年五月，改执政官制度，武断派的领袖李东辉当了首领，六月，又改为总统制，李承晚当了总统，任命了各省大臣，直至今日。事实上做事的为国务总理兼外务司法的申奎植、内务总长李东宁、财务李始荣，此三人事实上撑起了临

① 金日成：《金日成回忆录》第3、4册，郑万兴译，中国社会科学出版社，1995，第76页。

② 转引自李炫熙《大韩民国临时政府的武装复国运动》，《韩国独立运动血史新论》，上海人民出版社，1996，第217页。

③ 《震坛》第1～11、12～15期，上海图书馆藏。

④ 韩国独立运动史研究所编《韩国独立运动的历史》，韩国独立纪念馆，2013，第141页。

时政府的牌子。此外还有军务总长卢伯麟、交通总长孙贞道”。[①]

1922 年 1 月国务总理李东辉因与苏俄借款（即前述共产国际提供的 60 万卢布的经费）问题相牵连，不得不辞职，远走俄领。

三

20 世纪 20 年代初期，掌握朝鲜国内社会主义运动主导权的势力是与曾任韩国临时政府国务总理的李东辉有联系的国内上海派。他们认为当前的革命为民族解放革命阶段，致力于和民族资本主义势力结成统一战线。

1920 年共产国际二大闭幕后，（12 月 21 日之前）“共产国际派代表朴镇淳去中国，他打算在那里召开朝鲜社会党代表大会”。[②]

1921 年 5 月，李东辉、朴镇淳在上海改组韩人社会党，成立高丽共产党。[③] 新入党的吕运亨（新韩青年党总务）、赵东祜与李东辉、金万谦等同为中央委员。赵琬九、申采浩也加入了高丽共产党。据吕运亨回忆，李东辉曾向中国大同党的黄介民提供过两万元资金，[④] 而这笔资金应该出自朴镇淳取自共产国际的那笔巨款。其实李东辉与吕运亨、申圭植、李东宁、李始荣等韩国独立运动人士均为 1920 年 1 月 30 日大同党改组成立会的参与者。

与此同时，高丽共产党在伊尔库茨克成立，其前身就是 1920 年 12 月俄共（布）中央西伯利亚局东方民族处向共产国际执委会报告中所说的“朝鲜共产主义组织中央”，产生于同年 7 月朝鲜共产党[⑤]临时中央局在伊尔库

① 中共一大会址纪念馆编《中共建党前后革命活动留日档案选编》，上海人民出版社，2018，第 221 页。

② 《关于俄共（布）中央西伯利亚局东方民族处的机构和工作问题给共产国际执委会的报告》（1920 年 12 月 21 日），中共中央党史研究室第一研究部译《联共（布）、共产国际与中国国民革命运动（1920～1925）》，北京图书馆出版社，1997，第 56 页。

③ 中共一大会址纪念馆编《中共首次亮相国际政治舞台（档案资料集）》，上海人民出版社，2016，第 143 页。

④ 金俊烨、金昌顺：《韩国共产主义运动史》第一卷，汉城：清溪研究所，1986，第 230 页。转引自权赫秀《关于朝鲜共产主义者支持中国共产党创建工作的若干史实》，《朝鲜・韩国历史研究》（第 14 辑），延边大学出版社，2013，第 266 页。

⑤ 中共中央党史研究室第一研究部译《联共（布）、共产国际与中国国民革命运动（1926～1927）》（下）（北京图书馆出版社，1998，第 553 页）的人名索引说，朴镇淳 1921～1922 年任朝鲜共产党中央书记，1922～1925 年在莫斯科大学学习。

茨克召开的全俄朝鲜共产主义组织代表大会。[①] 伊尔库茨克派在朝鲜国内也有支部。

1921年6月，共产国际执委会委员朴镇淳、李东辉与“中国学生”姚作宾一起离开上海，乘船经法国前往莫斯科。7月上旬，马林向共产国际远东书记处报告此事，并说：“如果没有其他障碍，他们会于8月底9月初到达。”[②] 不过马林认为“与朴同路赴莫斯科的那个学生也是无政府主义者，与中国共产主义者没有任何关系”。[③] 根据日本官方同年9月的情报，李东辉派私吞劳农政府经费，被陈独秀派及上海的共产主义者向莫斯科举报，“劳农政府即以吕运亨一派代替了李东辉”，派使者到上海后不久于7月13日“搬到吕运亨的办事处，转交了三十五万元给吕。……李东辉因失去了劳农政府的信任，六月十八日离开上海去了法国，目的是去辩解，要求恢复关系，发给宣传资金。吕一派坚信他们是徒劳的”。[④] 朴镇淳、李东辉等人从上海启程绕道西欧前往莫斯科，他们抵达时，共产国际三大已经闭幕。

不过，1921年11月28日列宁应约在莫斯科接见了据说是来参加共产国际执行委员会会议的朝鲜共产党人代表团成员李东辉、朴正顺（音译，应为朴镇淳——引者注）、洪都（音译）和阿法纳西·金。[⑤] 列宁在会见时说，他“丝毫不了解远东的情形”，要对方详细谈谈朝鲜及邻邦的形势。在专注地听了朝鲜三月失败的原因后，列宁表示，“我们生活在文明中心，而你们被迫上深山钻老林，躲避帝国主义者的迫害。应当组织对你们的国际援助”。列宁关心朝鲜共产党的状况及其成员的数量和质量，要求对方“把你们的斗争写出来。我们再从俄文译成欧洲各国文字。让全世界都知道远东的革命事件”。[⑥]

---

① 中共中央党史研究室第一研究部译《联共（布）、共产国际与中国国民革命运动（1920～1925）》，北京图书馆出版社，1997，第51、55页。

② 中共一大会址纪念馆编《中共首次亮相国际政治舞台（档案资料集）》，上海人民出版社，2016，第143页。该书将李东辉误写为“李道格”并加了（?）。

③ 中共一大会址纪念馆编《中共首次亮相国际政治舞台（档案资料集）》，上海人民出版社，2016，第144页。

④ 《中国过激派近况第6号》（1921年9月），中共一大会址纪念馆编《中共建党前后革命活动留日档案选编》，上海人民出版社，2018，第230页。

⑤ 侯焕闳译《回忆列宁》第五卷，人民出版社，1982，第492页。

⑥ 阿法纳西·金：《我们同伊里奇的会晤》，侯焕闳译《回忆列宁》第五卷，人民出版社，1982，第493～494页。

四

1921年11月12日至1922年2月6日，美国、日本、英国、意大利和中国等9个国家的代表团聚集华盛顿，签订了一系列协定，从而确立了华盛顿体系的框架。在华盛顿会议期间，李承晚的外交独立论遭到惨败，“传说临时政府也提议派全权大使，其人选为经历过巴黎凡尔赛会议的金奎植、吕运亨这两个会英文法文的作为本次太平洋会议的全权委员”，① 但最终连提交韩国问题为会议正式议题这一目标都没能实现。

相反，共产国际为了抵制华盛顿会议，于1922年1月在莫斯科召开远东人民代表大会，给了韩国独立运动以道义上的坚决支持。远东人民代表大会认为“共产主义活动家应支持民族运动即独立运动”，“临时政府有必要进行改组（改组为共产主义活动家可以合作的组织）”。② 参加大会的韩国代表达52名，超过了全体与会的144名代表的1/3。③ 韩国临时政府成员、著名牧师玄楯以朝鲜耶稣教代表会议的名义出席这次大会，在俄国共产党高丽部制定的调查表上，玄楯注明自己同在上海的朝鲜共产党有关系，还曾于1919年9月到苏俄停留过三个星期。他在调查表的“目的和希望”一栏里，亲笔注明“目的是争取朝鲜独立，希望是实行共产主义”。④ 吕运亨也参加了这次大会。

不过，高丽共产党分裂为以李东辉为首的上海派和以金万谦为首的伊尔库茨克派，对韩国独立运动的开展带来了极为不利的影响。1922年在共产国际主导下，促进两派的联合宣告失败。共产国际对韩国临时政府也开始心灰意冷，不再起劲。

在韩国独立运动内部，上海派高丽共产党将民族革命作为优先目标，支持改造派的立场，主张对现有临时政府进行改造。伊尔库茨克派高丽共产党

---

① 转引自中共一大会址纪念馆编《中共建党前后革命活动留日档案选编》，上海人民出版社，2018，第222页。

② 梦阳吕运亨全集发刊委员会编《梦阳吕运亨全集》第一卷，汉城，1991，第563～564页。转引自裴京汉《国民革命与东亚地区的“反帝地带”——以韩国志士吕运亨的在华活动为中心》，《近代史研究》2015年第4期。

③ 韩国独立运动史研究所编《韩国独立运动的历史》，韩国独立纪念馆，2013，第161页。

④ 金日成：《金日成回忆录》第3、4册，郑万兴译，中国社会科学出版社，1995，第74～75页。

站在反对临时政府的立场，参与了创造派的活动，否认临时政府、主张建立新的最高机关。1923 年 1 月 31 日国民代表会议在上海召开时，改造派与创造派争论不休。5 月 15 日议长金东三辞职，第二天 57 名改造派代表集体退出会议，剩下的 39 名创造派代表于 6 月 7 日召开了最后一次会议，通过了新制定的宪法，在组织了由国民委员和国务委员组成的委员制政府后于 8 月离开上海前往符拉迪沃斯托克（海参崴）。但是苏联方面将他们驱逐出境，结果这一政府便告瓦解。①

在经历了 1923 年的物产奖励论争后，与共产国际、伊尔库茨克派高丽共产党保持密切关系的新出现的社会主义小组取代了上海派，掌握了社会主义运动的主导权。②

总之，1923 年李东辉一派在国内外均受到致命的打击，连带影响到其所参与的韩国独立运动遭到重大挫折。

Lee Dong-Hwi's Communist Party and the Rise and Fall of Korea's Provisional Government (1918 -1923)

Shao Yong

Abstract The beginning of the career of Korea's provisional government prime minister Lee Dong-Hwi was the establishment of the Korean Socialist Party in Khabarovsk in June 1918. The Party later had direct links with the Communist International and received substantial funding. Khabarovsk and Vladivostok had a huge direct impact on distant Shanghai. But the Lee Dong-Hwi communists, who played a leading role in the early days of the provisional government in Korea, were not well received by the eastern nationalities department of the central Siberian bureau of the Russian Communist Party in Irkutsk. In May 1921, Lee Dong-Hwi reorganized the Korean Socialist Party in Shanghai and established the Korean Communist Party. At the same time, Irkutsk also set up the Korean

① 韩国独立运动史研究所编《韩国独立运动的历史》，韩国独立纪念馆，2013，第 143～144 页。

② 韩国独立运动史研究所编《韩国独立运动的历史》，韩国独立纪念馆，2013，第 168～169 页。

Communist Party from the reorganization of the communist party of Korea. Both sides have branches inside Korea. After the failure of the Communist International to promote the union of the two parties in 1922, the provisional government of Korea was no longer interested, even though the Shanghai Communist Party did not recognize it after it took control of the provisional government the following summer. In Korea, after 1923, the Irkutsk Koryo Communist Party also replaced the Shanghai party and took the dominant position of the socialist movement. Lee Dong-Hwi's Shanghai party suffered a fatal blow both at home and abroad, which also affected the Korean independence movement it participated in.

Keywords Lee Dong-Hwi; Korea's Provisional Government; Irkutsk

湖南与韩国独立运动（1919～1945）*

高　鹏

【内容提要】1919 年“三一运动”被镇压后，大批朝鲜半岛爱国志士流亡中国，在中国国民政府和人民的支持下继续从事反日复国的独立运动。身处中国内陆的湖南，也在 1919 年至 1945 年日本帝国主义败亡投降前接纳了大韩民国临时政府和一些党派团体从事独立运动；同时，湖南本土报纸也对韩国独立运动中的相关事项进行了系统报道。上述既体现出韩国人民不屈不挠的斗争精神，也反映出湘人给予韩国独立事业的大力支持，是中韩两国在民族独立解放事业中并肩战斗的历史见证。

【关键词】韩国独立运动　湖南报界　韩国光复军

【作者简介】高鹏，法学博士，青岛大学政治与公共管理学院副教授。

一　文献综述与研究方法

自 1992 年中国与韩国正式建交以来，两国关系取得了突飞猛进的发展，受此影响，与俄国革命和中国革命并称远东三大革命的韩国独立运动也日益成为中国学术界的研究热点。在台湾学者已经对韩国独立运动进行先期研究之后，

* 本文系 2016 年度湖南省哲学社会科学基金一般项目“湖南的韩国独立运动研究（1919～1945）”（项目编号：16YBA344）的结题成果。

大陆学者也陆续推出了重量级研究成果，[①] 关于韩国独立运动（史）的研究成果日渐丰硕。从结集出版纪念韩国独立运动相关议题的学术会议论文来看，复旦大学韩国研究中心联合国内其他科研机构于1995年举办了“韩国独立运动研究国际学术会议”和“纪念韩国独立光复50周年国际学术会议”，1999年举办了“纪念大韩民国临时政府成立80周年国际学术会议”，2002年举办了“申圭植与中韩关系国际学术会议”，并且于1996年、1999年和2003年在国内外分别结集出版为《韩国独立运动血史新论》、《二十七年血与火的战斗——纪念大韩民国临时政府成立80周年论文集》和《申圭植、闵弼镐与韩中关系》。2006年、2008年和2009年，复旦大学韩国研究中心又分别召开了“金九与中韩关系国际学术研讨会”、“纪念朝鲜义勇队创建70周年国际学术会议”与“纪念大韩民国临时政府创建90周年国际学术会议”。2010年，三次学术会议的会议论文经精选后结集出版为《韩国独立运动研究新探——纪念大韩民国临时政府创建90周年》。[②] 从期刊来看，《近代史研究》、《当代韩国》、《广东社会科学》、《抗日战争史研究》、《同济大学学报》（社会科学版）、《韩国研究论丛》等都刊载过与韩国独立运动相关的论文。[③]

这些论文的研究对象从大韩民国临时政府、党派团体再到个人，研究范

---

① 台湾学者对韩国独立运动研究的集大成之作可参见胡春惠著《韩国独立运动在中国》，“中华民国”史料研究中心，1976。大陆学者的重磅研究成果可参见沐涛、孙科志《大韩民国临时政府在上海》，上海人民出版社，1992；石源华：《韩国独立运动与中国》，上海人民出版社，1995；杨昭全：《大韩民国临时政府史》，吉林省社会科学院，1997。

② 参见石源华等编《韩国独立运动研究新探——纪念大韩民国临时政府创建90周年》，社会科学文献出版社，2010，序言，第3页。

③ 徐矛：《中国国民党与韩国独立运动几问题》，《复旦学报》（社会科学版）1995年第5期，第95～100页；康基柱：《中韩互助社述评》，《近代史研究》1998年第3期，第266～279页；杨天石：《蒋介石与韩国独立运动》，《抗日战争史研究》2000年第4期，第1～26页；崔志鹰：《金九与韩国反日独立运动左翼派别的关系》，《同济大学学报》（社会科学版）2007年第5期，第56～62页；石建国：《论金九与重庆时代的韩国抗日复国独立运动》，《韩国研究论丛》（第十七辑），2007，第222～251页；张金超：《从〈震坛〉看中国革命与韩国独立运动的关系》，《广东社会科学》2009年第4期，第120～126页；黄巧燕：《〈东方战友〉与在桂韩国独立运动者》，《当代韩国》2010年春季号，第58～63页；魏志江：《论韩国独立运动的主要团体、政党在广东的独立活动》，《东疆学刊》2010年第2期，第82～87页；孙科志：《中国共产党与韩国独立运动——以文献为中心》，《东疆学刊》2018年第1期，第8～14页；石建国：《论新韩民主党的创立与韩国独立运动的发展》，《韩国研究论丛》（第二十九辑），第130～142页；王建宏：《韩人社会党与中共成立关系考辨》，《当代韩国》2019年第2期，第14～29页；齐晓峰、〔韩〕尹圣媛：《近二十年韩国学界大韩民国临时政府研究的特点和动向》，《当代韩国》2019年第2期，第43～58页。

围从中国某一地区、城市再到场所，展现出韩国独立运动研究从宏观、中观到微观，从整体、局部到具体的层次性。另外，从既有论文的内容来分析，大韩民国临时政府曾经驻跸过的上海与江浙等地，韩国独立运动的核心人物金九的活动，都得到过系统深入发掘。[①] 相较而言，湖南学界所开展的韩国独立运动研究侧重于较为微观和具体的层面。例如，李永春教授对长沙中韩互助社成立时间、遗址与活动的考证，是对湖南与韩国独立运动关系具体而微的渊薮性研究；郭汉民教授重点考证曾经参与韩国独立运动人士柳子明教授抗战胜利后在湖南教书育人的事迹，对韩国独立运动人物进行微观研究。[②] 从这个角度而言，目前对湖南与韩国独立运动的关系，学界疏于宏观和中观表达，短于框架式研究，研究时间主要集中于20世纪20年代早期或建国以后，仅是表达湖南与韩国独立运动关系命题的前导和余绪。本文则尝试对1919年“三一”运动以来至1945年8月15日日本正式投降这一时间阈值内的湖南与韩国独立运动，从整体上进行框架式研究。在行文安排中，第二部分将叙述发生在湖南的韩国独立运动，第三部分将考察湖南报界所报道的发生在国内外的韩国独立运动，第四部分为结语。

本文在方法上也将着重运用档案文献研究，依靠湖南省图书馆、湘潭市图书馆、湘潭大学图书馆和湘乡市档案馆收藏的长沙《大公报》、《湖南国民日报》、《长沙市民日报》、《抗战日报》、《湖南通俗（日）报》、《湘潭民报》、《湘乡民报》、《力报》、《湖南日报》、《中报》、《中央日报》（湖南

---

① 可参见傅贵九《上海“韩国临时政府”旧址》，《历史教学》2001年第7期，第53页；张欣：《虹口公园爆炸案对大韩民国临时政府的影响》，《石油大学学报》（社会科学版）2003年第2期，第75～78页；石源华：《上海地区韩国独立运动史料述论》，《民国档案》2003年第4期，第128～132页；马长林：《金九在上海期间对韩国独立运动的贡献》，《韩国研究论丛》（第十五辑），2007，第179～186页；谢俊美：《一位韩国独立运动活动家在中国——柳子明与上海立达学园》，《历史教学问题》2009年第3期，第17～20页；吴小珍：《上海地区韩人体育活动——以20世纪20年代韩人留学生为中心》，《当代韩国》2016年第4期，第95～108页；李洪锡：《日本驻上海总领事馆对韩国反日独立运动的镇压》，《韩国研究论丛》（总第三十五辑，2018年第一辑），第109～124页。关于江浙与韩国独立运动关系的论文可参见石建国《背靠中国：大韩民国临时政府迁徙江浙时期外交活动述论》，《当代韩国》2019年第2期，第3～13页；崔凤春：《大韩民国临时政府活动旧址考述——兼述韩国独立党杭州活动旧址》，《当代韩国》2019年第2期，第30～42页。

② 李永春：《长沙中韩互助社成立时间和社址考》，《近代史研究》2005年第3期，第224～234页；李永春：《长沙中韩互助社述论》，《湖南师范大学社会科学学报》2007年第6期，第133～136页；郭汉民：《柳子明在湖南农学院平凡而伟大的教师生涯》，载柳子明研究会编《柳子明的独立运动与韩中年代》，韩国景仁文化社，2015，第363～392页。

版）、《力行日报》和《桂东民报》等湖南本土报纸，还原韩国独立运动过程中有代表性的活动和事件。①

二　湖南境内的韩国独立运动

在湖南发生的韩国独立运动，至抗战胜利前主要表现为大韩民国临时政府和韩国独立运动党派团体的活动两大类。

（一）大韩民国临时政府在湖南的活动

大韩民国临时政府和其所属的长沙中韩互助社都曾在湖南尤其是长沙和湘潭一带蓬勃开展过独立运动，同时也观照出湘人给予韩国独立事业的鼎力支持。

1. 借助长沙中韩互助社活动

1919 年 4 月，由韩国在华独立运动领袖组成的大韩民国临时政府在上海成立。为了推动在中国的韩国独立活动，临时政府特成立“对中国外交团”，② 重点联络中国南方政府和各省地方政府及各界民众，积极筹组中韩互助社、中韩国民互助社、中韩协会、中韩青年协会等团体组织。据目前发

---

① 长沙《大公报》由刘人熙、贝允旷等于 1915 年 9 月 1 日创刊于长沙，虽在 1923 年 5 月至 1947 年 12 月间曾因故多次停刊，但从其社会影响力和存在时间来看，是研究中国近现代史和湖南地方史的重要报刊资料，该报有不少关于韩国独立运动的报道；《湖南国民日报》创刊于 1928 年 3 月 5 日，1939 年 9 月迁耒阳出版，同年 12 月迁回长沙，1949 年 8 月停刊；《长沙市民日报》于 1930 年 8 月 22 日创刊，抗战胜利前曾停刊；《抗战日报》于 1938 年 1 月 28 日在长沙创刊，为抗战时期中共湖南省委的机关报，田汉担任责编，1939 年 6 月 15 日终刊；《湖南通俗报》由何叔衡主办，1920 年 9 月创刊于长沙，报馆由谢觉哉和熊瑾玎任经理，1921 年 6 月曾因“宣传过激主义”停刊，复刊后更名为《湖南通俗日报》，1940 年 7 月迁耒阳出版，1942 年迁衡阳，1949 年停刊；《湘潭民报》由罗传鼎于 1927 年创刊，1947 年正式停刊；《湘乡民报》原名《湘乡日报》，由成显德创办于 1925 年，1928 年 11 月国民党湘乡县党部接收该报为其机关报，更名为《湘乡民报》，1944 年 6 月 17 日因日军攻陷县城而被迫迁往娄底，日军投降后迁回县城原址，1949 年停刊；《力报》于 1936 年 9 月 15 日创刊，1948 年 11 月终刊；《湖南日报》于 1945 年 5 月 15 日在安化县创刊，12 月 5 日迁长沙，1949 年 8 月终刊；《中报》1938 年 11 月 16 日创刊于沅陵，停刊期不详；《中央日报》（湖南版）系南京《中央日报》湖南分社创办，1936 年 6 月 1 日在邵阳出版，1944 年 7 月和 9 月两次休刊；《力行日报》1944 年 3 月 6 日在安化创刊；《桂东民报》于 1932 年在桂东县创刊，终刊日期不详。

② 金正明编《朝鲜独立运动》（二），东京原书房，1967，第 117 ~ 118 页。

现的史料来看，在这些中韩民间友好团体中，较早问世的为由3名韩方宣传员以及仇鳌、贺民范、何叔衡、毛泽东等28名中方人士发起组织的长沙中韩互助社，其中何叔衡、毛泽东、贺民范还分别担任宣传部、通讯部、经济部的主任。①

大韩民国临时政府是长沙中韩互助社成立的有力推手，其佐证是1921年3月12日，临时政府特派员李若松、黄永熙、李兮春三人来湘与各界联络接洽，而14日，“某某数君，发起欢迎”，上午九时，“假座曲园宴会，以尽地主之谊”。② 事实上宣告长沙中韩互助社成立的同时，该社还通过《互助社简章》，明确以“联络韩中两国人民，敦修情谊，发展两国人民之事业”为互助社宗旨。③ “联络韩中两国人民”的表述，明显是基于大韩民国临时政府的官方口径，而绝非来自流亡中国的普通韩民。

自成立后，临时政府积极借助长沙中韩互助社组织韩国志士赴湖南各地，通过现场讲演、广播动员、召开纪念会等形式宣传排日主义，以联络中韩两国人民。据曾主编过《湖南通俗报》的谢觉哉记录，（驻长沙中韩互助社）临时政府特派员曾在通俗书报编辑所、船山学社、湘潭等地讲述亡国苦况，揭露日本的侵略罪行。④ 1921年4月4日，报载“前次有韩人三人在省讲演亡国苦况……现又在湘潭一带宣布排日主义”，由此导致“日领致函交涉署干涉”，并“请转行该湘方官查禁”。⑤ 1922年1月，日本使馆再次通过外交手段要求湖南省署严行禁止韩人此类行动。⑥ 但通过抗日宣传团结中韩两国人民，并未由此沉寂。例如在1925年7月的湖南雪耻会的讲演大会上，“韩国来湘朱志士登台，将其亡国原因与惨况，详细报告”，讲演的末尾更是疾呼，“亲爱中国之同胞其速起”，在“五卅惨案”发生之际鼓舞

① 金正明编《朝鲜独立运动》（二），东京原书房，1967，第268页。

② 《朝鲜代表到湘》，长沙《大公报》1921年3月14日，第6版。另，关于长沙中韩互助社的成立时间，学术界比较一致的说法是1921年3月17日，因此该时间被多种著述、论文引用。但据李永春考证，长沙中韩互助社成立的正确时间应是1921年3月14日。可参阅李永春《长沙中韩互助社成立时间和社址考》，《近代史研究》2005年第3期，第224～229页。

③ 康基柱：《“中韩互助社”述评》，《近代史研究》1998年第3期，第268页。

④ 谢觉哉：《谢觉哉日记》，人民出版社，1980，第45页。

⑤ 《日领又干涉韩人演讲》，长沙《大公报》1921年4月4日，第6版。

⑥ 《日使馆请禁韩人行动》，长沙《大公报》1922年1月23日，第6版。

了中国商人抵制日货的决心。①

2. 大韩民国临时政府驻跸长沙

随着抗日战争全面爆发，大韩民国临时政府被迫于 1937 年底辗转迁至长沙。韩国国父金九曾记述，“中日战争蔓延到江南……南京的情势危险，中国政府迁都重庆，各机关都纷纷转移。我们光复战线三党的人员及其家属共百余名，决定逃难到物价便宜的长沙”。② 中国也不再顾忌日本，对韩国独立运动予以公开接纳和援助。金九承认，“受到中国中央政府的照顾和在美同胞的援助，可谓无微不至。……新到任的湖南省主席张治中将军与我很是熟稔，所以更给了我们许多便利”。甚至在上海、杭州、南京时一般情况下要使用假名，“但在长沙就能光明正大地用金九的名字了”。③

有了长沙这个稳固的阵地，加之湖南省政府的多方援助，其他各地韩国独立运动开展得比较顺畅。有利的革命环境使金九疾呼中韩共同抗日，“中韩两国的弟兄，要从抗日战争的烽火中，肩并肩手挽手地去夺取民族解放”。④ 大韩民国临时政府所属的特务机关“爱国团”，在中国关内各地活动甚为活跃。⑤ 驻跸长沙期间，临时政府也组织了纪念韩国独立运动志士的活动。如 1938 年 4 月 15 日，在长沙雅礼中学大礼堂为韩国独立运动领袖安昌浩（岛山）举行追悼大会，会上时任临时政府主席李东宁献花，内务部长赵琬九与韩国国民党、朝鲜革命党、韩国独立党等党派代表分别读哀悼词，诸多独立运动人士与中国国民革命军第十八军军代表也相继发表演说。⑥

此后湖南战事吃紧，“长沙也遭到了敌机的空袭，中国政府的机关正忙于避难。我们三党干部讨论的结果，决定（临时政府）迁往广东”。金九拖着病腿拜访了省政府主席张治中，“商讨迁往广东的事宜。蒙他慨然允诺，下了命令拨了一个火车车厢，供我们一行免费乘坐，还亲笔给广东省主席吴

---

① 《雪耻会昨日之讲演大会》，长沙《大公报》1925 年 7 月 29 日，第 6 版。

② 〔韩〕金九：《白凡逸志》，宣德五、张明惠译，民主与建设出版社，1994，第 235 页。

③ 〔韩〕金九：《白凡逸志》，宣德五、张明惠译，民主与建设出版社，1994，第 240 页。

④ 《朝鲜国民党领袖金九的谈话》，《新华日报》1938 年 2 月 5 日。

⑤ 《韩国“爱国团”在关内极为活跃》，《湖南通俗日报》1938 年 4 月 29 日，第 2 版。

⑥ 《韩革命领袖安岛山追悼大会昨在雅礼中学沉痛举行》，《长沙市民日报》1938 年 4 月 16 日，第 3 版。

铁城写了一封介绍信，给我们解决了大问题”。[①] 1938 年 7 月 17 日，临时政府要员们不得不乘火车离开长沙，临时政府迁往广州。

（二）韩国独立运动党派团体在湖南的活动

韩国独立运动的各政党、团体为恢复国家主权、实现民族独立，与湖南人民同仇敌忾，将中韩两国友好关系展现无遗。

1. 韩国国民党在湖南的活动

由大韩民国临时政府主席金九主导的韩国国民党于 1935 年 1 月甫一成立，即积极进行武装斗争以实现民族独立、恢复国家主权，并主张实现韩国民族革命力量的大联合。1937 年底跟随临时政府驻跸长沙后，该党继续以恢复国家主权为要务，多方开展宣传和联络活动，并以实际行动声援和赞助中国抗战。例如 1938 年初，韩国国民党曾派代表到长沙广播电台发表讲话，向韩国民众报告海外光复运动的英勇实况，“韩国国民党多数同志，亦曾参加于南口淞沪及南京之役，拼命杀敌。又去年十月间，该党特务队北平支队活动于南口沙河之间，或颠覆兵车，或破坏军用汽车，屡予敌以重创。同年十一月初，该党特务队上海支队，在上海击杀有名韩奸李甲宁辈”，并鼓励韩国国内同胞“即时奋起，与吾人内外相应，以期最短时间杀尽倭敌”。[②]

韩国独立运动内部派系林立、矛盾不断，极大地削弱了复国力量。为使各党派联合，以利复国运动发展，韩国国民党与随同临时政府一起迁至长沙的朝鲜革命党和韩国独立党共同酝酿“光复阵线”三党合并的方案。1938 年 5 月 7 日晚，韩国国民党主席金九、朝鲜革命党主席李青天以及其他党员玄益哲、柳东悦等在长沙楠木厅 6 号朝鲜革命党本部驻所开会，这在韩国独立运动历史上是一个重要的转折点，但突然有人持枪闯入会场疯狂扫射，导致与会人员大都身负重伤，金九更是昏迷不醒。三党统一推进复国运动的可喜形势迅即因“楠木厅刺杀事件”而告搁浅。

在因战事离开湖南之前，韩国国民党不忘与自己并肩作战的中国人民，并对中国抗战的英勇正义大为肯定：“此次贵国抗战建国非但为捍卫贵国完整之主权与领土，乃为世界幸福之导率。在此神圣巨业孰不钦佩，况敝国尤

① 〔韩〕金九：《白凡逸志》，宣德五、张明惠译，民主与建设出版社，1994，第 245 页。

② 《韩人抗日复国运动》，长沙《大公报》1938 年 1 月 12 日，第 2 版。

在同仇休戚切肤，力虽极微，情实正殷，敝党旅湘全体国人谨为七七抗战建国纪念，将各人所节食之数一百零一元二角三分，派严大卫同志带函面交，即希查收云云。”① 在七七抗战一周年之际，该党再次声援中国，“谨贺大中华民国抗战建国纪念，猗为七七，抗战肇端，仗历史之权威，服领袖之忠信，将士用命，洒碧血而如归。……谨代三千万颗心，伫举双手之正确”。②

2. 韩国光复运动联合会在湖南的活动

1937 年 8 月，韩国国民党、朝鲜革命党、韩国独立党以及在美洲的大韩独立党、同志会、国民会、妇人爱国团等九个团体在南京成立了韩国光复运动联合会，希望以建立光复战线的方式“提高临时政府之权威，集中民族的革命力量，拟于最短期间扫荡敌巢”。③

1938 年元旦，韩国光复运动联合会以韩国光复运动团体联合宣传委员会名义发表敬贺中国新年胜利书，从国际立场上论日本必败、中国必胜。④ 随后，光复运动团体联合宣传委员会主任赵素昂前往长沙广播电台作题为“日本必败”的讲演，从“国际环境”“兵力充实”“中国之极弱”三个方面，分析指出：“然吾人明白宣布中国必胜，日本必败。日本必败，韩国必独立。今独立之机会已临，愿诸君早图之。”⑤ 该团体对中国人民的抗日战争予以道义和精神上的支援肯定，誓与中国人民团结一致抵御日本侵略、争取民族独立。

1938 年 1 月 8 日，李奉昌义士纪念仪式在湖南省党部大礼堂举行，韩国光复运动团体联合宣传委员会特发表宣言称，“今李公虽不能致全功于当时，然遗风余烈，足以鼓动百世。……愿我中韩护国之士，为民众而杀身而仁如李奉昌，为国家而临战不退如李奉昌，为正义为人道而牺牲如李奉昌其人，则李奉昌之精神气冲天地振河岳与世长存，死而不亡”。⑥ 韩国光复运动联合会于湘进行颂扬民族英雄的宣传，以期获得中国人民同情，并培养韩国同胞内外一致御侮、战斗到底的民族精神。

---

① 《韩国民党节食献金》，《正中日报》1938 年 7 月 6 日，第 3 版。

② 《“七七”纪念中　韩国民党贺词》，长沙《大公报》1938 年 7 月 9 日，第 3 版。

③ 《韩人抗日复国运动》，长沙《大公报》1938 年 1 月 12 日，第 2 版。

④ 《韩光复团体昨印发敬贺中国新年胜利书》，《湖南国民日报》1938 年 1 月 2 日，第 4 版。

⑤ 《韩宣传主任讲演日本必败　再过六个月日必土崩瓦解》，《湖南国民日报》1938 年 1 月 25 日，第 3 版；《日本必败》，长沙《大公报》1938 年 1 月 5 日，第 3 版。

⑥ 《韩义士李奉昌举义六周年　韩光复运动团体发表宣言》，《湖南国民日报》1938 年 1 月 8 日，第 3 版。

三　湖南报界对韩国独立运动的报道

湖南报界对韩国独立运动成系统且持久性地报道，集中于刺杀行动和大韩民国临时政府及其所属军队韩国光复军的相关活动。

（一）对韩国独立运动刺杀行动的报道

长沙《大公报》于1919年6月3日首次报道韩国独立运动志士刺杀时任日本驻朝鲜总督长谷川好道，“吉林方面之朝鲜人组织暗杀敢死队五十余名，以暗杀朝鲜总督及朝鲜国贼为目的，于四月末潜入京城（朝鲜京城），至近始被钟路署发现被捕”。[①] 除了十一人被捕外，“其余数十人形迹甚密，未及于难”。[②]《湘乡民报》1942年8月16日报道日相东条英机6月间受韩国志士狙击受伤，[③] 是湖南报界关注刺杀行动的尾声。但二十余年间，报道比较系统深入的则是发生在汉城、东京和上海的4次刺杀。

1. 对两次暗杀朝鲜总督斋藤实的报道

湖南报界详尽报道了第一次暗杀，从1919年9月11日至10月30日持续多日。从暗杀对象来看，“本月（9月——引者注）2日午后新任朝鲜总督斋藤男爵与新任政务总监水野氏抵朝鲜京城南大门车站，突有朝鲜人向该总督掷放炸弹……斋藤总督及水野政务总监均平安无事，当场拿捕凶手一名”。[④] 对暗杀行动出自何方的可能性分析，则有“闻朝鲜谋独立，组织暗杀团计分两方面进行：（一）以我国上海为根据（在法租界内）树独立、假政府旗帜……又朝鲜国内以京城为中心组织暗杀队，与东京朝鲜学生互通信息。（二）朝鲜独立派主魁孙秉熙（即今春革命主动者）曾组织暗杀党五十名，独立运动时被检举者计十数名，余党遁入旅顺大连一带，待时而动。前月中旬再募足五十名另组织暗杀团，潜入京城。此次炸弹事件究不外该两团之行动”。[⑤] 关于暗杀的从犯，9月7日“已于京畿道开城被捕……而据彼

---

① 《朝鲜暗杀敢死队被捕》，长沙《大公报》1919年6月3日，第6版。

② 《高丽独立军之殉难》，长沙《大公报》1919年6月6日，第6版。

③ 《韩国志士狙击东条》，《湘乡民报》1942年8月16日，第1版。

④ 《韩人又炸总督》，长沙《大公报》1919年9月11日，第6版。

⑤ 《新任朝鲜总督被炸之详情》，长沙《大公报》1919年9月15日，第6版。

等所述实际之下手人，虽无意味，而里面伏有大背景当无可疑”。[①] 在从犯归案的情况下，整个暗杀案“渐有一线之曙光”，日本军警“逮捕金珍奎一名及连累者五名”，“彼金珍奎者乃投爆弹之下手人”。[②] 并且钟路警察署通过早前一位被捕投监的独立运动志士与探监的妻子之间往来密信，发现该志士“与此次炸弹犯同党，且得有力之头绪……然该高丽人尚在未决监中，为阴谋团之有力者，实无疑义也”。同时，“同志四十名有十数名在京，现方严重调查，但犯人由何处入京，虽不明了，大都由上海来”。[③] 在暗杀引发的后果上，“（日方）探报鲜人组织暗杀团……行踪极为严密，且有东渡入日京消息”，[④] 从而引发日本朝野戒备。最终，暗杀事件有了结尾。10 月 11 日，“本社昨得韩京消息，谓正犯已于月初擒获，现拘于韩京监狱，从严鞫讯云”。[⑤] 14 日载，“朝鲜新总督刺客被获已志前报，查刺客系在京畿道被捕，谓为平安南道之洪雨庆（译音），系六十五岁老人，曾在中国吉林省饶河县担任教授多年”。[⑥] 16 日，又对前述消息做了修订，“闻现在被拘之下手人姜宇敬，字散九，年六十五岁，系朝鲜平安南道平京都人，向在满洲方面为基督教技师”。[⑦] 最终在 21 日，人犯详情有了较为确定的说法，“兹确悉掷炸弹之真犯，业已捕获，是人名姜宇敬，字散九，年已六十五岁，平安南道平原郡人，为北长老派之基督教传道师，流寓于满洲者多年”。报道也提供了姜宇敬购买炸弹进行刺杀的经过，先从俄国人处“求得一炸弹”，带至符拉迪沃斯托克（海参崴）之后，又乘轮船辗转清津、元山，“再由元山乘火车入京城”，假扮成商人，宿于旅馆，“以待新总督着任”。[⑧]

对第二次暗杀，湖南报界则择要进行了报道。大韩帝国废帝纯宗李坧于 1926 年 4 月 26 日逝世，韩国民众“阳假吊丧之名，阴谋于五一万国劳动纪念之期，举行大规模排日之示威运动。讵料此事竟被日人侦知，调集军警，特加防范，禁止集会，警戒綦严……一般韩人对总督斋藤之高压政策，恨之

① 《狙击朝鲜总督者被捕消息》，长沙《大公报》1919 年 9 月 18 日，第 6 版。
② 《高丽大暗杀案之凶手金珍奎》，长沙《大公报》1919 年 9 月 21 日，第 6 版。
③ 《高丽大暗杀案近志》，长沙《大公报》1919 年 9 月 22 日，第 6 版。
④ 《朝鲜暗杀之扩大》，长沙《大公报》1919 年 9 月 19 日，第 6 版。
⑤ 《朝鲜总督暗杀案近讯》，长沙《大公报》1919 年 10 月 11 日，第 3 版。
⑥ 《谋刺朝鲜总督之人物》，长沙《大公报》1919 年 10 月 14 日，第 6 版。
⑦ 《谋刺朝鲜总督之人物及详况》，长沙《大公报》1919 年 10 月 16 日，第 6 版。
⑧ 《狙击朝鲜总督者被获》，长沙《大公报》1919 年 10 月 21 日，第 3 版。

入骨，遂有二十八之案发生”。[①] 就过程来看，韩志士宋学光“对于日人压迫韩国，每表悔恨之意，慨然羡慕安重根之为人，遂毅然以谋杀斋藤为决计，以为国家雪耻”。[②] 而“日人对于此案，认为关系重大，正在严讯学光，探其属于何党，并密派军警从事搜探图谋不轨之韩人”。[③] 最终，在7月15日，汉城的地方法院第七号，“宣布志士宋学光死刑”。[④]

2. 对刺杀日本天皇和驻沪要员的报道

湖南报界注意到，金九领导的韩人爱国团专门负责暗杀行动，在正式行动之前，“业已先后派遣该团暴力分子潜赴各地相机举行”。1932年上半年相继发生“有该团团员李奉昌在东京向日皇投掷炸弹”，以及“尹奉吉乘上海日人在虹口公园庆祝天长节之际，向在场之军政要人投掷特殊炸弹，所有白川、重光等八人无一幸免”等震惊中外的爱国刺杀事件。[⑤]

1月8日，裕仁天皇参加完新年阅兵典礼后，乘马车还宫途中，在樱田门外埋伏的韩国独立党人“向日皇所乘马车抛掷炸弹……凶手已被逮”。与此同时，“日政府内阁首相犬养毅，八日已正式向日皇提出辞呈”。据了解，“谋刺日皇之韩民，系国家主义分子，名李奉昌”。在对韩国独立运动进行了社会主义和民族主义两派划分的基础上，湖南报纸也对李奉昌的政治归属做了说明，认为散布于朝鲜国内外不相团结的“民族运动派分子”中的精英分子于1931年“相与结合，组织‘大独立党’，其本部在吉林，近已迁往上海方面。该党实力颇为雄厚，韩国各地之反日暴动于去年激增，即系该党活动之结果。闻其中心人物为安昌浩、金九、李同宁等诸氏”。[⑥]

日皇遇刺事件后，虹口公园炸弹案于4月29日发生，炸死炸伤日本驻上海司令官白川义则和重光葵等要人。“炸弹案当场被捕之韩人尹奉吉，系

---

① 《韩志士谋刺日本斋藤总督未成》，长沙《大公报》1926年5月14日，第3版。

② 《韩志士谋刺日本斋藤总督未成》，长沙《大公报》1926年5月14日，第3版；《韩志士谋刺日督未成》，《湖南通俗日报》1926年5月14日，第2版。

③ 《韩志士谋刺日本斋藤总督未成》，长沙《大公报》1926年5月14日，第3版；《韩志士谋刺日督未成（续）》，《湖南通俗日报》1926年5月15日，第2版。

④ 《高丽志士宋学光被日帝国主义者判决死刑》，《湖南通俗日报》1926年8月30日，第2版。

⑤ 《沪炸案主角金九派遣韩爱国团暗杀本庄》，长沙《大公报》1931年7月17日，第2版。

⑥ 《韩国志士谋刺日皇未中》，长沙《大公报》1932年1月9日，第2版；《日本重大政潮发动经过》，长沙《大公报》1932年1月12日，第3版；《韩人谋炸日皇犯被捕后缄默无口供》，长沙《大公报》1932年1月21日，第3版。

韩国临时政府外部科员，数月前由香港来沪，对掷弹行刺事直认不讳，在沪韩人多被捕，陷（三十日）深夜犹与法捕房交涉，在法租界大加搜索，韩独立党领袖安昌浩亦被捕，引渡日领署。”[①] 后续报道既关注韩人爱国团领导人金九自述谋刺日本要人的经过，也关注因尹奉吉刺杀事件而被捕的韩国临时政府领导人安昌浩的状况。关于金九的自述，《大公报》详述了上海邮局部门收到的一份名为“虹口公园炸弹案之真相”的英文文件和一张尹奉吉的照片，该文件主要内容包括：发函之目的、刺杀的计划与实行、尹奉吉略历、爱国团组织、尹奉吉誓词等。[②] 关于尹奉吉刺杀案被一并逮捕的安昌浩的状况，6 月 3 日的报道中，涉及“兹悉安君已于昨晨九时由日本海军护送至韩，按法鞠讯，并将其放逐出境，且不准再回中国”。但是按照安昌浩辩护律师的说法，安昌浩已经取得中国国籍，业已自动丧失日籍公民之资格。中国外交部复函上海市商会，“谓对安昌浩被捕案，已分向日法两使抗议云云”。[③] 同时 8 月的报道又暗示安昌浩处境，“安君之案，似甚简单，盖彼之历史为政治犯，人所共知”。[④]

1938 年 1 月、3 月和 4 月，湖南报界尚对李奉昌举义六周年、韩国独立运动领导人安昌浩狱中毙命，以及在长沙的韩国独立运动派别为安昌浩举行追悼会、尹奉吉制造虹口公园炸弹案做了纪念性报道。[⑤] 直至 1940 年 3 月和 4 月，仍对安昌浩和尹奉吉英雄壮举追思不已。[⑥]

---

① 《炸弹案发生后日军搜捕上海韩人》，长沙《大公报》1932 年 5 月 3 日，第 1 版。

② 《沪炸案主使人自白》，长沙《大公报》1932 年 5 月 13 日，第 2 版。

③ 《安昌浩解韩》，长沙《大公报》1932 年 6 月 6 日，第 3 版。

④ 《安昌浩在朝鲜近况》，长沙《大公报》1932 年 8 月 21 日，第 2 版。

⑤ 对李奉昌的纪念性报道可见《韩国义士李奉昌举义六周年纪念　韩国国民党同仁定今日开会纪念》，长沙《大公报》1938 年 1 月 8 日，第 3 版；《韩义士李奉昌举义六周年　韩光复运动团体发表宣言》，《湖南国民日报》1938 年 1 月 8 日，第 3 版。对安昌浩狱中毙命和纪念性报道可见《韩革命领袖安昌浩囚毙狱中》，长沙《大公报》1938 年 3 月 25 日，第 2 版；《韩革命领袖安昌浩追悼会》，长沙《大公报》1938 年 4 月 15 日，第 3 版；《韩革命领袖安昌浩追悼会定今晨假雅礼举行》，《湖南国民日报》1938 年 4 月 15 日，第 3 版；《韩国革命领袖安昌浩追悼大会》，《抗战日报》1938 年 4 月 16 日，第 2 版；《韩革命领袖安岛山追悼大会昨在雅礼中学沉痛举行》，《长沙市民日报》1938 年 4 月 16 日，第 3 版。对尹奉吉的纪念性报道可见《旅湘韩侨昨举行虹口炸案纪念》，《长沙国民日报》1938 年 4 月 30 日，第 3 版。

⑥ 分别见《韩国志士安昌浩之生平》，长沙《大公报》1940 年 3 月 27 日，第 2 版；《虹口炸案六周年　追念韩国义士尹奉吉》，《抗战日报》1940 年 4 月 29 日，第 2 版。

（二）对韩国临时政府和所属军队的报道

除了暗杀行动，湖南报界还以异常系统深入的报道，关注始自1939年下半年的韩国临时政府重组与其所属的韩国光复军。

1. 对韩国临时政府重组与争取获得国际承认的报道

临时政府的基础是各爱国党派和团体，因此湖南报界对重组的关注，始于对执政党与在野党联合重组的关注。一方面，从对执政党的报道来看，在因躲避1932年“虹口公园刺杀事件”而一路南迁的临时政府内，拥有举足轻重地位的韩国国民党、韩国独立党和朝鲜革命党三个团体，均以民族革命为一贯主张，致力于朝鲜半岛独立，享有盛誉。三党曾共同组建“光复阵线”，虽在有关共同性的大问题上由光复阵线总部统一决定并指挥，但各党党务是彼此独立的。太平洋战争爆发前，日美两国关系呈现紧张状态，加之韩国独立运动各派认为“近以中国长期抗战确操胜算，倭敌的总崩溃即在眼前”，因而在战时陪都重庆“韩人民族主义系的各党极感统一组织，集中革命力量的必要，先由中国境内的三党，同时将原有的组织及名称一并取消，重新组织统一的一个大党，名定曰韩国独立党，发表宣言，昭告内外，并电约在美韩侨各团体一同加入，合理进行光复事业，一面整理部署，指挥各地党员，加紧进行抗倭工作”。[①]最终新的韩国独立党于1940年6月8日成立。1941年12月7日太平洋战争爆发后，“旅渝韩国独立党人亦以韩国临时政府名义”，抓住“暴日与英美诸国宣战”的时机，“于本月9日表示愿意领导三千万韩人，与中、美、英、荷、加、澳及其他诸国共同抗日”。[②]通电盟国表达同仇敌忾共同抗日的意愿，实则表明“执政党”韩国独立党意在使大韩民国临时政府能获得国际上各方承认。另一方面，从对在野党的报道来看，“曾组织朝鲜义勇队，参加中国抗战”的“朝鲜民族革命党”的改组以及与其他党派的再统一成为湖南报界的又一关注点。1943年2月26日，曾有报道称，“该党与朝鲜民族解放斗争联盟、韩国独立党统一同志会及朝鲜民族党海外全权委员会等三党，曾于一月八日在重庆某一统一会议，决定

---

① 《韩国独立党成立宣言》，长沙《大公报》1940年6月8日，第2版；《韩国独立党成立宣言》，《湘乡民报》1940年6月10日，第3版。

② 《韩独立党表示共同抗日》，长沙《大公报》1941年12月19日，第3版。

四党合同统一”，“于是朝鲜民族革命党于二月二十五日召开该党第七次全体代表大会，即改组代表大会，通过四党统一协定案，而完成四党之统一”。同时，改组会议也树立了今后的工作方针，其中之一条为“拥护韩国临时政府”。[①] 经过改组，在野的独立运动左翼党派朝鲜民族革命党也参加了临时政府。

左右翼党派的改组联合为重建临时政府创造了先决条件，并使韩国独立运动进入了一个新阶段。1944 年 4 月 20 日，作为三权分立条件下拥有立法权的大韩民国临时议政院召开第 36 届临时议会，讨论了约宪修改案，规定大韩民国临时政府实行主席、副主席制。“该院并于二十四日依据新宪章改选政府主席副主席及国务委员，结果金九当选为主席（连任），金奎植当选为副主席……定于二十六日宣誓就任。”韩国独立党、朝鲜民族革命党、朝鲜民族解放同盟、朝鲜无政府主义者总联盟“具名发表宣言，表示拥护临时政府及金主席”。[②] 这是独立运动过程中，左右翼党派共同拥护大韩民国临时政府的稀见时刻。

中国国民政府对改组后的大韩民国临时政府承认与否，湖南报界有比较客观的暗示性报道。1944 年 5 月 15 日，大韩民国临时政府各部部长宣誓就职，有报纸转述作为监誓人的政府主席金九之训词，“此次临会……抑且为盟国尤其是中国方面所欣慰矣，如中国国民党中央执行委员会致电我政府祝贺，吴铁城秘书长、朱家骅部长、梁寒冰部长，及朝野诸名士先后致函电祝贺……”[③] 另据 7 月 19 日报道，国民党党部秘书长吴铁城“代表蒋委员长于十七日欢宴韩国临时政府主席金九、内务部长金奎植、众议院议长洪震以及各部部长国务委员赵素昂、赵琬九、金若山、李青天等二十余人”，“党政要员出席者有何应钦、陈果夫、梁寒冰、段锡朋、狄膺等”。[④] 虽然抗战时期国民政府从未在法理上承认大韩民国临时政府，但从湖南报纸的报道中，可以看出临时政府已经获得中国国民政府事实上的

---

① 《朝鲜革命运动进入统一阶段》，长沙《大公报》1943 年 2 月 26 日，第 2 版。

② 《韩国临时议会闭幕》，《中央日报》1944 年 4 月 26 日，第 3 版；《韩国各党团结统一　在渝组织临时政府》，《力行日报》1944 年 4 月 26 日，第 3 版；《大韩临时议政院选金九连任主席》，长沙《大公报》1944 年 4 月 26 日，第 2 版。

③ 《韩国临时政府七部长昨宣誓就职》，《力报》1944 年 5 月 16 日，第 2 版。

④ 《吴秘书长等欢宴韩临时政府首长》，《湖南国民日报》1944 年 7 月 19 日，第 2 版。

承认。

国际上，临时政府在日本帝国主义败亡前夕运作各国承认的道路则不通畅。1945 年 2 月 28 日临时政府举行国务会议，议决对德宣战，其主要目的由外交部长赵素昂表达为“本政府本日正式对德宣战之后，四月二十五日之旧金山会议，必见韩国临时政府代表出席也”。[①] 3 月中旬，赵素昂召开记者招待会，即席致词的“几点意见”中包含有“盟国胜利阶段中韩国临时政府之国际地位”，“向盟国唤起同情，以谋增进国际地位是也”，并表示“愿在旧金山会议树立四十五面国旗，共同负责于新世界之立法”。[②] 及至 5 月中旬，“韩国临时政府代表李星南……向联合国会议正式请求出席大会”。[③] 但是美国代理国务卿格鲁 6 月的声明，明确“韩国临时政府及其他朝鲜团体，目前并无足以获得美国承认资格”。美国政府的态度，“对于类如韩国临时政府等事所采之政策，乃避免采取行动，以免联合国获胜时影响及朝鲜人民选择其理想政府及政府人员权利”。[④] 日本投降后几日内，美国总统杜鲁门即对战后朝鲜半岛表明立场，“余信最后使朝鲜成为自由独立国家之开罗会议宣言应予实行”。[⑤] 但杜鲁门就朝鲜解放与独立所发表的声明，其实包括两层意思，一方面杜鲁门认为“四大盟国业已同意协助朝鲜获得自由及独立”，另一方面又认为“日方统治今已告终，军阀亦已消除，现所暂留朝鲜之日人已被用以为朝鲜人服务，并利用彼等之技术技能”。[⑥] 至此，临时政府获得国际承认之路因美国大费周章而不得。随后临时政府内党派“朝鲜民族阵线同盟”驻美代表致电杜鲁门，认为“暂时保留朝鲜之日本政府……此举殊属不当”。[⑦] 虽然流亡领袖金九表示过，“韩人若需彼在一联合政府中领导一独立党，渠之愿也。渠等若欲渠所领导之‘临时政府’执掌

① 《韩国临时政府对德正式宣战》，《中央日报》1945 年 3 月 1 日，第 3 版。

② 《韩国人士之愿望》，《中央日报》1945 年 3 月 18 日，第 3 版。

③ 《旧金山会议通过安全理事为十一席》，《力报》1945 年 5 月 14 日，第 3 版。

④ 《格鲁声明朝鲜独立问题》，《力行日报》1945 年 6 月 10 日，第 2 版；《朝鲜独立问题》，《湖南日报》1945 年 6 月 10 日，第 1 版。

⑤ 《实行开罗会议宣言　使朝鲜成为独立国家》，《桂东民报》1945 年 8 月 19 日，第 1 版。

⑥ 《赞助朝鲜独立》，《力报》1945 年 9 月 12 日，第 3 版。湖南其他报纸对杜鲁门的声明也做了相关报道，见《杜鲁门赞助朝鲜解放》，《中报》1945 年 9 月 20 日，第 2 版。

⑦ 《保留朝鲜日政府　韩吉洙认为不当》，《中报》1945 年 9 月 12 日，第 2 版；《令韩人惊异！朝鲜日政府获保留》，《湖南日报》1945 年 9 月 12 日，第 1 版。

政权，渠将同意”。[①] 但因美国坚持不承认临时政府，韩国临时政府领导人和成员只能以私人身份返国。驻韩美军司令霍奇在 11 月 14 日称，“余向自华返韩之临时政府主席金九等所要求之唯一条件，即渠等必须以平民身份回国……倘金九等忽略此条件，则其回国一举，必须延搁”。[②] 最终，迫于美国压力，“韩国临时政府主席金九及临时政府官员十四人，于极端私密下自沪抵汉城”，金九所承认的“余目前不致要求他国承认韩国临时政府，但余日后或将提此要求，余目前系以私人之资格来此”，预示着临时政府的历史使命已经完结。

2. 对韩国光复军的报道

湖南报界对隶属临时政府的韩国光复军，从获准成立到正式成立再到壮大发展，也进行了详尽报道。

早在 1940 年 7 月下旬，中韩联谊会秘书韩克虚（音译）宣称，“渠已接获中国之通知，谓蒋委员长对于在中国国内组织一朝鲜军以抵抗日帝之举业已允许”。韩氏还称，“现在有高丽人十万人，可召集令服兵役”。允许韩国临时政府驻于战时陪都重庆，并成立自己的军队，由此可知“中国政府此举，不啻是事实上承认朝鲜共和国”。[③]

1940 年 9 月 17 日，“韩国光复军司令部成立典礼，于金日晨光微曦中在嘉陵江某处举行……出席典礼者有韩国临时政府国务委员及朝鲜独立党中央执行委员多人”，并“首由大会主席金九氏致词”，“次由外交部长赵素昂，宣读韩国光复军总司令部成立报告书”，“继由韩国临时政府国务委员洪震致词，末由光复军总司令赵青天致答词，礼成散会”。[④] 从韩国光复军总司令部的成立来看，其与临时政府存在着实质性关系。但在名义隶属关系上，中国方面则在几年之后才正式宣布光复军归隶临时政府。1944 年 9 月 5 日，湖南报纸援引美新闻处纽约 2 日电中韩美协会理事长的说法，“顷谓中国统帅部宣布，韩国光复军已改隶韩国临时政府，此举将鼓舞该部抵抗意

① 《韩临时政府领袖金九愿领导独立》，《力报》1945 年 10 月 22 日，第 2 版。

② 《金九返韩在即　霍奇提出条件》，《力报》1945 年 11 月 16 日，第 2 版。

③ 《韩人组织抗日军协同我军作战》，长沙《大公报》1940 年 7 月 23 日，第 2 版；《韩人组抗日军　协同我军作战》，《湘乡民报》1940 年 7 月 25 日，第 2 版。

④ 《韩光复军总部成立》，《湘乡民报》1940 年 7 月 25 日，第 2 版。

志使之增强”。[①]

在韩国光复军壮大发展的过程中，湖南报界也对其归并、作战与兵源等方面进行了报道。在归并问题上，早在1938年10月10日，“朝鲜民族战线联盟组织之朝鲜义勇队双十节在汉成立”，[②]之后，由韩国独立运动左翼党派人士金若山倡导成立的朝鲜义勇队本部，于1942年8月发表解体宣言，归并于韩国光复军序列，改编为第一支队。[③]在作战问题上，湖南报纸1943年9月援引国民党中央社重庆电，言及韩国光复军副司令金若山的说法，“目前韩国光复军之力量，系潜伏于敌后……近有光复军一队已遣往印度，参加中美部队协同作战”。[④]另有湖南报纸于1944年6月下旬报道，据已转任临时政府军务部长的金若山透露，“韩国光复军现有9人在印缅战线协同英军作战，担任前方对敌广播及翻译俘获之工作，均能善尽任务”。金氏谓：“此九人由韩志愿队长所率领，业于去岁有渝出发，目前韩临时政府并以整理军队，以增强摧毁敌人之力量，并策动国内志士起而抗战。在东北之韩国义勇军，势力已日益强大。”[⑤]而在兵源问题上，湖南报纸1944年4月开始关注日军韩裔俘虏作为兵员加入光复军，周口警备部队于3月中旬在汎北捕获韩裔士兵四名，“渠等因不堪敌之压迫，将向我投诚，参加朝鲜光复军。该四人现经我方优予管照，并将分发朝鲜光复军工作”。[⑥]1945年3月和5月又分别载，“湘省沅江以南东兴附近，敌军韩籍士兵五名，于二十八日结

① 《中韩友谊》，《力报》1944年9月5日，第2版；《韩国光复军》，《力行日报》1944年9月5日，第2版。

② 《朝鲜义勇队在汉成立》，《湘乡民报》1938年10月13日，第2版。

③ 中国抗日战争进入相持阶段之后，国民党政权出于自身的阶级和党派意识，对共产党等左翼力量采取限制打击的政策，这种政策变化也影响到国民政府对朝鲜民族战线联盟和朝鲜义勇队的态度，原先对朝鲜义勇队予以支持的国民党开始转而积极支持韩国独立运动的右翼，为此，原先处于国统区的朝鲜义勇队大部分成员不得不于1941年春渡黄河北上，进入华北敌后抗日根据地后改称“朝鲜义勇队华北支队”，并开始同中国共产党领导的八路军并肩对日军作战，已不再接受和保持与重庆朝鲜义勇队总部的领导和辖属关系。对此只掌握着在渝朝鲜义勇队本部队伍的金若山，极不情愿地把亲手创办的朝鲜义勇队番号归并于韩国光复军序列，金若山本人担任韩国光复军副司令。参见马长林《朝鲜义勇队的产生和发展》、崔凤春《朝鲜义勇队内部党派及组织系统沿革》，载石源华等编《韩国独立运动研究新探——纪念大韩民国临时政府创建90周年》，第392～393页、第407页。

④ 《韩国光复军力量日趋雄厚　世界各地均有其志士作战》，长沙《大公报》1943年9月18日，第2版。

⑤ 《韩光复军活跃印缅协助作战》，《湖南国民日报》1944年6月22日，第2版。

⑥ 《四韩人投诚参加光复军》，《湖南国民日报》1944年4月1日，第2版。

伴向我第一部队投降”，“驻于永丰附近五里牌之敌军中韩籍士兵金春甲一名……向我投诚”。[①] 其后抗战进入尾声阶段，湖南报纸继续刊发国民党中央军委会通令，将主动投降或俘获的日军韩裔俘虏拨交光复军，以便在对日反攻战中发挥作用。[②] 该通令发布后，仍不断报道称有韩裔士兵陆续来投，加入韩国光复军。[③] 甚至在日本投降以后，报界还报道光复军仍继续收容原日军中之韩裔士兵。[④]

结　语

现时对 1919 年“三一”运动以来至 1945 年 8 月日本投降时期的湖南与韩国独立运动关系进行框架性研究，从学理意义上而言，既是对中国省域与韩国独立运动关系研究的必要补充，也是对中国与韩国独立运动关系研究这一更大学术课题的有机补充，使之更加丰盈，更加接近历史原貌。从现实意义上而言，2019 年为“三一”运动 100 周年和大韩民国临时政府创建 100 周年，研究曾发生在湖南的中韩人民并肩反抗日本法西斯光辉历史篇章，对于巩固提升当代中韩两国关系，以及活络国民感情以构筑两国民心相通至关重要。

未来可能存在两个湖南与韩国独立运动关系的研究方向。一个方向将兼具宏观与微观，围绕大韩民国临时政府与韩国国父金九开展研究。关于 1937 年 12 月至 1938 年 7 月曾驻跸长沙时期的大韩民国临时政府活动的详细史料，目前暂付阙如，如能搜寻至相关资料，则可着手研究，进一步完善大韩民国临时政府在中国的活动；另外，金九曾因 1938 年 5 月“楠木厅刺杀事件”遭受枪击而住进湘雅医院（现中南大学附属医

① 《韩籍敌兵五名投诚》，《力报》1945 年 3 月 4 日，第 2 版。

② 《敌俘虏中韩国青年》，《力报》1945 年 5 月 16 日，第 2 版；《军委会通令全国　释放韩籍俘虏　拨交韩国光复军》，《力报》1945 年 5 月 18 日，第 2 版；《军委会令释韩籍俘虏》，《湖南日报》1945 年 5 月 21 日，第 1 版；《韩籍俘虏交韩光复军》，《力报》1945 年 5 月 27 日，第 2 版。

③ 《韩籍敌兵两名反正向我投诚》，《中报》1945 年 5 月 29 日，第 2 版；《六韩人来归》，《力报》1945 年 6 月 24 日，第 2 版；《韩籍士兵又一名投诚》，《湘乡民报》1945 年 7 月 1 日，第 2 版；《大感战争失望　韩籍敌军纷纷投诚》，《桂东民报》1945 年 7 月 4 日，第 1 版。

④ 《韩国光复军收韩籍士兵》，《中报》1945 年 9 月 25 日，第 2 版。

院），未来发掘其住院治疗期间的详尽资料，无疑将会完善对金九个人的研究。[①] 另一个研究方向偏向中观层次，涉及大韩民国临时政府驻跸长沙时期的韩国独立运动与中国共产党的关系。该方向也是近年来国内研究韩国独立运动史的潮流，具有前沿性。[②] 这两个研究方向必将再一次拓宽并补全湖南与韩国独立运动的关系这一课题，也为中国的韩国独立运动研究提供新思路。

Hunan Province and Korean Independence Movement in 1919 –1945

Gao Peng

Abstract After the suppression of the "Trinity Movement" in 1919, a large number of patriots on the Korean Peninsula exiled in China and continued to engage in the anti-Japanese independence movement with the support of the Chinese National Government and people. Hunan Province, in Central China, also accepted the interim government of the Republic of Korea and some party groups to engage in the independence movement before the fall of Japanese imperialism from 1919 to 1945. At the same time, local newspapers in Hunan also systematically reported on the relevant issues in the Korean independence

① 笔者写作此文前，经由韩国檀国大学韩诗俊（Han See-gun）教授的女婿李昌株（Lee Chang-su）博士，向韩诗俊教授提出做一简短采访的意向后，韩教授表达了目前韩国学界对湖南与韩国独立运动关系这一研究课题的看法。这一看法颇具代表性，实质上国内目前也匮乏于这一步骤，在此特别感谢韩诗俊教授提供观点，也感谢李昌株博士的穿针引线。

② 关于这一研究方向，笔者邀请韩国外交部所属国立外交院中国研究所前所长丁相基（Chung Sang-ki）教授参加2018年5月17日由湘潭大学历史系和上海社会科学院国际关系研究所合办的"新时代朝鲜半岛局势学术研讨会"期间，丁教授提及将借这次机会在湖南调研搜集资料，回国后将进行韩国独立运动与中国共产党的关系包括临时政府在湖南时期与中共关系的研究。国内近年来对韩国独立运动与中国共产党关系的研究可参见孙科志《中国共产党与韩国独立运动——以文献为中心》，《东疆学刊》2018年第1期，第8～14页；王建宏：《韩人社会党与中共成立关系考辨》，《当代韩国》2019年第2期，第14～29页。

movement. The above not only reflects the indomitable fighting spirit of the Korean people, but also reflects the strong support of the Hunan people for the cause of Korean independence. It is a historical witness of the two countries fighting side by side in the cause of national independence and liberation.

Keywords Korean Independence Movement; Hunan Press; Korean Liberation Army

日本殖民统治时期朝鲜半岛的“国民养成教育”[*]

梁荣华

【内容提要】1910年朝鲜半岛沦为日本殖民地，在扭曲的国家概念框架下，基于殖民型臣民教育和顺民教育理念，殖民地朝鲜的国民观经由“等同于‘天皇臣民’的‘忠良国民’”和“二分化的国民”后转向“有别于日本‘皇国民’的‘皇国臣民’”，日本殖民当局通过集体训育、语言同化和开设一系列“关乎国民性养成”的科目来实施“国民养成教育”。梳理殖民统治时期朝鲜半岛的“国民养成教育”，对理解战后韩国国民教育和现代意义上公民教育的发展具有重要的历史价值。

【关键词】朝鲜半岛　“国民养成教育”　国民观

【作者简介】梁荣华，教育学博士，东北师范大学教育学部副教授。

1910年8月22日，大韩帝国①与日本签订《日韩合并条约》，朝鲜半岛沦为日本的一个“地区”，日本开始了长达35年的殖民统治。为夯实殖民统治基础，日本殖民当局采取了“高压统制”的核心统治手段，抹杀了曾赋予朝鲜王朝统治正当性的儒学政治原理，用日本神道的政治理念取而代之。将日本本土神道的理念用作构建政治规范的依据，采取赤裸裸的压迫式

* 本文为吉林省教育科学“十二五”规划一般规划课题“民主化进程中的韩国公民教育研究”（课题编号：GH12002）；本文得到东北师范大学教育学部“元晖青年教师成长计划”项目的资助。

① 甲午更张（1894年）后朝鲜半岛由朝鲜王朝时代进入大韩帝国时期（1897～1910年）。

统治方式，军事占领和统治色彩浓厚。[①] 殖民统治下，日本对朝鲜半岛的教育进行了全面的殖民化改造，将日本近代的教育理念和制度引入朝鲜半岛，建立了殖民地教育体系。殖民地朝鲜的核心教育目标是“国民养成”，即“教育基于教育敕语之趣旨，以培育忠良国民为本义”，[②] 同化教育色彩浓厚。殖民统治时期，日本殖民当局制定、出台并多次修订《朝鲜教育令》，以契合殖民统治的需要和实现“国民养成”的核心目标，强行推进所谓的“国民养成教育”。

一 《朝鲜教育令》与殖民统治时期朝鲜半岛的教育演进

在韩国教育史研究领域，倾向于以《朝鲜教育令》制定和修订的时间节点作为划分殖民地时期朝鲜半岛教育演进阶段的依据。[③] 其中，第一次《朝鲜教育令》奠定了殖民地朝鲜基本的教育体系和教育制度，提供了法律依据。《朝鲜教育令》是研究殖民统治时期朝鲜半岛教育演进的重要线索，也集中体现了“国民养成教育”理念和实践调整的脉络。

1911 年 8 月 23 日，朝鲜总督府公布了第一次《朝鲜教育令》。该教育令是以“在朝朝鲜人”为对象单独制定并实施的法令，朝鲜人接受的是与日本人不同的差别化教育，其根本目标是将朝鲜人培养成“忠良国民”，体现的是殖民统治下将朝鲜人日本人化的理念。第一次《朝鲜教育令》由日本主导制定，将朝鲜人完全排除在外，几乎找不到朝鲜人参与的痕迹，[④] 基本上是对日本教育体系和教育制度的移植和改造。

1919 年“三一”运动后，为了缓和日益高涨的反日情绪，维护殖民统治的稳定性，日本对朝鲜的统治方针改为“内地延长主义”。所谓“内地延长主义”，是指基于“一视同仁”理念，在殖民地朝鲜积极推进与内地（日

---

① 車基壁，『韓國民族主義의理念과實態』，서울：까치社，1981，p. 135.

② 조선총독부，『조선교육령』，1911-08-23.

③ 朝鲜总督府分别于 1911 年 8 月、1922 年 2 月、1938 年 3 月和 1943 年 3 月颁布了第一至第四次《朝鲜教育令》。1945 年 5 月，在殖民统治结束前的三个月，日本殖民当局发布了《战时教育令》，也有观点将其称为第五次《朝鲜教育令》，但《战时教育令》在殖民地教育史上影响甚微，基本被忽略不计。

④ 강명숙，「일제시대 제 1 차 조선교육령 제정 과정 연구」，『한국교육사학』，Vol. 29，No.1，2007，p.9.

本）相同的制度，朝鲜人与日本人同为日本天皇的臣民，享受同等待遇。基于此，1922 年 2 月 4 日公布的第二版《朝鲜教育令》中关于适用对象的描述由“在朝朝鲜人的教育依据本令”更改为“朝鲜的教育依据本令”，但将受教育对象分为“国语[①]使用者”和“非国语使用者”两类。[②] 第二次《朝鲜教育令》的最大特征是“一视同仁”的虚伪性。“内地延长主义”表面宣扬为日本人和朝鲜人提供相同的学校教育制度，实施“共学”原则，实际上在普通教育中日本人学校和朝鲜人学校基本单独运营，学校名称和所属系列有明显区分，仅在名义上宣称允许交叉入学。“共学”主要在实业学校、专门学校及大学教育中实施，但在教育机会上朝鲜人和日本人存在巨大差别。[③] 以始建于 1923 年的殖民地时期朝鲜半岛唯一的大学——京城帝国大学为例，从建校之初直至殖民统治末期，在校生中日本学生一直占大多数。[④]

进入 20 世纪 20 年代后期，日本的军国主义和侵略野心不断膨胀，1931 年对华发动“九一八事变”后开始构建战时体制。1936 年，朝鲜总督府提出“皇国臣民化”政策，用于强化日本帝国主义对朝鲜半岛的统治。殖民统治末期的教育政策主要是为“皇国臣民化”政策服务，教育也是实施“皇国臣民化”政策的主要途径之一。1937 年，殖民地朝鲜进入“完全的战时法西斯体制”，教育机构沦为战时动员机构。[⑤] 1937 年 10 月 2 日，殖民当局制定了“皇国臣民誓词”,[⑥] 要求所有朝鲜人背诵。1938 年 3 月 3 日公布了第三版《朝鲜教育令》，将进一步加深朝鲜人皇国臣民化之“国体明征”、完全

---

① “国语”是指“日本语”。

② 조선총독부,『조선교육령』, 1922-02-04.

③ 강명숙,「일제시대 학교제도의 체계화 - 제 2 차 조선교육령 개정을 중심으로」,『한국교육사학』, Vol. 32, No.1, 2010, pp.14-15.

④ 以京城帝国大学的医科生和学部生（先后设立法文学部和理工学部等）为例，医科生中，1927 年朝鲜人 104 名，日本人 204 名，1943 年朝鲜人 200 名，日本人 409 名；学部生中，1933 年朝鲜人 200 名，日本人 407 名，1943 年朝鲜人 335 名，日本人 444 人（转引自〔韩〕姜万吉《韩国现代史》，陈文寿等译，社会科学文献出版社，1997，第 160 页）。

⑤ 김정인,「일제 강점 말기 황국신민교육과 학교 경영」,『역사교육』, 122, 2012, p.119.

⑥ “皇国臣民誓词”分为“成人用”和“儿童用”两个版本。“成人用”版本全文如下：①吾等乃皇国臣民，誓用忠诚报答君国；②吾等皇国臣民信爱合作，坚决团结；③吾等皇国臣民忍苦锻炼，蓄力宣扬皇道。“儿童用”版本全文如下：①吾等乃大日本帝国的臣民；②吾等团结一心，尽忠天皇陛下；③吾等忍苦锻炼，今后成为优秀强大的国民。

抹杀朝鲜人民族性之“内鲜一体”①、忍耐战争苦难之“忍苦锻炼”作为殖民地朝鲜教育的三大基本方针。② 1941 年太平洋战争爆发后，日本深陷第二次世界大战，为了进一步把本土和殖民地变为战争动员基地和兵站基地，根据战时需要对教育政策进行了一系列调整。1943 年 3 月 8 日，公布了《关于教育的战时非常措施令》（即第四版《朝鲜教育令》），将教育视为战争工具，彻底转换为战时教育体制，缩短修业年限，将各级学校教育的根本目的更改为“为国家培养有用的人”，本质上是为战争服务。③ 第四次《朝鲜教育令》规定，全面禁止教授朝鲜语及朝鲜历史等科目，强化皇国臣民政策。殖民统治末期，朝鲜半岛全员被迫参与战争，学生也不能幸免。随着日本战败，日本在朝鲜半岛的殖民地教育政策也走到了末路。

二　殖民统治时期朝鲜半岛的国民观：从“忠良国民”到“皇国臣民”

鉴于殖民统治下教育本身的殖民属性，殖民地朝鲜“国民养成”的主线是将朝鲜人改造成“（日本）国民”，将日本天皇和日本置于最高价值，在完全剥夺朝鲜人政治权利的同时，强调个人对天皇和日本单向度的义务与献身精神。殖民统治期间，受日本本土教育政策变化的影响，朝鲜半岛的教育政策和面向朝鲜人的“国民观”也随之发生变化。

（一）等同于“天皇臣民”的“忠良国民”

殖民统治初期，第一版《朝鲜教育令》中明确了培养“忠良国民”的教育目标，“武力统治”理念下，“忠良国民”被粗暴地阐释为“忠诚于日本天皇的臣民”，将“日本国民”和“天皇臣民”的概念强加于朝鲜半岛人民。1911 年 10 月，日本天皇向朝鲜总督下达了《教育敕语》，《教育敕语》的各个道德条目中，朝鲜总督府格外强调“忠孝一本”的臣民要素。对朝

① “内”即日本，“鲜”即朝鲜，所谓“内鲜一体”是指日本和朝鲜的完全一体化。

② 조선총독부，『조선교육령』，1938-03-03.

③ 이면우，「일제강점기 중등 과학으로서의 “물상”교과의 성립：제 4 차 조선교육령 시기를 중심으로」，『한국일본교육학연구』，Vol. 16，No.2，2012，p.70.

鲜人而言，臣民并不是陌生的概念，但强调作为日本天皇臣民的“忠”，激起了朝鲜人内心极大的反抗。①

学校教育尤其是小学教育是国民教育的根基，但日本殖民当局在推进小学教育普及化上表现得并不积极。据统计，截至1919年，适龄朝鲜儿童的小学入学率仅为3.7%。② 日本殖民当局认为，与通过学校教育实施教化相比，高压统制下的强行灌输和“集体训育”在改造朝鲜人的国民性方面更具显性效果。因此，殖民统治初期针对朝鲜人的国民意识灌输具有明显的粗暴性和强制性倾向。该时期培养的“忠良国民”与日本本土的日本人和在朝日本人进行了严格的区分，实质上是“非国民”，“国民养成教育”真正强调的是“忠良”，而非“国民”。

（二）“国民”的二分化：“国语使用者”与“非国语使用者”

殖民统治中期，在“内地延长主义”统治方针下，殖民当局制定了一系列“怀柔政策”，确定了“同化主义”的国民教育路线。该时期殖民地朝鲜的教育设施得到了一定的扩充，截至1930年，适龄朝鲜儿童的小学入学率上升至17.3%。③ 为了消除朝鲜人的抵抗，朝鲜总督府在各级各类学校“关乎国民性养成”的科目及教科书中一定程度上弱化了之前露骨地强调日本天皇及对天皇忠诚的论调。例如，虽仍通过设立“培养忠良国民”“涵养国民性格”“培育健全的国民素质”的教育目标强化“国民性”的养成，但也开始出现培养“国家社会的中坚力量”等类似的表述。

与之前将朝鲜人简单粗暴地区别于日本国民的做法相比，殖民当局在第二版《朝鲜教育令》中采取了较为含蓄的表述方式，将国民划分为“国语使用者”与“非国语使用者”两类。面向二分化后的国民制定了各成体系的普通教育体制，原则上允许交叉入学，但实际上在普通教育阶段完全没有实现真正意义上的“共学”。除了教育制度，在教科书的使用上也同样存在差别。“非国语使用者”在普通教育各级各类学校中“关乎国民性养成”科目的教科书基本由朝鲜总督府单独编写，理由是“考虑到朝鲜的实际情

① 김정인, 「일제 강점 말기 황국신민교육과 학교 경영」, 『역사교육』, 122, 2012, p.113.

② 〔韩〕姜万吉：《韩国现代史》，陈文寿等译，社会科学文献出版社，1997，第158页。

③ 김정인, 「일제 강점 말기 황국신민교육과 학교 경영」, 『역사교육』, 122, 2012, p.110.

况”。因此，殖民统治中期针对朝鲜人的国民意识同化具有明显的虚伪性和欺骗性。

（三）有别于日本“皇国民”的“皇国臣民”

殖民统治末期，向来对朝鲜人接受普通教育愿望表现消极的殖民当局在侵华战争全面爆发后反而加快了教育规模的扩张。以小学教育为例，1938 年至 1942 年，朝鲜半岛的小学入学率从 33.2% 快速上升至 47.7%。[①] 殖民当局实施教育扩张的目的是落实“皇国臣民化”政策，以配合侵略战争的需要。殖民统治末期的“国民养成教育”赤裸裸地强调军国主义教育，“集体训育”的灌输模式再度被强化，其根本目的是彻底抹杀朝鲜人的民族性，强调“爱国尽忠”“服从牺牲”，表现为名副其实的“殖民地型国民教育”。[②] “皇国臣民”的概念并非诞生于日本，而是由朝鲜总督府学务局长长盐原时三郎在当时日本本土强调培养“皇国民”的基础上改创的词语。“皇国臣民”不是日本人，而是针对殖民地朝鲜人通用的概念，这一概念从诞生之日起就以殖民性为前提。长盐原时三郎在牵头制定第三版《朝鲜教育令》的过程中谈及朝鲜人教育的最高目标时说，“内鲜融合不是理想，理想是朝鲜人的日本化”，而所谓朝鲜人的日本化就是皇国臣民化。[③]

从“忠良国民”、“二分化的国民”至“皇国臣民”，无论称谓与内涵等方面存在何种差异，共同的本质是日本殖民当局从未将朝鲜人视为真正的日本“国民”。殖民统治期间，朝鲜人一直处于被压迫状态，针对朝鲜人的“国民养成教育”表现出明显的反民主主义倾向。

三　殖民统治时期朝鲜半岛的“国民养成教育”体系

（一）殖民统治时期“国民养成教育”的理念

殖民统治期间，日本本土的国民教育理念发生了一系列变化。受大正民

① 오성철,『식민지 초등교육의 형성』, 서울 : 교육과학사, 2000, p.133.

② 김정인,「일제 강점 말기 황국신민교육과 학교 경영」,『역사교육』, 122, 2012, pp.119-124.

③ 권오현,「황국신민화 교육정책과 역사교육의 변화」,『사회과교육연구』, Vol. 18, No.4, 2011, p.3.

主运动[①]影响，在国家主义和帝国主义理念基础上，国际主义、和平主义、民主主义、自由主义等西方理念在日本教育界出现兴起的迹象。之后虽以1923年9月日本的关东大地震为契机，颁布了强调振兴国民精神的天皇诏书，但自由教育、人格教育、公民教育、劳动教育、生活教育、文化教育、艺术教育等教育思潮开始风靡。这些教育思潮对殖民地朝鲜的教育也产生了一些影响，例如受自由主义教育思潮的影响，强调儿童本位而不是教师本位的个性教育在朝鲜教育界也曾受到关注。[②] 但整体而言，这些影响的实际效果甚微。20世纪20年代末的大恐慌时期，日本产生了高度的国家和社会危机感，关注国家成员的国民教育论正式登场，聚焦个人的个性教育论开始衰退。日本的国民教育中个人主义要素逐渐被弱化，转向强调国家一体感和服从、顺从、义务的国民属性，直至后期军国主义膨胀，国民教育也随之转向极端国家主义。因此，虽受到一些西方理念的影响，但该时期国家主义仍是贯穿日本国民教育始末的核心理念。

在日本国家主义教育理念的主线下，朝鲜总督府从殖民统治初期就确立了培养“忠良国民”的理念，重视“国民性”的培育，但殖民地的特殊属性扭曲了所谓的“国家主义”教育路线。日本本土国家主义教育理念的核心是“国家公民”，既强调培育民族国家概念下忠君爱国的“臣民”，也表现出培养作为社会共同体成员资质的倾向（即具有对国家和社会的共同责任和义务的自觉，具备政治的、经济的、道德的能力，能够开展完整的公共生活的人）。与日本本土相比，殖民地朝鲜的“国民教育”统制色彩更加浓厚，更加强调“忠君爱国”的臣民价值。殖民当局与殖民地朝鲜人民之间的矛盾与对立难以调和，无论是高压统制下的国民性改造，还是怀柔路线下的国民性同化，“国民养成教育”的根本目的是实现朝鲜人的日本人化。

殖民统治时期，朝鲜半岛的“日本主义”国民教育更加强调对日本精神核心的“皇道精神”的灌输与学习。“日本主义”国民教育的本质是教育已经成为日本“国民”的人（殖民地朝鲜人）要完全做到“臣民的奉

---

① 大正民主（大正デモクラシー）意指1912～1926年，日本大正（Taisho period）年间所推行的符合现代民主的政治体制与政策。

② 김정인，「일제 강점 말기 황국신민교육과 학교 경영」，『역사교육』，122，2012，pp.113–114.

公”，核心是加强对“天皇与国家为一体，天皇皇室是民族的父亲和宗家，对天皇尽忠和热爱国家是国民的义务”的认识，鼓吹“国体”观念，即“忠君爱国”。结合殖民地朝鲜的具体情况，确立了“忠良国民”的基本理念。①

进入 20 世纪 30 年代，战时体制下日本本土的“皇国民教育”在殖民地朝鲜“皇国臣民化”政策下演变为“皇国臣民化教育”。“皇国民教育”和“皇国臣民化教育”都更加强调个人与国家的一体化，强调忠孝、服从、奉献、牺牲等臣民教育的要素。不同的是，针对殖民地朝鲜人的“皇国臣民化教育”有一个重要的前提，即朝鲜人不是真正的皇国民，需要通过“皇国臣民化”策略彻底抹杀其民族性。

为了配合战时教育体制，培养“皇国臣民”，第三版《朝鲜教育令》明确了“国体明征”“内鲜一体”“忍苦锻炼”三大基本方针，用于指导“皇国臣民化教育”。“国体明征”是使朝鲜人清晰地认识与理解日本天皇拥有绝对权力的政治体制，贯彻“皇国臣民化教育”；“内鲜一体”是抹杀朝鲜人的民族性，以实现对天皇的绝对忠诚；“忍苦锻炼”是将忠诚之心体现于生活实践中，强制忍受侵略战争的苦难。

整个殖民统治时期，“国民养成教育”都围绕朝鲜人的日本人化展开，却又自始至终将朝鲜人并非真正的日本国民作为“国民养成教育”的前提，殖民地朝鲜“国民养成教育”的本质是“国家”（日本）概念框架下极端非民主主义的殖民型臣民教育和顺民教育。

（二）殖民统治时期“国民养成教育”的实施途径

1. 集体训育

殖民统治初期，集体训育就被用于改造朝鲜人。1911 年 10 月，日本天皇向朝鲜总督下达了《教育敕令》，要求在学校的各种仪式和活动中经常集体诵读。集体训育方式还体现在整个殖民统治时期的学校教育中，将学校作为社会的缩影，重塑殖民地文化，在文化和民族情感同化过程中传授服从、忠诚、献身、牺牲等精神。教育方式上表现为自上而下的训育，要求教师具有自己是“国家”“公器”的意识自觉，致力于培养臣服于殖民统治的日本

① 김정인,「일제 강점 말기 황국신민교육과 학교 경영」,『역사교육』, 122, 2012, p.118.

“国民”。

在社会层面，为了更好地推进“国民精神”动员运动，成立了“国民精神总动员朝鲜联盟”，并设立各级地方联盟。在地方联盟之下，以十户为单位设立“爱国班”，要求“爱国班”定期召开“班常会”，强制开展举旭日旗、参拜神社、礼拜日本皇宫、学习日语、防敌防谍、“爱国储蓄”等活动。同时，制定“日本精神发扬周”“劳动报国周”“储蓄报国周”等活动并强制付诸实践，不断强化“国民精神教育”，以此维系日本的殖民统治和侵略战争。①

2. 语言同化

日本殖民当局为维持殖民统治，非常重视朝鲜人的日语教育，要求所有朝鲜人学习和掌握日语。比如在殖民统治后期的“皇国臣民化”政策下，废除朝鲜语教育并开展“国语常用”运动，禁止各级各类学校和集会使用朝鲜语，强制要求只使用日语；“爱国班”的“班常会”也会组织朝鲜人集体学习和使用日语；朝鲜人在领取粮食和购买车票时需要用日语背诵《皇国臣民誓词》；等等。

学校教育亦是如此。殖民当局格外重视学校教育中的“国语”课程，以 1911 年版《高等普通学校规则》为例，其中“教学注意事项”部分特意强调“国语凝聚着国民精神并且是学习知识和技能的基础，须在所有课程中正确使用国语”。② 因此，从小学阶段开始，除了“朝鲜语与汉文”课以外，所有课程的教学语言均为日语。为了扫除日语作为教学语言存在的障碍，朝鲜总督府学务局制定了《国语教学法则》。③ 此外，学校教育中对日语的重视至少还体现在两个方面。一是各级各类学校日语课的课时明显多于朝鲜语。以“普通学校教育课程及每周教学课时表（1938 ~ 1941）”为例，一年级至六年级每周日语课的课时数分别为 10、12、12、12、9、9，总计 64 课时，而朝鲜语的课时数分别为 4、3、3、2、2、2，总计 16 课时。④

---

① 〔韩〕姜万吉：《韩国现代史》，陈文寿等译，社会科学文献出版社，1997，第 21 页。

② 안홍선，「식민지시기 중등학교의 “국민성” 양성 교육 연구：일본어，수신과，공민과 교과서 분석을 중심으로」，『한국교육사학』，Vol. 37，No.3，2015，p.31.

③ 강영심，「일제시기 “충량한 신민 만들기” 교육과 학교문화 – 1930, 40 년대 보통학교교육을 중심으로」，『梨花史學研究』，33，2006，p.235.

④ 鄭在哲，「第 3 次 朝鮮教育令 施行期의 日帝植民地主義 教育政策：1938–1943」，『한국교육문제연구』，2，1985，p.16.

二是学校教育中朝鲜语的课程地位不断被弱化，直至被禁止。第三次《朝鲜教育令》将朝鲜语划定为“随意科目”，即选修课程；第四次《朝鲜教育令》直接禁止在学校开设朝鲜语课程。为了强制使用日语，日本殖民当局向小学生配发日语生活卡，对使用朝鲜语的学生施以惩罚。

3. 开设“关乎国民性养成”的科目

殖民统治期间，日本殖民当局将“修身科”“国语”“历史”“地理”“公民科”等科目列为“关乎国民性养成”的科目，作为实施“国民养成教育”的核心课程。与此同时，将数学、物理、化学、博物[①]等其他科目列为“与国民性养成直接相关度低”的科目。与“国民性养成”相关度的高低决定了殖民当局对不同的科目采取不同的态度。“关乎国民性养成”科目的教科书由朝鲜总督府学务局直接编写并提供，而“与国民性养成直接相关度低”的科目的教科书则由学校在日本文部省审定的教材中进行选择，获得朝鲜总督府许可后可直接使用。另外，通过对“关乎国民性养成”科目的“教授要旨”的解读，也能发现其“国民养成教育”的性质。比如，“修身科”规定，在“教育敕语主旨”的基础上涵养道德与思想，教导学生具有国家责任感，遵守国法，竭力维护国家利益；历史和地理主要教授日本的历史和地理，要特别讲解日本固有的国体和民情；等等。[②]

（三）殖民统治时期“国民养成教育”的内容

殖民统治时期的“国民养成教育”围绕“国民性养成”这一主线展开，并设定了一系列“关乎国民性养成”的科目，对相应时期日本本土的相关科目进行了模仿和改造，以迎合殖民统治的需要。殖民地朝鲜开设的“关乎国民性养成”的科目中最具代表性的包括修身科、历史和公民科，通过对殖民统治时期上述科目教育内容的分析，能够在一定程度上反映当时“国民养成教育”的内容框架。

1. “修身科”的教育内容

正如参与制定第一次《朝鲜教育令》的穗积八束所说的那样，“修身科

---

① 涉及动物、植物、矿物、地质、气象等自然界事物与现象的综合性的科目。

② 안홍선，「식민지시기 중등학교의 “국민성” 양성 교육 연구：일본어，수신과，공민과 교과서 분석을 중심으로」，『한국교육사학』，Vol. 37，No.3，2015，p.44.

虽只是学校众多科目之一，但实际上可以替代所有科目，可以说教育归根结底就是修身”。穗积八束对修身科的评价，充分说明了殖民当局对修身科的重视程度以及修身科在整个学校教育体系中的重要地位。殖民当局将修身科视为传授“国民道德要旨”的科目，指出修身教育要“依据教育敕语和戊申诏书，将国民道德植入学生心中”，强调“修身虽写为修身，实际上是修心”。即依据“国民道德要旨”培养和陶冶学生的内心世界，使学生发自内心地践行国民道德是“修身教育的第一要务”。修身教育的目的是“涵养国民性格”、“培养纯良人格”和“培育同胞和睦的风气”等。①

殖民统治期间，殖民当局对修身科教科书进行了多次修订，对内容进行适当的删减和调整以适应殖民统治的需要。不同时期修身科在教育内容上的侧重点也有所不同：第一次《朝鲜教育令》时期主要强调“国体意识”，灌输彻底的国体思想；第二次《朝鲜教育令》时期侧重“亲日同化”，强调“勤劳爱护”，通过走怀柔路线强化殖民地朝鲜人对日本统治的认同感；第三次《朝鲜教育令》时期强调“皇国臣民育成”；第四次《朝鲜教育令》时期强调“强军养成”，灌输“忠君爱国”、隐忍忠诚、灭私奉公的“皇国臣民”思想。②

2.“历史”的教育内容

殖民统治初期，朝鲜人学校并没有开设历史科目，殖民当局认为“历史教育是顺利统制朝鲜人的障碍”，因此摈弃了历史教育。“三一”运动后，殖民当局改变了路线，利用韩国史的教学来实现殖民统治的正当化。③ 1932年，朝鲜总督府部署实施修订教科书，其中，历史教科书的“编写宗旨”强调：“对能够代表国体和国家观念的资料要予以特别留意，增加朝鲜的事例，要特别留意筛选有助于内鲜融合的资料，详细记述能够彰显日鲜合邦宏远志向的史实。”④ 殖民统治末期，随着“皇国臣民化”政策的确立和强化，朝鲜总督府指出要加强日本史教育，以培养“国体明征”和“内鲜一体”

① 朴濟洪，『近代韓日 教科書의 登場人物을 통해 본 日帝의 植民地 教育－「普通學校修身書」와「尋常小學修身書」를 중심으로』，광주：全南大學校大學院，2008，p.2.

② 朴濟洪，『近代韓日 教科書의 登場人物을 통해 본 日帝의 植民地 教育－「普通學校修身書」와「尋常小學修身書」를 중심으로』，광주：全南大學校大學院，2008，pp.23–45.

③ 유철・김순전，「황국신민 양성을 위한 역사교육－1944 년 조선총독부편찬『初等國史』를 중심으로」，『日本語教育』，79，2017，pp.150–151.

④ 박경식，『일본 제국주의의 조선지배』，파주：청아출판사，1986，p.398.

精神。

殖民统治时期朝鲜的历史教育，具有以下四个明显特征。第一，历史教育基于“日鲜同祖论”的逻辑和同化主义的理念。为了使殖民统治正当化，殖民当局对朝鲜历史进行了肆意删改和歪曲，甚至利用日本的御用学者编造和炮制“日鲜同祖”、“同祖同源”以及“停滞性论”、“后进性论”、[①]“满鲜史论”[②]等殖民地史观。朝鲜总督府还成立了“朝鲜史编修会”，编纂了三十七卷本的《朝鲜史》，为殖民地史观的合理化奠定基础。[③]第二，通过历史教育培养“国民”服从和牺牲的情操。历史教科书中编入的各个时期的教学内容中包含大量对天皇和国家绝对忠诚的“史实”，以达到培养“忠良国民”和“皇国臣民”的教育效果。第三，历史教科书的编写多以人物为中心。人物基本以日本历史中的人物为主，以抹杀朝鲜人主体意识和培养忠诚于日本帝国主义之臣民。第四，历史教育中关于朝鲜史的内容经历了从适当增加至完全摈弃的过程。第二次《朝鲜教育令》之后，在“增加朝鲜的历史内容”的原则下，教科书中独立设置了少数关于朝鲜历史的章节，殖民统治末期完全删除了朝鲜史内容，只有少数关于日朝之间交流的内容，没有设置独立的单元和章节。[④]

3. “公民科”的教育内容

日本本土现代意义上的公民概念和公民教育要远早于朝鲜半岛，公民教育的出现、发展以及在中等教育阶段正式开设“公民科”都与选举制度和参政意识的建立关系密切。与日本相比，殖民地朝鲜的“公民科”教育具有相当的局限性，对于毫无政治权利保障的殖民地朝鲜人而言，从一开始就不具备实施真正意义上的公民教育的可能。日本的“公民科”不仅包括社会教育和经济教育，还具有培养“自治民”的公民资质教育的性质；

---

① “停滞性论”和“后进性论”声称包括日本在内的其他地区顺应世界史的发展历程，呈现出时代的阶段性发展，相比之下朝鲜半岛的历史缺乏世界史的发展性，直至近代初期还停留在古代社会的水平，而“合邦”后在日本的统治下朝鲜社会的经济发展水平从古代跨越至近代。

② “满鲜史论”主张朝鲜半岛原本不具备独立的政治体制和历史文化体系，声称满洲与朝鲜半岛自古是一个整体，以此抹杀朝鲜民族的独立意识并建立侵略满洲的理论基础。

③ 〔韩〕姜万吉：《韩国现代史》，陈文寿等译，社会科学文献出版社，1997，第 168 ~ 169 页。

④ 문동석, 「일제시대 초등학교 역사교육과정의 변천과 교과서 -「보통학교국사」와「초등국사」를 중심으로」, 『사회과교육』, Vol. 43, No.4, 2004, p.163.

殖民地朝鲜的“公民科”教育对此进行了阉割，使用了“国民生活”和“健全国民”的模糊概念。殖民地朝鲜“公民科”教育的主要目的不是学习公民在政治生活、经济生活和社会生活中必需的知识，而是异化为加强“国民道德意识”。时任京城帝国大学教育学教授的松月秀雄将朝鲜“公民科”的意义阐释为“强化之前法制·经济课程中被弱化的道德教育，与修身科教育紧密结合，使公民科教育和修身科教育成为‘道德教育的双翼’”。①

整体而言，殖民地朝鲜的“公民科”删改了公民教育核心目的之自治教育以及作为“立宪自治民”之权利和义务的参政意识教育，取而代之的是对家族主义国家观的灌输和对义务的强调。② 针对朝鲜人的“公民科”教育不是“日本人化”，也不是“帝国臣民化”，而是“皇国臣民化”，即“无视自我，愿为天皇含笑殉国的人”和“对天皇绝对顺从”的人。③

结　语

日本殖民统治时期，朝鲜半岛的“国民养成教育”始终遵循培养“国民性”的线索，强调“忠良国民”“健全国民”“皇国臣民”的养成，但在实际的教育过程中，既不是基于“国民生活”，又并非真正夯实“国民性格”根基，还完全摈弃了“国民权利”，处处体现着殖民地属性与“国民养成教育”之间的矛盾性。日本殖民统治时期的所谓“国民养成教育”不过是“美名之下剥夺了朝鲜人的权利，只强调义务的道德训育”，并非“基于国民生活和培育国民根基的教育”。研究日本殖民统治时期朝鲜半岛的“国民养成教育”对于厘清日本殖民统治下同化教育的本质，理解战后韩国国民教育和现代意义上的公民教育的发展具有重要的历史价值。

① 안홍선, 「식민지시기 중등학교의 “국민성” 양성 교육 연구 : 일본어, 수신과, 공민과 교과서 분석을 중심으로」, 『한국교육사학』, Vol. 37, No.3, 2015, p.43.

② 안홍선, 「식민지시기 중등학교의 “국민성” 양성 교육 연구 : 일본어, 수신과, 공민과 교과서 분석을 중심으로」, 『한국교육사학』, Vol. 37, No.3, 2015, p.42–45.

③ 宮田節子, 『조선민중과 “황민화” 정책』, 이형낭 역, 서울 : 일조각, 1997, pp.104–107.

"National Cultivation Education" on the Korean Peninsula during the Colonial Period

Liang Ronghua

Abstract In 1910, the Korean Peninsula became a Japanese colony. Based on the concept of colonial subject education and civic education under the distorted national conceptual framework, the viewpoint of nationals in Colonial Korea from the "loyal nationals" equivalent to the "emperor's subjects" and "dichotomous nationals" to "imperial subjects" different from "imperial nations" in Japan, the implementation of national cultivation education is carried out through collective training, language assimilation and a series of courses related to " cultivation of national character". The study of cultivation of national character on the Korean peninsula during colonial period has important historical significance for understanding the development of post-war Korean national education and modern citizenship education.

Keywords Korean Peninsula; "National Cultivation Education"; Viewpoint of Nationals

韩国语言景观研究述评*

吴仙花

【内容提要】 本文分析了韩国数据库中语言景观研究的相关文献，简要回顾和梳理了韩国语言景观研究的起源及发展脉络，评介了韩国语言景观研究的相关成果，由此提出对中国语言景观研究的启示，为国内语言景观研究提供参考和借鉴。

【关键词】 韩国　语言景观　多语现象　语言政策

【作者简介】 吴仙花，博士，复旦大学外文学院韩国语系讲师。

引　言

语言景观（linguistic landscape）一般指以公共标牌为载体的可视性文本。一个城市的语言景观不仅表明城市所在区域的语言使用状况，而且可以反映城市的开放程度、经济活力及生活品位，更重要的是可以揭示标牌语言选择背后所蕴含的深层次的政策取向、权势、身份和地位等问题，因此逐渐成为社会语言学等领域的前沿研究课题。国内学术界也关注这一新兴领域，近年来出现了很多相关研究成果。① 这些理论的引介和研究的梳理，为该研

* 文中部分韩国学者的中文名为音译。

① 尚国文、赵守辉：《语言景观分析维度与理论建构》，《外国语》2014 年第 6 期，第 81 ~ 89 页；尚国文：《语言景观与语言教学：从资源到工具》，《语言战略研究》2017 年第 2 期，第 11 ~ 19 页；巫喜丽：《语言景观的多语现象研究述评》，《广州大学学报》（社会科学版）2017 年第 8 期，第 78 ~ 83 页；徐茗：《国外语言景观研究历程与发展趋势》，《语言战略研究》2017 年第 2 期，第 57 ~ 64 页。

究的发展奠定了坚实的基础。

在韩国，语言景观研究随着多语标牌的出现逐渐兴起。韩国的语言景观研究以 2011 年为界，之前主要考察商业标牌的语言使用和语言规范问题。2011 年以后语言标牌的边界不断扩大，研究方法和研究主题日益多元化。外国人居住人口超过总人口的 5% 就可以称为多元文化社会。2020 年在韩国居住的外国人约 253 万人，占韩国总人口（5178 万人）的 4.9%，显然韩国已迈入多元文化社会的门槛。在韩国步入多元文化社会之际，语言景观研究作为与生活密切相关的一门学问而备受关注。

本研究采用文献检索及统计分析法，评介韩国的语言景观研究成果。语料筛选采用如下方法：以“语言景观”和“linguistic landscape”为篇名关键词检索韩国数据库收录的各类期刊文献，并通过主题相关度及重复率排查从而确定 24 篇论文，再通过文献阅读补充 2 篇研究报告，最终获得 26 篇语言景观研究论文以及研究报告。在此基础上，围绕研究领域、发表年份、问题取向对其进行统计归类，以此分析韩国语言景观研究状况。

一 韩国学者对语言景观概念的界定

韩国语言景观研究基本采纳兰德里和布里对语言景观的定义：“出现在公共设施如路牌、广告牌、街名、地名、商铺招牌以及政府楼宇的公共标牌之上的语言，共同构成一个地区或城市群体的语言景观。”①

赵兑麟指出上述定义中需关注以下四个特征。第一，语言景观的核心背景是公共空间。第二，语言景观主要以视觉景观作为研究对象。第三，语言景观研究的考察地区大多数是城市，主要集中在城市的商业区。第四，语言景观研究与多语言使用有密切关系。狭义的语言景观是指特定地区、特定城市公共空间中民间标志和公共标志上呈现的，一种以上语言形成的视觉景观；广义的语言景观考察地区更广，研究对象更宽，考察地区不仅包括城市还包括农村，研究对象不仅包括视觉景观，还包括有声景观

① R. Landry, R. Y. Bourhis, "Linguistic Landscape and Ethnolinguistic Vitality: An Empirical Study", *Journal of Language and Social Psychology*, 1 (1997), pp. 23 – 49.

和触觉景观。[①]

梁敏镐把语言景观的研究范围具体化，界定如下：

视觉景观：旅游地 VS 非旅游地、新建商业楼 VS 老商铺、各种多语小册子等。

有声景观：百货店、医院的多语有声服务，公共行政机关的多语服务等。

触觉景观：提供给社会弱势群体的盲文、指路砌块等。[②]

二 韩国语言景观研究的发展历程

在韩国，“语言景观”率先出现在 20 世纪 70 年代的文化地理学领域，语言学领域使用“语言景观”这个术语的时间并不长。虽然从 20 世纪 90 年代后期，语言学领域也开始研究商业招牌，但尚未把“语言”和“景观”联系起来，也未使用过“语言景观”这一术语。主要通过研究商业招牌，考察韩国语或韩国语外来词的使用现状以及误用现象，批判外来词、外国语的泛滥以及使用上的不规范，目的在于规范和纯化韩国语。

保护环境、改善生活条件早已成为各国治理国家的一种理念。进入 21 世纪，韩国政府也开始努力保护、改善文化景观，出台了“建设向往的城市”“建设适合居住的地区”“营造文化空间”等一系列方针政策。2006 年，韩国国立国语院响应国家的政策方针，发起“语言景观建设长期计划研究”，目的在于从语言层面上规范韩国语的使用，保护语言景观的文化资源。其研究报告首次从语言学层面对语言景观进行了阐述，从语言学视角明确提出语言景观的概念，指出语言景观是指“建筑物广告、商业牌匾、路牌、壁报等公共空间的文字”，还指出当时城

① 조태린,「언어 경관에 대한 언어 정책적 접근 – 다언어사용 정책의 문제를 중심으로」,『일본학』(40), 2015, pp.27–49.

② 양민호,「한일 언어경관 연구의 현재와 향후 모델에 대한 연구」,『일본학』(40), 2015, pp.131–146.

市语言景观正影响韩国语的健康发展，而政府和企业也在助长此事态的发展，因此倡导在公共空间中规范使用韩国语，整改语言景观，让语言景观在视觉上美丽，在语言规范上正确，从而反映民族的特性。随后 2007 年韩国国立国语院进行“建设语言纯正示范地区的研究”，研究中把语言景观定义为“在建筑群的广告里出现的由文字和符号构成的有意义的景观”，并规划在特定地区建设语言景观示范园区。这两份报告明确提出了语言景观的定义。随后几年，语言景观研究在语言学领域就很少出现，直到 2011 年日语语言学和韩日对比语言学领域相继出现相关研究成果。

三　韩国语言景观研究的主要问题取向

韩国的语言景观研究内容多样。2011 年以后，研究重心开始由微观层面的语言规范等本体研究逐渐转向多语现象、语言政策、语言景观在二语习得中的应用等多角度的研究。下面围绕主要的问题取向分别展开讨论。

（一）语言景观的多语现象考察

从上述语言景观定义中可以看出语言景观与多语使用关系密切。通过文献考察发现，韩国的语言景观研究中多语研究占主要比重，具体可见表 1。

表 1　韩国语言景观研究中的多语研究

作者	研究地区	对象	内容	方法
李贤英	首尔、釜山、木浦、永同、郁陵岛	商业招牌	多语标记	量化研究
朴正姬①	光州市商业街	商业招牌	多语标记	量化研究

① 박정희,「光州市中心区语言景观」, 韩国全南大学硕士学位论文,1990。

续表

作者	研究地区	对象	内容	方法
张英熙(Zhang Yeonghee)①	光州市商业街	商业招牌	韩国语使用、多语标记	量化研究
金顺任(2011)②	东京、大阪、首尔、大邱	指示牌的禁止表达	多语标记、日韩标记对比研究	量化研究
Stephen(2011)③	首尔	交通标志	多语标记	量化研究
李顺衡(Lee Sunhyeng)④	大邱	商业招牌	多语标记	量化研究
梁敏镐(Yang Minho)⑤	韩国、日本	工地的宣传语、企业横幅、商品的包装纸、公共设施的指示牌等	多语标记	定性研究
李顺衡⑥	首尔、东京	地铁的宣传海报	多语标记	量化研究
全佳京、任有娜 (Jeon Gagyeong,Im Yoona)⑦	韩国期刊专栏里的照片和文字	20 世纪 70 年代店名、广告、印刷物、公共造型物	多语标记	定性研究

① 장영희,「옥외 간판 외래어 실태 조사 연구 – 광주 지역을 중심으로」,『국어교육』(104), 2001,pp.167–190.

② 김순임,「言語景観における禁止表現に關する日韓對照研究 : 禁止項目による違いを中心に」,『일본어학연구』(30), 2011,pp. 71 – 87. 这篇论文考察了东京、大阪和首尔、大邱语言景观中的禁止表达,指出日韩语言景观中的禁止表达有所差异。如,敬语等级上日语比韩语更高,表达上韩语比日语更直接。

③ Stephen van Vlack,English in the South Korean Linguistic Landscape : Varied Patterns of Use and Status,『언어』36(2)한국언어학회,2011,pp. 559 – 583.

④ 이순형,「한국 지방 도시의 언어경관 – 대구시를 사례로」,『인문과학』24, 2012,pp.1–13.

⑤ 양민호,「한국과 일본의 언어경관 자료를 통해서 살펴본 언어의 다양성에 관한 연구」,『일본언어문화』(26), 2013,pp.123–140.

⑥ 이순형,「지하철 켐페인포스터의 언어경관 – 서울과 도쿄를 사례로 –」,『일본학보』(102),2015,pp. 53 – 68. 这篇论文通过考察首尔、东京地铁里的宣传海报,指出两个城市的宣传海报呈现不同的景象。如韩国有“右侧通行”“孕妇爱心专座”“禁止销售商品”“禁止逃票”等宣传海报,日本则有“指定位置关机”“背包胸前佩戴”“车内禁止化妆”等宣传海报,表示这是两国民族习惯、社会环境的差异而导致的。同时指出韩国宣传海报语言单一化现象突出,如在日本,“日语 – 英语”的语言排序占 49.5%,在韩国,“韩语 – 英语”的语言排序只占 3.7%。

⑦ 전가경, 임유나,「볼 만한 꼴불견을 통해 본 1970 년대 한국의 언어 경관」,『글자씨』7(2), 2015,pp.53–97.

续表

作者	研究地区	对象	内容	方法
任华顺、南润燮（Lim Huasoon，①Nam Yoonseob）	济州岛	商业招牌	多语标记	量化研究
赵恩英（Cho Eunyoung）②	大邱市旅游地	旅游地的路牌、介绍板	多语现象	量化研究
赵恩英③	釜山旅游地公园	表示禁止、注意的告示板	多语标记、图形标志	量化研究
郑恩惠（Choung Eunhye）	安山市外国人聚居区	宣传物、商店招牌等多文化景观	多语标记、多文化政策、身份	现场调查、访谈
姜慧善（Kang Hyesun）④	济州岛商业圈	商业招牌	多语标记	量化研究
Jang，Hwang & Liu ⑤	韩国建国大学	校园多语景观	多语标记	量化研究

关于多语研究的特点归纳如下。韩国的多语现象研究以文字景观为主，研究对象涉及商业招牌、公共设施（公园）的指示牌、交通标志、工地的宣传语、企业横幅、商品的包装纸、旅游地的路牌、旅游地的介绍展板，地铁宣传海报、大学校园多语标记等多样的文字景观。研究地区则大多集中在城市，主要有首尔、釜山、大邱、光州、济州，且主要集中在城市商业区、旅游景点等区域。首尔、釜山、大邱、光州是韩国人口数量分别排名第一、

① 임화순，남윤섭，「옥외광고물의 중국어 표기 경관변화에 관한 연구 – 제주시 핵심 상권을 중심으로 –」，『언어학연구』(21), 2016, pp.151–165.

② 趙恩英，「大邱広域市の観光地に見られる言語景観について ：都心循環コースと近代文化路地の表記を中心に」，『일본문화연구』(64)，2017，pp. 293 – 313. 这篇论文通过考察大邱旅游地的指示牌和旅游介绍展板，指出大邱旅游区存在多语言标记不统一的现象，并指出其多语标记在类型上有“韩国语 – 英语”“韩国语 – 英语 – 汉语 – 日语”“韩国语 – 英语 – 繁体字”等形式，督促制定相关语言政策以统一旅游地的语言景观。

③ 조은영，「釜山広域市の観光地における言語景観について – 釜山シティーツアーのコースにある公園を中心に –」，『일본근대학연구』(61)，2018，pp. 63 – 78.

④ 강혜선，「언어 경관 연구：제주의 사례를 중심으로」，『언어학연구』(24:2), 2019, pp. 1–25.

⑤ Jang Inchull，Hwang Byeonghoo，Liu Zhuolin，Multilingualism in the Linguistic Landscape of Konkuk University Glocal Campus，『스토리앤이미지텔링』(18)，2019，pp. 395 – 428. 这篇论文分析了韩国校园的多语景观，指出校园最常见的语言标记是英语和韩语，在多语标记中英语最常见且占据了支配地位，汉语和越南语也有逐渐增加的趋势，但其功能比较局限。

第二、第三、第六的城市，又是京畿道、庆尚道、全罗道的代表城市，具有地域特征，而济州是韩国最具代表性的旅游地。从研究方法来看，以实证性研究为主，非实证性研究为辅。研究方法主要包括田野调查、访谈、问卷调查、数据统计等。数据统计以百分比为主要参数。

下面对具有代表性的多语现象进行阐述。韩国城市的多语标牌历史悠久，李贤英考察了 20 世纪 70 年代韩国各大城市的多语标牌，指出城市规模、商圈、行业因素影响商业招牌的多语标记，城市的大小、国际化程度决定其多语使用。即城市越大、国际化程度越高，外国文字的使用率越高。商业地区倾向于使用多语，住宅地区则倾向于使用韩文字。从行业来看，银行、证券等金融机关，医院、律师事务所等专业服务机构，派出所、中国人开的商店和饭店等区域汉字使用率高；而高档酒店、高级服装店、娱乐场所则倾向于使用英语。

李顺衡通过考察大邱的商业招牌，指出年轻人和老年人常去的商业街在文字使用上存在差异，年轻人常去的店名多用英语、韩语、日语标记，老年人常去的店名多用韩语标记。梁敏镐则发现韩国忠清道某工厂横幅上写着韩语和越南语，位置上韩语在上、越南语在下，字体上韩语文字大、越南语文字小，并指出韩国建筑工地的宣传语、企业横幅、商品包装纸、公共设施的指示牌已向便于语言实际使用者的方向发展。

任化顺、南润燮通过考察济州岛三个代表性商业区的商业招牌，指出旅游城市商业招牌的语言景观随着游客而发生变化。随着中国游客剧增，济州岛出现了个别商圈汉字标记增多的现象，但这种变化只集中在中国人较多的个别商圈，并不涉及所有商圈。姜慧善则分析了济州岛三个代表性商圈的 352 个商业招牌，指出济州岛的商业招牌存在英语单一化现象，但根据行业的不同呈现出不同的景象。例如，服装行业倾向于使用英语，餐饮行业的标记则根据料理的国籍而定，然后再用其他语言进行信息的补充。

梁敏镐提出了多语标牌的标准化模型。第一种是“韩语 - 英语 - 汉语 - 图标”模型。这是语言政策上规定的标准化模型，适用于公共指示牌。第二种是语言景观使用主体的重心从供应者转到购买者的模型。例如，旅游地、食品包装纸、商品说明书上的多语标记。这种模型随着旅游业的发展可以被企业的销售战略有效利用。第三种是随着时间推移语言的数量变多的模型，是在灾难等特殊时期使用的一种开放性模型，主要以视觉景观、有声景观的形式体现。第四种是减少多语标记，改用图标代替的模型。例如，禁止吸烟图标、出口图标等。

（二）英语的传播和扩张

英语在韩国商业标牌中被大量使用，在发挥信息功能的同时，英语的象征功能得到了凸显。Stephen 记录和分析了首尔六个交通量大的地区交通标志的语言使用情况，指出英语在语言景观中具有积极的情感功能，从而有效地服务当地社区。任化顺、南润燮通过对比 2010 年和 2015 年济州岛商圈的语言景观，指出五年来来自英语国家的游客没有变多，但商铺的英语景观剧增，尤其是服装店密集的商圈更倾向于使用英语。姜慧善指出随着济州岛中国游客的增加，语言景观中汉语标记增多，但是商业招牌还是更倾向于使用英语，服装店尤为突出。这些研究表明英语的象征意义在语言选择中起着重要作用。

笔者发现，1979 年城市商业招牌的文字使用率依次是韩文字（82.9%）、汉字（2.6%）、英语（2.1%）。可以看出，70 年代大多数商业招牌使用韩文字，这得益于在韩文字专用政策实施以后出生的“韩文字群体”（指因韩国的韩文字专用政策，没接受汉字教育的韩国人，一般指 1950 ~ 1953 年朝鲜战争以后出生的韩国人）的成长和韩国经济发展带来的安定。但长时间深受汉字文化圈的影响，当时商业招牌中汉字的使用率高于英语，然而到了 21 世纪英语标记远远超过了汉字。例如，2001 年城市商业招牌的文字使用率依次是韩文字（79.6%）、英语（7.7%）、汉字（0.2%）。而到了 2019 年，城市商业招牌的文字使用率依次是英语（56.5%）、韩文字（29.9%）、汉字（2.8%）。由此可以看出韩国店名的语言标记有了很大的变化，英语比例变高，汉字比例一直处于低位。这说明随着全球化和区域化的进一步推进，英语已逐渐成为被广为接受的一种中性语言。

（三）语言景观在第二语言教学中的应用

城市语言景观中的外语文字为学习者学习语言提供了客观、真实的文字环境。这些公共语言景观中设置和展示的文字往往并不是以语言教学为目的，但它们仍有可能成为学习语言的输入来源。梁敏镐①考察了景观语言在韩国或日本的变异以及语言景观中的日韩、韩日翻译误用，指出这些错误标记可作为学习韩国语、日语的语料，从而有效指导外语学习。郑奎弼②考察了语言景观对语言学习的重要性，研究中教师让学生对釜山地区日语语言景观进行调查研究，并指出这种调查研究可以帮助学生了解日本社会文化背景，提高学生自主学习动机，深入了解日语，对学生的求职有帮助。

不仅如此，语言景观的研究还启发了教育工作者创造新颖的课堂活动，批判性地反思学生所处的符号环境。金胜宇（Kim Seongwoo）③ 调查了韩国的两个大学班级，而语言景观作为一种教育资源被介绍给 41 名师范类英语专业学生。分析表明，职前教师成功地将语言景观作为一种可行的教学工具，结合相关的语言、文化和个人知识来设计以语言景观为中心的任务。姜慧善④利用语言景观资料进行教学并让学生分组设计语言景观，之后进行关于课堂反馈的问卷调查。最后指出，培养交际能力已成为英语教育的目标，而语言景观与日常生活密切相关，因此可以为第二语言教学提供真实资料。

（四）其他研究

本部分简单介绍语言景观的本体语言学研究、外国劳动者聚居区的语言景观观察、历史语言景观、多语使用政策、语言景观意识、译写研究等内容。

本体语言学研究 语言景观的本体语言学研究涉及外来语、方言、语义学等领域。梁敏镐通过考察语言景观的英语标记，主张韩日语言景观里的“TAXI”“BUS”等英语应该纳入广义的外来词。金德镐⑤界定了方言景观的概念、种类，阐述方言景观的价值（情感价值、文化价值、语言价值），考察韩国方言景观商品的种类和地域分布，探讨了方言景观和方言态度的相关

① 양민호,「언어경관 자료를 통한 한일 외래어의 신개념과 범위에 관한 연구」,『일본어문학』(61),2014, pp.77–94.

② 정규필，「釜山 T 大学校の学生は地元の言語景観調査から何を感じたか - 教養科目のレポートを対象とした質的分析より - 」,『일본근대학연구』(53), 2016， pp. 105 - 132.

③ 김성우， Linguistic Landscape in Pre-service Teacher Education: Potentials and Considerations,『멀티미디어 언어교육』20 （4）， 2017， pp. 66 - 98.

④ 강혜선，「언어학습 자료로서 언어경관의 활용」，『미래영어영문학회 학술대회 자료집』, 2018,pp.172–190.

⑤ 김덕호，「한일 방언 경관의 분석과 방언 태도의 상관성」，『일본학』(40), 2015,pp.51–84.

性。研究指出韩国方言景观商品在其地理分布上离标准语圈越远其呈现的景观越多，方言景观对人们的方言态度有积极的影响。金正萱（Kim Jeongheon）考察了韩国、日本商业招牌和指示牌的语用功能，指出商业招牌为了招揽顾客、给人留下深刻印象，除了增加图片，还在语言上使用模仿、隐喻、错误标记等方法。①

外国劳动者聚居区的语言景观观察 安山市是韩国京畿道的多元文化特区，这里居住着来自中国、乌兹别克斯坦、越南等国家的很多劳动者。郑恩惠（Choung Eunhye）通过考察安山市外国劳动者聚居区的文化景观，揭示了在“无国境社区”的美名之下，却实际存在着对外国人的排斥和歧视现象。② 在这一区域宣传品、店名等多用多语标记，形成了异国景观。店名、饭店的菜单甚至出现不用韩语而用其他各国语言标记的情况，这是由于外国人作为老板，从事交易。研究指出，要解决韩国多元文化社会的矛盾，不能只靠自上而下的政策推进，而是要靠韩国人与外国人、政府和居民、社区居民之间的有效沟通。

历史语言景观 全佳英、任有娜考察了 20 世纪 70 年代中后期期刊《根深蒂固的树》的专栏，揭示了当时语言景观的三大特点。第一，混用韩文字、汉字。20 世纪 60 年代，韩国政府为了增强民族身份认同，提倡、鼓励使用韩文字，但 70 年代的韩国社会无法抹去几千年汉字文化的影响，汉字仍然作为知识阶层的文字出现在语言景观中。于是，自上而下的政策与商人、知识阶层之间的矛盾通过韩文字、汉字的混用体现了出来。第二，模仿日本招牌和品牌。韩国政府想通过日本游客增加外汇，私人商业标牌制作者优先考虑潜在的经济效应，因此商铺纷纷模仿日本店名和日本品牌。第三，英语具有特殊的象征功能。英语代表优越文化的象征功能已经远超过其交流功能。该研究揭示了 70 年代韩国语言政策的混乱以及人们对英语、汉语、日语的认识。

多语使用政策 赵兑麟指出韩国学者对标牌语言的关注点主要集中于语言特色和语言规范问题，在理论层面的研究和挖掘仍有待提高。他指出语言

---

① 김정헌,「언어경관에 보이는 화용에 관한 연구 – 간판과 게시판을 중심으로」,『일본근대학연구』(55), 2017,pp.191–205.

② 정은혜,「관광객 시선으로 본 다문화 공간의 경관 해석 – 안산시 원곡동을 사례로 –」,『한국사전지리학회지』(29:2), 2019,pp.69–87.

景观研究除了研究标牌语言的规范，还需关注全球化引起的多语标记，以及多元文化社会中少数族群语言的语言权利等多语使用政策。这就需要把研究内容扩展到多元文化主义、语言人权层面。为了达到这个目标，语言景观的研究对象应从商业招牌、指示牌扩大到中央政府、地方自治团体提供的各种公文、期刊，从文字景观扩大到有声景观和触觉景观。

语言景观意识研究 语言景观意识研究主要集中在韩日的对比研究。梁敏镐对韩国、日本的大学生进行了多语景观态度调查，通过调查发现学生对多语标记持不同的态度。[①] 例如，韩国人更喜欢图标标记，而日本人则更欢迎英语标记。金顺任考察了东京、大阪和首尔、大邱语言景观中的禁止表达，指出日韩语言景观中的禁止表达有所差异。如，敬语等级上日语比韩语更高，表达上韩语比日语更直接。李顺衡则通过考察首尔、东京地铁里的宣传海报，指出两个城市的宣传海报呈现不同的景象。如韩国有“右侧通行”“孕妇爱心专座”“禁止销售商品”“禁止逃票”等宣传海报，日本则有“指定位置关机”“背包胸前佩戴”“车内禁止化妆”等宣传海报，表示这是两国民族习惯、社会环境的差异所导致的。同时指出韩国宣传海报语言单一化现象突出，如在日本，“日语－英语”的语言排序占49.5%；在韩国，“韩语－英语”的语言排序则占3.7%。

译写研究 梁敏镐考察了韩日的语言景观，把语言景观的译写误用按照文字误用、语义误用、形态误用、其他误用分类后进行了分析。[②]

四 对中国语言景观研究的启示

韩国的语言景观研究在以下三个方面对国内语言景观研究具有启示意义。

第一，为语言景观对比研究提供了思路。国内城市化进程不尽相同，地域文化也有一定的差异，这种地理、文化上的差异为地区之间的语言景观对比研究提供了研究路径。不仅如此，中、日、韩三国同属于东亚文化圈，地理位置相近，有多样而相异的文字体系，因此也可进行中、日、韩三国语言

① 양민호,「공공시설물의 언어 표기 의식에 관한 한일대조연구」,『일본어교육연구』(22), 2012,pp.121-134.

② 양민호,「한일언어경관 속 언어오용에 관한 사회언어학적 연구」,『인문과학연구논총』(37:4), 2016,pp.193-210.

景观的对比研究。例如，中国的文字景观中有汉字、拼音、英文、少数民族文字；日本有平假名、片假名、汉字、英文、民族文字；韩国则有韩文字、英文、汉字，由此可以进行语言景观标记、语言形式、译写、语言意识等对比研究。

第二，提供了多样的研究焦点。韩国语言景观研究中对外国劳动者聚居区语言景观考察、历史语言景观研究、语言景观专题研究、语言景观标记模式研究、语言景观意识研究、方言景观研究等都是很好的研究路径。不仅如此，随着社会的发展和科技的进步，语言景观中结合图像、声音、颜色、模型等多模态景观也日益常见，可以说多模态的语言景观研究已经成为现代化都市的象征，多模态研究也值得期待。

第三，提供了多样的研究方法。通过采访、问卷调查了解人们对语言的认识以及语言景观所具有的象征性，同时网络也可为研究提供便利。韩国的商业招牌研究往往侧重记录语言景观的事实，阐述语言现象和特征，却对语言现象背后的问题解释、阐述不够充分。这就需要通过问卷和访谈等形式探究语言景观背后所蕴含的动机和理由，以及深层次的政策取向、权势、身份和地位等问题。网络的发展也为实证性的历时研究提供了便利，运用网络技术可克服搜集资料的局限性，各个网站提供的街景图片和牌匾图片可用于基础的历时研究。

结 语

在韩国，“语言景观”这一术语首先出现在地理学领域，之后传到语言学领域。20 世纪 90 年代，语言学领域开始出现语言景观研究，其研究主要是通过公共标牌语言，考察韩国语或外国语的使用情况。2006 年、2007 年曾出现语言景观专题研究，2011 年以后日语语言学领域涌现出一批韩日语言景观的对比研究成果。近年来韩国的语言景观研究借鉴西方的理论成果，多以实证性方法考察城市公共语言的使用情况，为了解韩国的语言生态环境、语言权势等提供了可靠资料。不仅如此，语言景观的研究对象不断扩大，研究方法和焦点逐渐多样化，内容涉及标牌语言的韩日对比、语言景观的多语现象、英语的传播与扩张、二语习得、外国劳动者聚居区的语言景观、历史语言景观、方言景观、多语使用政策等。

Oriental Perspective of Linguistic Landscape Studies: An Overview of Linguistic Landscape Studies in ROK

Wu Xianhua

Abstract This article provides a concise and systematic review of the relevant literature on linguistic landscape studies (LLS) in the Korean database. By tracing the origin and development of LLS in ROK and their relevant research results, the present review discusses how they can shed light on Chinese linguistic landscape research.

Keywords ROK; Linguistic Landscape; Multilingualism; Language Policy

经济与社会

自由心证主义在韩国法中的继受与发展*

——以民事诉讼为中心

包冰锋　王　悦

【内容提要】 在法制发展的历史中，法定证据主义曾经是法官认定事实的基本准则。然而，随着近现代社会生活的复杂化，法定证据主义的弊端日益凸显，现代各国纷纷改采自由心证主义。自由心证主义，是法官在认定事实时，以审理过程中呈现的所有资料为基础，以自由判断形成心证的一项审理原则。韩国继受了滥觞于欧洲大陆的自由心证主义，并在此基础上发展出适合自身的学说和判例体系，这对于中国建立现代自由心证体系具有相当的借鉴意义。

【关键词】 韩国法　民事诉讼　证据法　自由心证主义

【作者简介】 包冰锋，西南政法大学副教授，人民法庭研究中心研究员，韩国延世大学访问学者；王悦，西南政法大学人民法庭研究中心研究人员。

自由心证主义是民事诉讼中甚为重要的程序基本原则，且其为证据法的核心原则。依自由心证原则，法官可以根据自由的心证来决定事实的真伪，其原则上可以自由决定当事人所提出的主张、证人证言、鉴定意见等具体证据的价值，其并不受法定证据规则的约束。发端于欧洲大陆的自由心证主义，经由德国法和日本法的桥梁作用传播至韩国。韩国的理论界与实务界对

* 本文为国家法治与法学理论研究项目（项目批准号：16SFB3025）的阶段性成果。

于如何继受并发展自由心证主义见解不一，梳理韩国法的发展脉络并总结经验，无疑对我国完善民事诉讼证据规则大有裨益。

一　韩国法对自由心证主义的继受

自由心证的理念最早出现于古罗马时期，后来由于实行自由心证容易导致权力专断，作为与自由心证主义相对的法定证据主义悄然孕育而生。[①] 在法定证据主义下，法律预先规定证据的证明力，即便法官对于事实认定有着自身的见解，也只能依据既有的证据法则形成心证并据以做出裁判。法定证据主义源于古日耳曼法，为中世纪意大利法和德国普通法所采用，其初衷在于避免法官随意地认定案件事实，以维护民事诉讼程序的安定性和确保当事人对于程序的可预测性。但是，诚如世上没有两片一模一样的树叶，世上也没有两例一模一样的案件，因此，不考虑具体案情而将民事诉讼证据的证明力事先通过复杂且死板的规则加以固定，并非明智且适宜的选择。

为了提高法官心证形成的合理性，18 世纪法国大革命后，自由心证主义作为认定事实的一项基本原则取代了法定证据主义。[②] 法国民事诉讼确立自由心证主义以后，对大陆法系国家的证据判断原则产生了很大的影响，尤其是德国《民事诉讼法》第 286 条和日本《民事诉讼法》第 247 条关于自由心证的规定。就韩国法而言，深受德国法和日本法的影响，尤其是日本法。1910 年日本侵略朝鲜半岛，对韩国实施了长达 35 年的殖民统治。1911 年，日本制定《应在朝鲜施行法令之法律》，以朝鲜总督发布命令即采用制令的形式在韩国直接实施日本法律。1912 年，通过连续发布《朝鲜民事令》（制令第 7 号）和《朝鲜刑事令》（制令第 11 号），韩国开始正式适用日本的民事刑事法律。在适用日本法律初期，殖民当局对保有朝鲜习惯法尚持默许态度，之后便逐渐缩小朝鲜传统法律的适用范围直至取消。从此，移植于德国法的日本民事诉讼制度开始在朝鲜半岛登上历史舞台。[③]

1945 年日本无条件投降，韩国得以光复。1948 年 9 月 15 日，韩国政府

---

① 刘春梅：《自由心证制度研究：以民事诉讼为中心》，厦门大学出版社，2005，第 38 页。

② 何勤华主编《法国法律发达史》，法律出版社，2001，第 515 页。

③ 〔韩〕孙汉琦：《韩国民事诉讼法导论》，陈刚审译，中国法制出版社，2010，第 46 页。

正式成立法典编纂委员会着手制订自己国家的法律。因 1950 年 6 月 25 日爆发朝鲜战争，法典编纂工作被迫拖延，直到 1953 年 1 月才完成《民事诉讼法草案》并提交审议。1958 年 12 月，该草案通过国会审议，1960 年 4 月 4 日予以公布，同年 7 月 1 日正式施行。[①] 至此，韩国以自己制定的民事诉讼法代替了援用民事诉讼法，但是在内容上没有进行根本性变动，仍然保持着强烈的德意志法系的传统。具体到自由心证主义领域，韩国《民事诉讼法》第 202 条基本沿用了德国法和日本法的表述。

二　韩国自由心证主义的基本要义及其展开

韩国《民事诉讼法》第 202 条明确规定："法院应当斟酌辩论的全部意旨和证据调查结果，遵从社会正义及衡平理念，根据逻辑和经验法则，依据自由心证判断事实主张的真实与否。"由此可见，所谓的自由心证主义(자유심증주의)，是指法官在认定事实时，以审理过程中呈现的所有资料（辩论的全部意旨和证据调查结果）为基础，以自由判断形成心证的一项审理原则。

（一）证据原因

证据原因是法官就应证事实获得内心确信的原因，其内容不外乎二端，即辩论的全部意旨和证据调查的结果。根据辩论主义的要求，法官所知的诉讼资料外的事实和辩论中未出现的资料，均不得成为心证基础。

1. 辩论的全部意旨

辩论的全部意旨是指在言辞辩论时所呈现的一切资料、模态、状况等，比如，当事人的陈述内容或态度（如陈述中脸红、出汗以及矛盾陈述）、当事人对于法官提出的问题表示沉默、当事人对于证据材料的提供表示拒绝，或者当事人对证据方法加以隐匿等。这些都属于辩论的全部意旨，因而都可以成为法官自由心证的对象。法官能否仅仅根据辩论的全部意旨进行事实认定？对此，判例与学说观点不一。孙汉琦教授认为，辩论

① 이호원，「한국 민사소송법의 변천과 과제」，『민사소송』(제 20 권 1 호)，2016.5.

的全部意旨应当属于补充性证据原因（判例和多数说也持补充性证据原因说）。① 因此，辩论的全部意旨必须结合其他证据原因即证据资料（如证人证言或鉴定意见）才能成为证据原因。但是，韩国判例认为，对于文书的形式证明力（真正成立与否）和撤销自认之错误要件，可以依据辩论的全部意旨加以认定。

2. 证据资料

证据资料是指经法院依法定的证据调查程序，针对当事人所提出的法定证据方法进行调查后所获得的调查结果。例如，在以人证调查后所获得的证据资料，有证人的“证言”，鉴定人的“鉴定意见”，当事人询问后的“当事人本人陈述”；在物证调查后，也可以获得“文书”或“勘验”的结果。但是证据资料只是法院的判决基础，而对其真实性，法官有权自由进行判断（不受证据法则的约束）。韩国法官在判断证据资料时通常需要遵循以下三大原则。

（1）证据方法（证据能力）不受限原则

证据方法是指法官可以运用自己的身体五官以进行证据调查的有形物。换言之，证据方法是可以成为法院进行证据调查对象的有体物。证据能力是指有形物能够作为证据方法而成为证据调查对象的资格。在自由心证主义下，不限制证据方法（不限制证据能力），但是否将其作为证据调查结果予以接受，则由法院裁量决定。

对于违法收集的证据方法（譬如窃取的文书或窃录的录音带），是否承认证据能力的问题，学界见解有三：肯定说主张有证据能力；否定说则主张无证据能力；而折中说认为，有违法性阻碍事由（可以消除行为违法性的事由，如正当防卫或紧急避难等）时，可以认定有证据能力。在韩国，折中说是多数说。② 但判例采肯定说，从而认为违法收集的证据方法也可以成为证据调查对象，不过在评价证据调查结果时，应当斟酌违法收集的事由及其影响。③ 例如，韩国大法院“2013年6月27日宣告2012Da31628判决”载明：“因此，对私生活秘密与自由或肖像权的不当侵犯将构成侵权行为，

① 〔韩〕孙汉琦：《韩国民事诉讼法导论》，陈刚审译，中国法制出版社，2010，第267页。

② 〔韩〕金洪奎、姜泰源：《民事诉讼法》，三英社，2008，第489页。

③ 〔韩〕李时润：《新民事诉讼法》，博英社，2009，第467页。

而仅凭该侵犯行为在公开场所完成，或为收集民事诉讼证据而进行的事由不被正当化。”①

（2）证明力自由评价原则

法官可以自由评价证据调查结果（证据资料），以此来判断某一证据与待证事实之间具有何种程度的关联。在自由心证主义下，对经验法则的选择和取舍直接委于法官的自由判断。同样，从间接事实推认主要事实的过程也是法官借助经验法则进行自由判断的过程。法官的判断不受刑事审判认定事实结果的约束，也不受其他民事判决的认定事实结果的约束。韩国判例认为，在民事诉讼中，刑事审判认定事实的结果仅为证据资料。例如，刑事判决认定文书系伪造文书，但民事损害赔偿诉讼则可以否认刑事判决的认定，并且此种做法不构成违法裁判。但在民事诉讼中，刑事判决的认定事实结果是一项有力的证据，民事审判欲排除刑事审判的事实认定结论，则必须表明其理由。②

（3）证据共通原则

在自由心证主义的框架下，必然有证据共通原则存在的空间。亦即，证据一经当事人提出，该证据便成为双方当事人之间共通的证据。法官不但可以依据该证据进行有利于提出者的认定，也可以反向做出不利于提出者而有利于其对方当事人的认定。原本仅仅适用于双方当事人之间的证据共通原则，现今已逐渐扩大到共同诉讼人之间。

通常情况下，对要证事实的证据调查过程是按照证据申请、证据采否的决定、证据调查的实施和证据调查结果的顺次进行。提出证据申请是当事人在辩论主义诉讼中承担的一项义务。在民事诉讼中，如果当事人不提出证据申请，就会出现争点问题没有证据加以证明的情形。而由此产生的诉讼上不利益，则须由当事人承担。韩国《民事诉讼法》第 161 条第 1 款规定，当事人可以采用书面或口头形式申请证据。当事人在提出证据申请时，应当具体写明以下事项：第一，待证事实；第二，特定的证据方法；第三，待证事实与特定的证据方法的关系。证据申请是当事人诉讼行为中的取效行为，所以在法院进行证据调查之前可以撤回证据申请。但是，证据调查后所获得的证据资料，基于证据共通原则，则无撤回余地。

① 《韩国大法院判例选编（第 7 卷）》，韩国大法院法院图书馆，2015，第 801 页。

② 손한기 ,『민사소송법』, 홍문사 ,2017.254 면 .

（二）自由心证的过程及程度

1. 自由心证过程：逻辑和经验法则

自由心证并非恣意心证，而是要求法官应当根据逻辑和经验法则做出心证，并且要立足于社会正义和衡平理念。经验法则是指从日常生活经验获得的有关事物的性质、形态及因果关系的法则。经验法则大致分为三种类型：一是作为一般常识的单纯经验法则；二是属于专业性和学理性的经验法则，如关于年龄和平均寿命的简易生命表；三是利用表见证明获得的具有高度盖然性的经验法则。在经验法则中，属于一般常识性的经验法则不属于证明对象。就专业性和学理性的经验法则来说，由于人们不能期待法官对此有专业认识，所以应当成为证明对象。

对于法官适用经验法则有错，当事人是否可以提出上告的问题，韩国学界争议颇大，立场对立，基本分为事实问题说和法律问题说。事实问题说认为，法官适用经验法则有错属于事实问题，因此不能成为上告对象，这属于少数说。而法律问题说认为，适用经验法则有错相当于法律问题，因此可以成为上告对象，这属于多数说。[①] 韩国判例采法律问题说，将适用经验法则有错问题视为上告理由，当事人可以据此提起上告。

法官形成心证必须立足于社会正义和衡平理念，是适用经验法则判断辩论中的证据资料和辩论的全部意旨的过程。但是对于在判决理由中是否应当记载心证形成的经过，韩国的学说和判例尚存争议，尤其是对于是否应当记载选择证据的理由的问题认识上，争议甚大。多数说持应当记载（便于上告审审查）的意见，但判例持否定意见。对此，折中说主张，经验法则属于惯例时无须记载，但属于特别实例时（例如，排除已成立的处分文书记载内容时，排除其他关联案件已认定的事实时）应当记载。韩国《民事诉讼法》第 208 条第 2 款规定，法院认为没有必要时，可以不记载对诉讼攻击防御方法的判断。法官对事实认定有误的，一般不能成为上告理由。但以自由心证本身适用有误为理由的，可以成为上告理由，例如明显违反经验法则、采证规则，辩论程序或证据调查程序违法。[②]

---

① 〔韩〕胡文赫：《民事诉讼法》，法文社，2012，第 464 页。

② 〔韩〕孙汉琦：《韩国民事诉讼法导论》，陈刚审译，中国法制出版社，2010，第 268 页。

2. 心证程度：证明标准

心证程度是指法官对事实形成确信的标准。社会科学通常只要求达到历史性证明（非逻辑性证明）即可，因此，对于事实真相只需达到高度盖然性便可做出认定。当心证不能达至高度盖然性这一程度时，法官将根据证明责任分配原则做出不利于一方当事人的事实认定。但是在现代型诉讼（例如，公害诉讼、产品责任诉讼、医疗过错诉讼等证据偏在现象严重的诉讼）中应当降低心证程度（尤其是因果关系的认定），其方法有盖然性说、疫学证明理论等。例如，由于医疗行为本身具有特殊性，在很多种情形下由患者证明因果关系是一件非常困难的事情。降低患者的证明难度的方法之一就是采用盖然性理论。在韩国，盖然性理论首次出现在1974年的一起公害诉讼为减轻受害者的证明责任的判例中。[①]

（三）自由心证的终结：证明责任

1. 证明责任的出现

在审判实务中，经常会出现法官反复实施辩论后仍然无法形成心证的情形。而在此情形下，法官既不能将辩论再无止境地继续下去，又不能拒绝对该案做出裁判。法官虽然是审判的主导者，但法官是人而非神，因此面临事实难以形成确信的局面在所难免。为了解决这一问题，近代以后的诉讼程序确立了证明责任制度。简言之，在辩论终结阶段，法官不能依据自由心证原则确定事实时，可以根据证明责任分配原则让一方当事人承担诉讼上的不利益，从而使审判进入下一阶段即适用法律阶段，从而发挥裁判指针的作用。

2. 证明责任与主张责任的关系

主张责任，是指当事人未主张对己有利的事实，导致该当事人因无法获得法院对己有利的认定而遭受的不利益。主张责任是韩国辩论主义最为核心的内容，从类型上看可分为客观主张责任和主观主张责任；其是在辩论主义下产生的诉讼责任，而在职权主义下则不予认定。例如，在实行职权探知主义的家事诉讼中，法院判决时不必等待当事人的主张，因此当事人不承担主

① 朴顺善：《医疗过失的因果关系及其证明——以韩国学说与判例为中心》，《山东警察学院学报》2016年第2期，第68页。

张责任。但职权主义并不否定当事人有提出事实主张的权利。

在辩论主义的背景下，主张责任先行于证明责任。即相对方对他方的主张予以自认时，则可以免除他方的证明责任；而相对方对他方的主张提出争议时，他方则需要进行立证。因此无论是在时间上还是逻辑上，主张责任都先行于证明责任，其分配原则也与证明责任一致。

3. 证明责任的分配

（1）分配原则：法律要件分类说

法律要件分类说并不是以待证事实本身对事实进行分类，而是按照承载要证事实的法规对事实进行分类，其要求各当事人应当对利己的法规的要件事实承担证明责任。立法者通过各种立法技术，将法规明确划分为权利根据规定、权利障碍规定、权利消灭规定、权利阻止规定。权利根据规定是指权利发生依据的规定。例如，当事人基于侵权行为主张损害赔偿请求权时，其权利发生的构成要件由韩国《民法》第 750 条权利根据规定加以规定。权利障碍规定是指将障碍权利发生事实作为构成要件的规定。例如，韩国《民法》第 103 条的反社会秩序法律行为、第 104 条的不公正法律行为等都属于以障碍权利发生事实为构成要件的权利障碍规定。权利消灭规定是指以消灭已发生的权利为构成要件的规定。例如，偿还（《民法》第 460 条以下）、免除（《民法》第 506 条）、消灭时效（《民法》第 162 条）等，都是以消灭已发生的权利为构成要件的权利消灭规定。权利阻止规定是指以阻止现在行使权利的事实为构成要件的规定。例如，留置权（《民法》第 320 条）、同时履行抗辩权（《民法》第 536 条）等，均在承认原告权利的基础上规定阻止权利行使。权利根据规定的反对规定是权利障碍规定、权利消灭规定、权利阻止规定。

在通常情况下，原告在诉讼中是权利主张方，因此权利根据规定基本上是有利于原告的规定，所以原告应当对权利根据要件事实承担证明责任。反对规定多是利于对原告的权利主张提出争议的被告，因此由被告对其要件事实承担证明责任。在法律要件分类说的背景下，分配证明责任的要义是必须首先确定当事人当下主张的事实符合哪一类法规。在通常情况下，权利障碍规定的要件事实、权利消灭规定的要件事实、权利阻止规定的要件事实都属于驳回原告诉讼请求的诉讼防御方法，可谓该案的抗辩事实，因此由提出抗辩的被告承担证明责任。但是，原告在请求确认权利或法律关系不存在的消极确认诉讼中，其证明责任的承担则是相反的。

法律要件分类说就传统的诉讼逻辑思维而言，确立了证明责任分配的基本原则。但是，法律要件分类说也遭到了诸多批判。第一，法律规定不明确时，分配证明责任就存在难度。即立法者没有明确识别根据规范和反对规范的证明时，实务中就很难正确分配证明责任。例如，韩国《民法》第 108 条规定了与相对人通谋的虚伪意思表示无效。此条规定中是否有通谋事实的可能是请求权发生的障碍事由，而通谋事实的不存在是否为权利发生根据事实则分界不明，如此使得证明责任分配也变得模糊。第二，因侵权行为提出损害赔偿请求时，韩国法规定的全部权利发生根据要件事实都由原告（受害者）进行证明，这无疑增加了原告的证明负担。特别是在现代型诉讼中存在着严重的证据偏在现象，这令原告在证明时困难重重。①

（2）例外的分配标准

为了改善法律要件分类说的不合理之处，韩国学界提出，应当在坚持法律要件分类说的基础上另外开拓例外的证明责任分配标准，其中的代表性学说有德国的危险领域说和日本的证据距离说。危险领域说认为，在不法行为诉讼或债务不履行诉讼中，以损害发生在何方控制或支配的危险领域（法律上或事实上可支配的生活领域）中为标准分配证明责任。根据危险领域学说的解释，原告（受害方）只要证明在被告方的危险领域发生损害即可，而被告则要证明自己与损害发生没有因果关系或自己无过失。证据距离说是依据双方当事人与证据的距离、证明难易以及盖然性（对高度盖然性事实主张例外）为标准分配证明责任。这是日本学者受德国危险领域说的影响所提出的学说。韩国主要以上述两种学说作为法律要件分类说的补充。

三　韩国自由心证主义的例外与限制

尽管在认定事实方面原则上贯彻自由心证，但并不排斥法律也可就证据方法或证明力做出特别规定。同时，民事诉讼还认可当事人签订证

① 〔韩〕金洪奎、姜泰源：《民事诉讼法》，三英社，2008，第 424 页。

据契约。在此意义上可以说，法官的心证形成过程直接或间接地受到了限制。

（一）法定的证据方法和证明力

法官的自由心证并非无拘无束。韩国《民事诉讼法》对证据方法规定了一定的限制，对证据的证明力也做了相应的规定。这些规定构成了自由心证的例外。具体而言，《民事诉讼法》就证据方法和证明力对自由心证有以下限制。

第一，对于代理权应当依书面资料加以证明（韩国《民事诉讼法》第58条第1款、第89条第1款）。第二，疏明方法仅限于能够即时调查的证据（韩国《民事诉讼法》第299条第1款）。第三，有关否定当事人和法定代理人的证人能力等证据能力的限制性规定（韩国《民事诉讼法》第367条、第372条）。第四，辩论笔录具有法定证明力（韩国《民事诉讼法》第158条）。第五，有关公文书和私文书的证明力推定（韩国《民事诉讼法》第356条、第358条）等限制自由评价的规定。第六，一方当事人故意妨碍相对方证明的，法院应当做出不利于妨碍行为人的事实认定的判决（《民事诉讼法》第349条、第350条）。

（二）证据契约

1. 证据契约的类型化分析

证据契约是指当事人就证据有关事项所形成的合意，包括当事人就一定的事实如何确定所形成的合意以及对证据方法予以限制的合意。前者如当事人合意确定买卖价款为1000万韩元（自认契约）；后者如合意就有无买卖关系仅能以书面证据证明，或者合意书证效力强于人证；等等。

2. 证据契约的合法性和法律性质

当诉讼标的的特定适用处分权主义且诉讼资料的提出适用辩论主义时，证据契约不仅合法而且被法院允许。但是，对于自认间接事实的契约或证明力契约等过于约束法官自由心证的证据契约，则不许可。

关于证据契约法律性质的学说主要有私法行为说和诉讼行为说。私法行为说认为，证据契约属于当事人之间的私法契约，不具诉讼法上的效力，其要件亦适用《民法》规定。诉讼行为说则认为，证据契约具有诉讼法上的效力，其要件应当适用《民事诉讼法》的规定，但有关意思表示瑕疵的处理则适用民法规定。①

3. 证据契约的提出及效果

由于证据契约的订立是在诉讼前或诉讼外进行的，多数情形下法院并不知情，所以，证据契约应当由受益方提出。对于当事人提出证据契约的行为，私法行为说认为相当于抗辩，而诉讼行为说则认为相当于事实报告。当法院通过当事人的主张和调查知悉有证据契约时，其裁判应受证据契约的约束，抑或间接限制了法官的自由心证。例如，当存在自认契约时，法院应当根据契约内容认定事实；存在证据方法契约时，法院应当驳回当事人于契约外提出的证据方法。②

结　语

在证据法发展的历史进程中，法定证据主义曾经支配整个诉讼理论相当长的一段时间。在欧洲自罗马帝国后期以来，直到 19 世纪初均为法定证据主义擅场的时代。在法定证据主义下，在进行事实认定时不容许导入法官个人主观心证，而是利用数学计量方式，借以决定事实认定的结果。法定证据主义透过排除法官个人主观心证以达到防止法官恣意裁判的目标，在社会生活单纯化的时代确有其适用价值。然而，随着近现代社会生活的复杂化，透过法定证据主义而进行事实认定，因已偏离真实发现的目标，甚可谓成为发现真实的束缚。基于此，以对法官的良心与理性的信赖为出发点，现代各国纷纷改采自由心证主义。

韩国通过日本法“间接继受”了德国民事诉讼中的自由心证主义。但是，自由心证并非恣意心证，经过多年的努力，韩国在德国法和日本法的基础上发展出适合自身的学说和判例体系，以供法官认定事实时作为参考的基准。

---

① 〔韩〕孙汉琦：《韩国民事诉讼法导论》，陈刚审译，中国法制出版社，2010，第 273 页。

② 〔韩〕金洪奎、姜泰源：《民事诉讼法》，三英社，2008，第 487 页。

The Succession and Development of the Free Evaluation of Evidence Doctrine in Korean Law
—*Centered on Civil Litigation*

Bao Bingfeng, *Wang Yue*

Abstract In the history of the development of legal system, the statutory evidenceism was the basic criterion for judges to identify the fact. However, with the increasing complexity of modern social life, drawbacks of the statutory evidenceism are increasingly prominent and modern countries have changed to employ the free evaluation of evidence doctrine. The free evaluation of evidence doctrine is a trial principle when the judge identifies the fact, based on all the information presented in trial process, forming a testimony by free judgment. ROK has inherited the free evaluation of evidence doctrine originated in Europe and developed a doctrine and case system that is appropriate for its conditions on this basis. The experience can be a good reference for China to establish the modern free evaluation of evidence doctrine.

Keywords Korean Law; Civil Litigation; Evidence Law; Free Evaluation of Evidence Doctrine

中韩 FTA 实施效果和升级谈判*

——基于 ARMA 模型的分析

李冬新　王振雄　王俊凯

【内容提要】2015 年 6 月 1 日《中韩自由贸易协定》正式签署以来，为东北亚国家进一步开展经济合作奠定了基础。随着服务贸易在中韩两国经济发展中所占权重增大，《中韩自由贸易协定》在运行四年后有必要实施升级谈判，主要涉及服务贸易和投资协定。本文首先通过自回归滑动平均模型（ARMA model）对《中韩自由贸易协定》实施的效果进行了分析，发现《中韩自由贸易协定》将中国对韩国出口额占中国总出口额的比重提高了 0.3 个百分点，但对其他的进出口占比没有显著的影响。为了更好地促进中韩经济的深度合作，本文梳理了《中韩自由贸易协定》升级谈判的过程和难点，从现实意义给出了目前推进的方案和对策。

【关键词】《中韩自由贸易协定》　ARMA 模型　服务贸易

【作者简介】李冬新，山东大学东北亚学院副教授，国际问题研究院东北亚研究中心副主任；王振雄，经济学博士，中国太平洋人寿保险有限公司投资经理；王俊凯，经济学博士，山东大学经济学院讲师。

1992 年中韩两国正式建交，自此以后，两国的经济合作持续升温，2003 ~ 2014 年，中韩双边贸易总额从 632.23 亿美元增长至 2904.9 亿美元，

* 本文获得国家社科基金项目“‘一带一路’背景下东亚新型经济合作模式构建研究”（项目编号：18BGJ001）支持，获得山东大学“未来青年学者”项目“新形势下东亚新型经济合作模式构建研究”（项目编号：20820201007）支持。

增长了 3.59 倍。2015 年 6 月 1 日，中韩两国代表在首尔正式签署了《中韩自由贸易协定》（简称“中韩 FTA”），该协定为两国的企业及贸易发展提供了前所未有的机遇。由于中国与韩国的贸易运输以海运为主，因此在促进贸易增长的同时，FTA 的实施会直接带动离韩国较近的港口的经济发展。

中韩 FTA 的实施并没有产生预期的经济效果，① 第二阶段的谈判已提上日程。本文对中韩 FTA 的开放结构、实施效果进行分析，指出中韩 FTA 升级谈判的原因及谈判中存在的难点，并对未来发展前景做出展望。

一　中韩 FTA 的开放结构

与中国以往签订的自由贸易协定相比，中韩 FTA 有四个突出的特点：协定内容覆盖面扩大，更加突出服务贸易和投资，增加了关于竞争和环境方面的条款，以及强调良好的治理和规范。②

协定覆盖范围方面，中韩 FTA 涉及货物贸易、服务贸易、投资和规则等多个领域，比中国以往签订的贸易协定范围更广，包含了电子商务、竞争政策、政府采购、环境等“21 世纪经贸议题”。其中最为突出的是有关电子商务的内容，这在以往的协定中是前所未有的，促进了新技术下中韩双方贸易的发展。除此之外，有关金融服务和电信的内容也是非常新颖的，还开始将数字技术纳入知识产权和海关程序的考虑范围，数字技术的推广和发展将缩短产品加工时长，提高生产效率。

服务和投资方面，中韩两国承诺，在自由贸易协定实施期间，将基于负面清单模式和投资前国民待遇继续开展有关服务贸易和投资的谈判，鼓励双方在对方国进行投资活动，并为对方的投资活动创造良好的条件。2018 年发布的《自由贸易试验区外商投资准入特别管理措施（负面清单）》在全国负面清单开放措施基础上，将取消或放宽外资准入限制的试点范围拓宽至更

① I. Cheong, “Analysis of the FTA Negotiation between China and Korea”, *Asian Economic Papers*, 2016, 15 (3), 170 - 187.

② 龚柏华：《TPP 协定投资者—东道国争端解决机制评述》，《世界贸易组织动态与研究》2013 年第 20 期。

多的领域，具体来说将负面清单减少至 45 条措施。[①]

除此之外，有关关税削减的力度也是非常大的，协定生效后，在 20 年的过渡期内，中国将对税目的 91%、进口额的 85% 的产品实施零关税，韩国零关税产品达到税目的 92%、进口额的 91%，10 年之内两国将取消 60% 以上商品的关税。这就意味着在过渡期之后，中韩双方将有多于 90% 的产品最终完全取消关税。

二　中韩 FTA 的实施效果分析

（一）关税削减

在中韩 FTA 实施的这段时间里，中韩双方已就相关商品进行了四次关税削减。第一次关税削减是在 2015 年 12 月 20 日，中韩自贸协定正式生效后，韩国对 50% 的商品取消了关税，占我国从韩国进口额的 52%；我国对 20% 的商品取消关税，占韩国从我国进口额的 44%，我国共有 958 种商品实现了零关税。2016 年 1 月 1 日，中韩双方开始实施第二次关税削减，主要包括纺织用品、轻工产品等约 1000 种商品。[②] 2017 年 1 月 1 日，开始实施第三次关税削减，涉及的商品主要包括乳制品、牛肉、海鲜等。[③] 2018 年 1 月 1 日，中韩双方对乳制品、海鲜等商品实行进一步降税，截至 2018 年 5 月，零关税商品已经涵盖了中韩双边贸易商品的 50%。[④]

（二）货物贸易

虽然中韩自贸协定于 2015 年 12 月正式生效，但韩国海关统计数据显示，2015 年中韩双边货物贸易额为 2273.8 亿美元，同比下降 3.4%。其中，中国对韩国出口总额为 902.4 亿美元，同比下降 15%；中国从韩国进口额为

---

① 《2018 年版自贸区负面清单减至 45 条》，中国服务贸易指南网，2018 年 7 月 2 日，http://tradeinservices.mofcom.gov.cn/article/news/ywdt/201807/64319.html。

② 《中韩中澳自贸区已实施二次降税 产品或近千种》，新华网，2016 年 1 月 4 日，http://www.xinhuanet.com/chanye/2016-01-04/c_1117656871.htm。

③ 《中澳中韩自贸协定实施一年 明年启动第三轮降税》，央广网，2016 年 12 月 25 日，https://3g.163.com/money/article/C94GM0T0002580S6.html?from=dynamic。

④ 《中韩自贸协定实施两年多 零关税产品覆盖双边贸易额 50%》，中国网，2018 年 5 月 24 日，http://news.china.com.cn/txt/2018-05/24/content_51511422.htm。

1371.4 亿美元，同比下降 5.6%，韩国对中国的贸易顺差为 469 亿美元，同比下降 15%。FTA 签署之后，中韩贸易不但没有达到预期的增长水平，反而出现下降，直到 2018 年才开始逐渐回暖，这一现象引发相关各界的广泛关注。

（三）基于 ARMA 模型的中韩 FTA 实施效果分析

关于中国和韩国自由贸易协定的相关问题，成为众多学者讨论研究的热门话题。早在 2006 年，中国国务院发展研究中心的调查报告即根据过去中国对外自贸协定实施效果的经验，分析中韩各自具有比较优势的产品，提出应该为敏感产品实施过渡期安排，以降低敏感产业成为区域自由贸易安排主要障碍的可能性。① 魏巍、魏超运用 GTAP 数据库，研究了中韩 FTA 对双方宏观经济的短期及长期影响。② 魏一豪、吴国蔚测度了中韩之间的贸易对其各自经济增长的贡献率。③ 金缀桥、杨逢珉利用 2003～2013 年十年间两国的进出口数据，测算了双方贸易结合度与贸易互补性指数，并运用引力模型研究了中韩贸易的现状及未来潜力。④ Cheong 利用动态 CGE 模型研究了韩国加入多个自由贸易协定的综合作用，韩国已分别与中国、美国和欧盟签订了自贸协定，这些自贸协定具有互补性，加入多个自贸协定为韩国带来了更多经济上的收益。⑤

另外在东亚经济整合的大框架下，中韩 FTA 作为中日韩 FTA 的枢纽，是发展东亚国家经济整合东盟 +3（ASEAN +3）的基础之一，也成为学界分析的焦点。例如 Baldwin 强调东亚经济整合是一项艰巨的任务，需要多边国家积极的互动与有效的管理，而东盟 +3 就是东亚经济整合重要的上层建筑，并在未来有望帮助 WTO 持续深化发展。⑥ Kawai 等人以宏观的角度分析东亚经济整合的发展趋势、未来发展与挑战，利用企业问卷、分析协议内容

---

① 中国国务院发展研究中心：《如何对待敏感产业：中国已签署自贸区协议对中日韩 FTA 的启示》，2006 年 12 月 10 日，http://www.drc.gov.cn/dcyjbg/20061210/1-224-33248.htm。

② 魏巍、魏超：《中韩 FTA 的预期宏观经济效应——基于动态 GTAP 模型的分析》，《经济与管理评论》2009 年第 5 期。

③ 魏一豪、吴国蔚：《中韩 FTA 贸易效应研究》，《价格月刊》2010 年第 6 期。

④ 金缀桥、杨逢珉：《中韩双边贸易现状及潜力的实证研究》，《世界经济研究》2015 年第 1 期。

⑤ I. Cheong, "An Analysis of the Effect of the China-Korea FTA with the Consideration of FTA Sequence and FTA Hub Gains", *Journal of Korea Trade*, 2014, 18 (1), 63-84.

⑥ R. E. Baldwin, "Managing the Noodle Bowl: The Fragility of East Asian Regionalism", *The Singapore Economic Review*, 2008, 53 (03), 449-478.

以及 CGE 模型展示东亚经济整合的模式将来可作为 WTO 未来升级谈判的借鉴。[①] Cui 等人[②]利用博弈理论（game theory）和 CGE 模型配合大数据分析，讨论中日韩三国在具有农业贸易保护的倾向下对各国经济的影响，研究表明即便不走向全面性关税减让，三国之间的 FTA 也有相当的助益，尤其对于中国工业碳排放的降低有显著贡献。

本研究旨在分析中韩 FTA 签订后，韩国对于中国进出口重要性的影响。我们分别使用出口额占出口总额与进口额占进口总额两个指标衡量贸易伙伴国对于一国的进出口贸易的重要性。

由表 1 可以看出，中国对韩国出口额自 2012 年逐年增长，至 2014 年达到顶峰后开始下降，2017 年创下另一个高峰，金额高于 2012 年以来历年出口额，而中国自韩国进口额自 2012 年以来有小幅增长，但到 2015 年时开始下降，2017 年与 2016 年相比又见回升，但是回升的水平低于 2014 年的进口额高峰。然而双边进出口额除了受两国本身贸易活动的影响外，也受到全球贸易景气循环等影响，很难仅从进出口额的变化直接推论出双边进出口活动的变化，因此我们考察了另一个指标，即该金额占一国进出口总额的比重。

表 1　2012～2017 年中韩双边进出口情况

年份	中国出口额（亿美元）	占中国出口总额比重（%）	占韩国进口总额比重（%）	中国进口额（亿美元）	占中国进口总额比重（%）	占韩国出口总额比重（%）
2012	808	3.94	15.55	1343	7.39	24.52
2013	832	3.73	16.11	1459	7.42	26.07
2014	908	3.88	17.14	1459	7.57	25.37
2015	890	3.94	20.68	1345	8.13	26.03
2016	870	4.06	21.41	1244	7.81	25.12
2017	979	4.39*	20.45	1421	7.60*	24.77

说明：* 2017 年中国进出口额占比计算截至 9 月。

资料来源：笔者根据相关资料整理。

① M. Kawai, G. Wignaraja, "Asian FTAs: Trends, Prospects and Challenges", *Journal of Asian Economics*, 2011, 22 (1), 1-22.

② L. Cui, M. Song, L. Zhu, "Economic Evaluation of the Trilateral FTA among China, Japan, and South Korea with Big Data Analytics", *Computers & Industrial Engineering*, 2018.

双边进出口额占一国进出口总额的比重可以用来衡量一国经济在另一国对外经济活动中的重要程度，这个重要程度不一定直接反映为进出口额的大小，因为一国进出口额可能受全球贸易景气循环影响而有增减，而进出口额占进出口总额比重比较能避免这方面的影响，从而更好地反映两国双边进出口活动的变化情形。

中国对韩国出口额占中国出口总额的比重自 2013 年后逐年上升，显示中国企业较稳定地开拓韩国市场；中国从韩国进口额占中国进口总额的比重在 2012 ~ 2015 年间有上升的趋势，然而自 2016 年开始下降，显示中国市场对于韩国产品的需求程度不如以往。韩国方面，韩国自中国进口额占韩国进口总额的比重除了 2017 年外逐年上升，但是在 2016 年时似乎到达了顶峰，2017 年的比重回落至 2015 年之前的水平；韩国对中国出口额占韩国出口总额的比重变化无明显的趋势，但 2017 年该比重较低，基本与 2012 年的比重相似。

如图 1 所示，除了韩国自中国进口额占韩国进口总额的比重在 2014 ~ 2015 年有一个明显的上升趋势，其他时间都没有明显的变化，然而这些时间序列都存在较明显的自相关性与季节性因素。为了剔除这些因素以更好地分析中韩 FTA 对于双边贸易额比重的影响，我们借助常规的自回归滑动平均模型（ARMA model）进行进一步的分析。

1. 分析模型概述

我们的分析模型主要基于时间序列分析中常用的自回归滑动平均模型，该模型的发展始见于英国统计学家惠特尔（Peter Whittle）在 1951 年完成的著作，后由美国统计学家金肯（Gwilym Jenkins）和波克斯（George E. P. Box）推广应用，对于一个平稳的时间序列，可以由下列方程进行拟合：

$$Y_t = c + \sum_{i=1}^{p} \alpha_i Y_{t-i} + \sum_{i=1}^{q} \beta_i \varepsilon_{t-i} + \varepsilon_t \tag{1}$$

其中 Y_t 是该时间序列在时间 t 的观测值，c 为常数项，ε_t 为在时间 t 拟合的误差值，α_i 与 β_i 分别为自回归（autoregressive）系数与滑动平均（moving average）系数。

为了考察中韩 FTA 对于双边贸易额比重的影响，我们将代表中韩 FTA 生效的时间虚拟变量引入公式（1），得到以下公式：

$$Y_t = c + \rho FTA_t + \sum_{i=1}^{p} \alpha_i Y_{t-i} + \sum_{i=1}^{q} \beta_i \varepsilon_{t-i} + \varepsilon_t \tag{2}$$

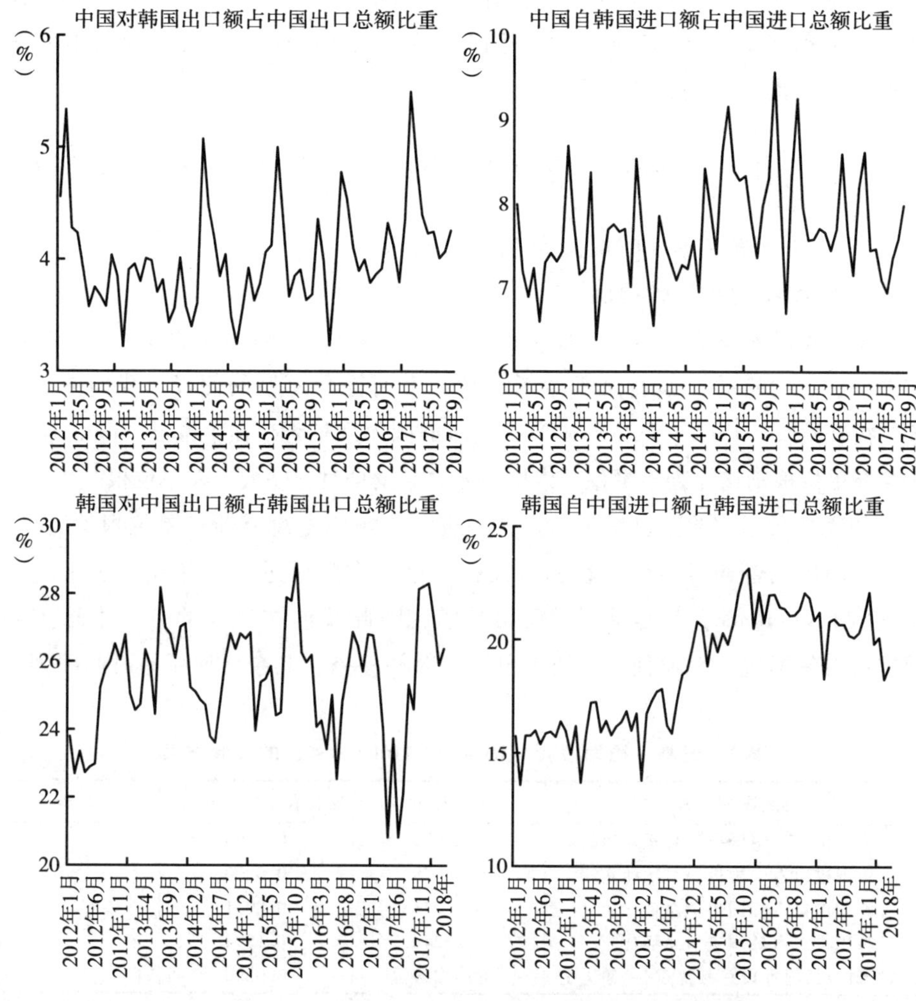

图 1　2012～2018 年中韩双边进出口额占进出口总额比重

资料来源：韩国海关服务网站。

公式（2）中的虚拟变量 FTA 在 2016 年前取值为 0，2016 年以后取值为 1，ρ 为 FTA 对于进出口比重影响的估计值。虽然中韩 FTA 在 2015 年 12 月底正式实施，并在 2016 年 1 月时进行第二轮降税，但是 2015 年第一轮降税的时间相对较短，对于贸易比重的影响较小，主要的影响应该来自 2016 年以后的第二轮降税，而本文主要考察的是中韩 FTA 生效对于贸易比重的一般性影响，因此我们将 2016 年作为虚拟变量 FTA 取值的分界点。

另外，由于我们使用月度数据作为分析的基础，较难直接在 ARMA 模型中纳入季度季节性的影响因素，因此我们也采用季度虚拟变量来控制季度的季节性因素，该公式表达如下：

$$Y_t = c + \rho FTA_t + \sum_{i=2}^{4} \theta_i Q_{it} + \sum_{i=1}^{p} \alpha_i Y_{t-i} + \sum_{i=1}^{q} \beta_i \varepsilon_{t-i} + \varepsilon_t \quad (3)$$

其中 Q_{it} 于第 i 季度时取值为 1，其余为 0。

2. 时间序列平稳性检验

ARMA 模型要求时间序列据平稳性（stationarity），因此我们在使用该模型前进行平稳性检验，以确保所分析的时间序列符合模型的假设。我们使用迪基－福勒检验（Dickey-Fuller test）来检验时间序列是否存在单位根（unit-root），若存在单位根则该序列不平稳，该检验的原假设是时间序列存在单位根。

如表 2 所示，除了韩国进口占韩国进口总额比重没有通过单位根检验外，其余时间序列皆通过单位根检验，而韩国进口占韩国进口总额在经过一阶差分（first difference）后也通过单位根检验，因此我们在后续的分析中除了韩国进口占韩国进口总额使用一阶差分后的时间序列，其余皆使用原时间序列。

表 2　迪基－福勒检验（Dickey－Fuller test）的检验结果

时间序列名称	Z 统计量	麦金农(MacKinnon)	近似 P 值
中国出口占中国出口总额比重	－4. 882	0. 0000	
中国进口占中国进口总额比重	－6. 075	0. 0000	
韩国出口占韩国出口总额比重	－4. 073	0. 0011	
韩国进口占韩国进口总额比重	－2. 248	0. 1894	
韩国进口占韩国进口总额比重(一阶差分)	－13. 244	0. 0000	

资料来源：中国国家统计局网站、韩国海关服务网站。

3. 分析结果

在 ARMA 模型的分析中，对于自回归（AR）和滑动平均（MA）的滞后项参数的选取并没有绝对标准，一般是参考该时间序列的相关图（correlograms）选取较合适的滞后项参数，我们在本部分的分析结果中表列参考相关图后选取的滞后项参数相关模型分析结果，并在稳健性检验中表列其他可能的滞后项参数进行比较。如表 3 分析结果所示，在考虑时间序列 MA 项（模型 1）与季度季节性因素（模型 2）后，中韩 FTA 对于中国对韩国出口额占中国出口总额的比重有 0.3 个百分点的显著提升影响，显示中韩 FTA 的实施对于中国企业拓展韩国市场有一定的正面效益，然而对于进口额比重则无显著的影响，表明中韩 FTA 并未明显加强中国市场对于韩国产品的需求程度。

表 3　中韩 FTA 对中国进出口额占中国进出口总额影响之分析结果

变量	(1) 系数(标准差)	(2) 系数(标准差)
出口占比		
FTA 虚拟变量 (2016 年 1 月后取值为 1)	0.3245488 (0.1717706) *	0.3043016(0.1101465) ***
MA, lag(1)	0.5414447(0.1356489) ***	0.2166849(0.146132)
季度季节控制变量		是
AIC	68.03693	55.23155
BIC	76.97336	70.87029
进口占比		
FTA 虚拟变量	0.1612099(0.2309379)	0.2257024(0.2329)
MA, lag(1)	0.3646946(0.1188205) ***	0.4972641(0.3969769) ***
季度季节控制变量		是
AIC	132.0266	130.7143
BIC	140.963	146.353

说明：*、*** 分别表示在 10% 和 1% 的信心水平上显著。
资料来源：笔者根据相关资料整理。

另外，如表 4 分析结果所示，在考虑时间序列 ARMA 项与季度季节性因素（模型 2）后，中韩 FTA 对于韩国对中国进出口额占韩国进出口总额比重的相关系数皆不显著，表明中韩 FTA 目前对中国市场对于韩国的重要性并没有显著的影响。

表 4　中韩 FTA 对韩国进出口额占韩国进出口总额影响之分析结果

变量	(1) 系数(标准差)	(2) 系数(标准差)
出口占比		
FTA 虚拟变量 (2016 年 1 月后取值为 1)	-0.5036729(0.2965285) *	-0.4650772(.3150272)
AR, lag(1)	0.4253713 (0.0930658) ***	0.4262809 (0.1046687) ***

续表

变量	(1) 系数(标准差)	(2) 系数(标准差)
AR, lag(6)	-0.5456852 (0.1066728)***	-0.4525883 (0.115532)***
季度季节控制变量		是
AIC	234.0493	233.197
BIC	245.6367	251.7369
进口占比 (First Difference)		
FTA 虚拟变量	-0.258985 (0.2035563)	-0.2542637 (0.1956263)
MA, lag(1)	-0.5147017 (0.095246)***	-0.5505189 (0.0988927)***
MA, lag(12)	0.2649772 (0.0798526)***	0.2451134 (0.091973)***

说明：*、*** 分别表示在 10% 和 1% 的信心水平上显著。
资料来源：笔者根据相关资料整理。

4. 稳健性检验

时间序列的相关图特征可能由不同 ARMA 滞后项参数所产生，因此本部分表列其他可能的滞后项参数选取对于我们分析结果的影响，其中 ARMA (1, 1) 虽大致不符合本文中时间序列的相关图特征，但在多数时间序列分析中 ARMA (1, 1) 都有较好的表现，因此我们也将这个模型设定纳入分析。结果表明，不同的 ARMA 滞后项参数选取并未改变我们在前文分析中所获得的结论，本部分分析结果总结如表 5 与表 6 所示。

表 5 不同 ARMA 滞后项参数对于中国进出口占比分析结果之影响

变量	(1) 系数（标准差）	(2) 系数（标准差）	(3) 系数（标准差）	(4) 系数（标准差）
出口占比				
FTA 虚拟变量 (2016 年 1 月后取值为 1)	0.3268286 (0.1831715)*	0.303305 (0.1064135)***	0.3145568 (0.1813025)*	0.3136681 (0.1042179)***
AR, lag(1)	0.0620047 (0.3213248)	-0.2800355 (0.7325875)		
MA, lag(1)	0.5030774 (0.3213248)*	0.4890611 (0.6918096)	0.5480003 (0.1365305)***	0.2257862 (0.1366382)*
MA, lag(11)			0.0812693 (0. 1205553)	-0.1042825 (0.1434805)
季度季节控制变量		是		是
AIC	69.93297	56.78591	69.34856	56.69531
BIC	81.10351	74.65876	80.5191	74.56817

续表

变量	(1) 系数（标准差）	(2) 系数（标准差）	(3) 系数（标准差）	(4) 系数（标准差）
进口占比				
FTA 虚拟变量	0.1534673 (0.2359905)	0.2128469 (0.2284548)	-0.0151416 (0.3964565)	0.1575301 (0.3705335)
AR ,lag(1)	-0.070183 (0.4012893)	-0.0918022 (0.4043296)		
MA, lag(1)	0.4166617 (0.3885595)	0.4972641 (0.3969769)	0.6986019 (0.2073511)***	1.32694 (0.2829831)***
MA, lag(4)			0.6323134 (0.153441)***	0.9590429 (0.2451899)***
MA, lag(12)			0.6566736 (0.2107137)***	0.6687512 (0.1775593)***
季度季节控制变量		是		是
AIC	133.9349	132.522	115.5426	114.4521
BIA	145.1054	150.3948	128.9472	134.5591

说明：*、*** 分别表示在 10% 和 1% 的信心水平上显著。

资料来源：笔者根据相关资料整理。

表 6　不同 ARMA 滞后项参数对于韩国进出口占比分析结果之影响

变量	(1) 系数(标准差)	(2) 系数(标准差)
出口占比		
FTA 虚拟变量 (2016 年 1 月后取值为 1)	-0.5073583 (0.29628)*	-0.4657525 (0.3190885)
AR, lag(1)	0.4373647 (0.1182717)***	0.4326143 (0.1704671)**
AR, lag(6)	-0.5400702 (0.1117003)***	-0.4510969 (0.1176513)***
MA, lag(1)	-0.0218526 (0.1769389)	-0.0083344 (0.2137079)
季度季节控制变量		有
AIC	236.0263	235.1959
BIC	249.9312	256.0533
进口占比 (First Difference)		
FTA 虚拟变量	-0.2338411 (0.2325376)	-0.2237726 (0.2323233)
AR,lag(1)	-0.2004186 (0.2077316)	-0.212606 (0.2066613)
MA, lag(1)	-0.2882089 (0.1689689)*	-0.2999101 (0.1724564)*
MA, lag(12)	0.3380642 (0.1014128)***	0.3289702(0.1180438)***
季度季节控制变量		有
AIC	222.022	229.1716
BIA	235.8464	247.6042

说明：*、**、*** 分别表示在 10%、5% 和 1% 的信心水平上显著。

资料来源：笔者根据相关资料整理。

本部分意在考察中韩 FTA 生效对于中韩双边贸易的影响，其中一个最直接的参考指标为双边进出口额的变化，但是进出口额的变化反映的不只是双边贸易活动的变化，还有可能受到全球贸易景气循环的影响，在没有其他数据的支持下，较难分辨两者对于双边进出口额变化的影响，因此我们采用进出口额占本国进出口总额比重来衡量对方对于本国进出口的重要性。由于该指标使用的是比重，对于全球贸易景气循环的变化较不敏感，可以较好地反映双边贸易活动的变化方向。使用自回归滑动平均模型进行分析，我们发现中韩 FTA 将中国对韩国出口额占中国出口总额的比重提高了 0.3 个百分点，但对其他的进出口占比没有显著影响，该结果表明中韩 FTA 对于中国企业拓展韩国市场初见成效，但是 0.3 个百分点并不是很大的数值，似乎仍有提升的空间。另外对于中国进出口及韩国进出口来说，中韩 FTA 的效果均并不是非常明显，这些方面仍有待持续深化发展。

三　中韩 FTA 原协议的开放局限

随着中韩 FTA 的后续实施，降低关税会进一步增加中韩双方已出口商品的数量，而对新种类的商品出口影响较小。① 考虑到两国的经济技术发展水平不同，双方的商品结构仍存在较大差异，因此，就现在的情况来看我国在制造业方面还不能够完全放开关税。② 而在我国的出口商品中，制造业产品占了相当大的比重。也就是说即使降低关税，双方也很难获得较大的贸易突破，再加上新产品的开发周期较长，是否和出口国市场需求契合还是个未知数。因此在关税下降缓慢的情况下，单纯地降低进出口商品的税率、以货物贸易为主的双边贸易格局已不能满足贸易进一步发展的要求。

服务和投资方面，虽然中韩 FTA 比中国以往签订的贸易协定更加受到重视，但在实际执行过程中并没有实现重大的突破。投资方面，对于市场准入的条件协定中尚未明确设定，使进入市场后宽松的国民待遇这一条件很难发挥作用；服务贸易方面，我国的开放水平较韩国低，在许多行业出现了高

① 田聪颖、肖海峰：《FTA 背景下中韩双边出口增长的三元边际特征及前景分析》，《世界经济研究》2018 年第 4 期。

② 孙蕊、齐俊妍：《〈中韩自贸协定〉中方服务贸易减让表评估——基于五级分类频度法和 STRI 指数方法》，《中国经济问题》2017 年第 3 期。

承诺开放水平伴随政策限制的矛盾现象，这说明虽然有计划地开放服务贸易及投资，但实际成果与承诺水平仍有一定距离。①

在当前国际竞争形势下，越来越多的国家将本国的竞争优势转移到服务领域。随着数字化、服务化的不断深入发展，以高技术服务、品牌为代表的服务环节在全球价值链中越来越多地扮演核心及引领角色，提高微笑曲线两端的高端生产服务的附加值成为众多国家关注及研究的重点。②

我国服务贸易虽然起步较晚，但发展势头足、潜力大，预计到 2020 年底，服务贸易规模将达到 1 万亿美元左右，约占全球服务贸易总额的 10%，服务贸易正成为我国深化开放和发展的新动力。③ 党的十九大报告中也明确提到“要深化发展服务贸易创新”，与此同时韩方也对加强服务贸易和投资相关领域的升级谈判表现出强烈的意愿，希望通过服务贸易及投资升级谈判，为两国的贸易合作注入新的动力。故中韩两国贸易谈判升级是大势所趋，未来中韩两国的贸易，将会是货物贸易、服务贸易、投资三足鼎立的格局。

四　服务投资谈判中的难点分析

（一）金融等服务业开放程度及后续管理

目前国际上市场准入的管理模式主要有两种：正面清单模式和负面清单模式。所谓正面清单模式，顾名思义就是相关条款只规定准入的企业可以做什么，与此相反的负面清单模式就是只规定准入的企业不可以做什么，而对可以做的事项没有明确的规定。我国自 2015 年 12 月 1 日起，在部分地区试行市场准入负面清单制度，直到 2018 年开始在全国实行负面清单准入制度。目前，国家发改委和商务部发布了最新版的外商投资准入负面清单，拟全面放开第一产业、第二产业和第三产业，涉及金融、专业服务等各个领域，该清单自 2018 年 7 月 28 日起正式实施。

---

① 吴娇、任强：《浅谈中韩贸易新格局——基于中韩自贸协定的解读》，《国际税收》2015 年第 7 期。

② 笔者根据 2018 年 6 月 19 日商务部例行新闻发布会整理得出。

③ 《“二次开放”服务贸易挑大梁》，中国外包网，2017 年 3 月 15 日，http：//www. chnsourcing. com. cn/outsourcing - news/article/108493. html。

此次中韩自贸协定谈判，韩方明确表示将以旅游、文化、金融、医疗等方面为核心展开相关谈判，[①] 为本国企业进军中国市场谋取更多福利。但是金融服务一直在我国服务贸易中处于劣势，出口占比相对来说比较低。由于现阶段我国相关的金融体制还不够完善，对金融服务的保护性垄断一直都很强，关于金融服务的开放程度以及如何管理协调开放后的金融市场将成为谈判的重点。

（二）投资争端解决措施

投资争端解决一直以来都是各国投资协定关注的重点，不同的组织采用的争议解决机制没有完全统一的路径。TPP 协定中采用的是投资者 - 国家争端解决机制（ISDS），也是目前大多数协定所采用的方式，双方投资争议主要通过仲裁解决。在机制的设计上，针对是否要将国际仲裁制度加入协定中，存在以美国跨国公司、澳大利亚政府为代表的两种不同的观点，以美国跨国公司为首的群体从吸引外资的角度出发，强烈要求将国际仲裁制度写入协定，意在为投资者创造一个良好的竞争环境，而以澳大利亚政府为首的群体则认为此举将会挑战东道国国家内部司法程序的权威。[②] 有学者在中韩 FTA 签订之初，就对规则发展中面临的监管合作与部门协调的挑战做出了提醒，[③] 中韩自贸协定中如何处理与 WTO 规则的关系等问题也悬而未决。目前在机制的设计上仍未达成完全统一的意见。

截至 2019 年，我国已与 25 个国家和地区签订了 17 个自由贸易协定。在各个贸易协定中，针对投资争议的解决，我国分别采取了不同的解决机制，其中最主要的是“投资者 - 国家争端解决机制”，涉及中国—澳大利亚自由贸易协定和中国—智利升级版自由贸易协定两个贸易协定；在其他的贸易协定中，将其直接划分到相关的争端解决章节，没有设立专门的解决机制。

---

① 《中韩自由贸易协定第二轮服务投资谈判将于 11 ~ 13 日在北京举行》，新浪网，2018 年 7 月 10 日，http：//finance. sina. com. cn/7x24/2018 - 07 - 10/doc - ihezpzwu5872201. shtml。

② 庄芮、林佳欣：《CETA 视角下国际高标准自贸协定开放水平研究》，《国际贸易问题》2018 年第 6 期。

③ Wang H. , “The Differences between China's Recent FTA and the TPP: A Case Study of the China-Korea FTA,” In Chaisse J. , Gao H. , Lo C. （eds.）, *Paradigm Shift in International Economic Law Rule-Making*, *Economics*, *Law*, *and Institutions in Asia Pacific*, Springer, Singapore, 2017.

对于中韩 FTA 中双方的投资争议如何解决，是采用国际上主流的“投资者 - 东道国争端解决机制”还是另辟蹊径，仍有待观察。

五　未来展望

在中韩 FTA 签署之前，韩国就已同美国、欧盟、东盟等世界上主要的经济体签署了自贸协定，相互建立了紧密的经济合作关系。与中国签订自贸协定，意味着韩国与世界上最后一个大型经济体也建立了双边贸易合作关系，成为全球性自贸协定战略中心国家，在世界上的经济地位会越来越重要。

从目前的情况来看，中韩两国在对外贸易上已表现出一定的竞争性，两国的合作已经从以传统产业合作为主转向以新兴产业合作为主，双边贸易逐渐自产业间贸易向产业内贸易转移，从以垂直合作为主走向以水平合作为主。因此，中韩应以大数据、物联网等为基础，加强在高技术行业及相关领域的合作，建立全新的产业合作架构。

未来，服务贸易仍然是两国贸易的重点，中韩双方需就开放力度、规则透明度、管理体系以及隐性限制条件等问题协商达成一致。此外，中韩 FTA 规定了最长 20 年的过渡期，在这段时间内，两国很可能利用例外条款对某些产品实行贸易保护，引发争端。因此，需要建立起有效的争端解决机制，避免冲突升级，促进自贸区市场的稳定发展。具体来说，可以建立官方对话机制、专家协调制度，同时加强两国在仲裁等领域的合作。此外，还可以建立一整套相应的监督措施。

The Implementation and Upgrade Negotiations of the China-ROK FTA

—*An Analysis Based on ARMA Model*

Li Dongxin, Wang Zhenxiong, Wang Junkai

Abstract In order to seek new opportunities for economic cooperation and adjust for the development trend of the world economy, China and ROK formally signed the "China-ROK Free Trade Agreement" on June 1st, 2015. This paper analyzes the effect of China-ROK FTA implementation through the autoregressive moving average model (ARMA model) and finds that the China-ROK FTA has increased the ratio of China's exports to ROK to China's total export value by 0.3%. However, the agreement does not yet have any significant impact on other import and export ratios. As the world's second largest economy, China's exports of goods have ranked first in the world, but service trade has always been lackluster and lagging behind. With the increasing weight of service trade in economic development, the China-ROK FTA has implemented upgrade negotiations after four years of operation, mainly involving service trade and investment agreements. By combing the process and difficulties of the China-ROK FTA upgrade negotiations, this paper provides practical advice on the current matter.

Keywords China-ROK Free Trade Agreement; ARMA Model; Service Trade

韩国人口老龄化趋势、应对措施及启示

钟惟东　黄善英

【内容提要】 随着人口结构变化，韩国进入老龄社会。韩国人口老龄化具有加速和高龄化趋势、区域间非同质化、男性女性老龄同步化、家庭结构老化和社会供养压力巨大等特点。导致韩国人口老龄化的主要原因是生育率持续下降、婚育观念转变和平均寿命的延长。老龄化影响经济增长，增加国家财政压力和代际负担，增加医疗护理需求和费用，以及产生老年陪伴、老年人犯罪等一系列新的社会问题。为应对人口老龄化，韩国调整人口、就业、产业和社会福利等多方面政策。韩国应对经验有成功也有失败，对中国应对人口老龄化具有借鉴和启示意义。

【关键词】 韩国　人口老龄化　人口政策　老龄亲和产业　社会福利政策

【作者简介】 钟惟东，管理学博士，复旦大学国际关系与公共事务学院教师；黄善英，复旦大学国际关系与公共事务学院研究生。

韩国与中国同属东亚国家，地理位置相近，社会人文具有相似之处。韩国人口老龄化趋势日益严重，对经济和社会发展产生了一定的影响。为应对人口老龄化，韩国积极调整人口、就业、产业和社会福利政策。韩国的经验对中国应对人口老龄化具有借鉴和启示意义。

一　韩国人口老龄化趋势现状及特点

（一）人口结构变化

近年来，韩国人口结构发生巨大变化，呈现年轻人口占比越来越小、老年人口占比扩大的收缩型形态（见表1），出现了老龄化、少子化、劳动年龄人口减少和家庭规模缩小等现象。

表1　韩国人口年龄结构变化

单位：%

年龄＼年份	1960	1970	1980	1990	2000	2010	2020	2030	2040	2050	2060	2067
0～14	42.3	42.5	34.0	25.6	21.1	16.1	12.2	9.6	9.8	8.9	8.0	8.1
15～64	54.8	54.4	62.2	69.3	71.7	73.1	72.1	65.4	56.3	51.3	48.0	45.4
≥65	2.9	3.1	3.8	5.1	7.2	10.8	15.7	25.0	33.9	39.8	43.9	46.5

注：表中数据按四舍五入处理。

资料来源：笔者根据韩国统计厅《2019年未来人口预测》自制。

1. 老龄化

为衡量人口老龄化程度，联合国将当一个国家或地区65岁及以上老年人口数量占总人口比例超过7%时定义为“老龄化社会”，比例超过14%为“老龄社会”，比例超过20%则为“超老龄社会”。2000年，韩国65岁及以上老年人口占总人口的7.2%，进入老龄化社会；2018年，韩国65岁及以上老年人口占总人口的14.4%，意味着韩国进入了老龄社会。韩国人口预测数据表明，2030年前后韩国65岁及以上老年人口将占总人口的25%，韩国将进入超老龄社会。欧美和日本等发达国家从老龄化社会进入老龄社会经历的时间更长，英国从1930年到1975年历时45年，美国从1940年到2014年历时70多年，日本从1970年到1995年历时25年。而韩国从2000年到2018年，仅用了18年。1955～1963年“婴儿潮”时期出生的人将从2020年进入65岁，并将持续到2028年，韩国人口老龄化程度将更加严重。伴随着老龄化，少子化趋势也日趋严重，0～14岁年轻人口越来越少。因此，有研究认为与 OECD 其他成员国相比，韩国是老龄化速度最快的国家，韩国面临断崖式人口萎缩危机。①

韩国老龄化并非同质化，呈现一些区域差异。从图 1 可以看出，全罗南道、庆尚北道、全罗北道已进入“超老龄社会”阶段，江原道、忠清南道、釜山广域市、忠清北道、庆尚南道、大邱广域市、首尔特别市、济州特别自治道等区域已进入“老龄社会”阶段，其他区域处于“老龄化社会”阶段。韩国人口老龄化程度呈现城乡倒置现象，并且有扩大趋势，主要原因是韩国国内居民从乡村流动到城市，青壮年流出以后会加剧乡村的人口老龄化程度，同时降低城镇的人口老龄化程度。②

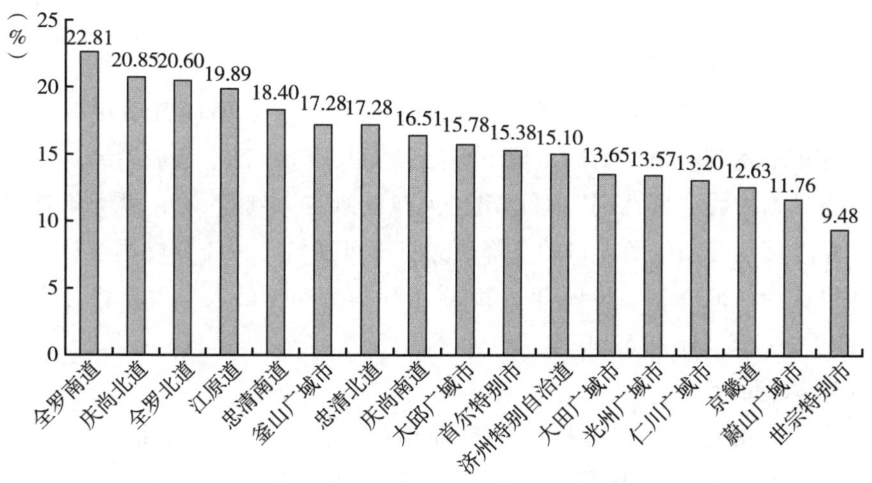

图 1　韩国分区域老年人口占区域人口比例情况

资料来源：笔者根据韩国统计厅官方网站 2020 年 2 月数据自制。

分性别来看，男性、女性的老龄化趋势逐渐同步化。人口学研究普遍认为男性、女性预期寿命不一样，女性预期寿命比男性要长。世界卫生组织发布的《2019 年世界卫生统计》报告显示，全球女性平均预期寿命超过男性 4.4 岁。这意味着男性、女性的老龄化趋势并非同步化，女性的老龄化趋势

① 金万甲、仇佩君：《韩国面临的断崖式人口萎缩危机及其主要原因分析》，《当代韩国》2018 年第 1 期，第 101 ~ 111 页。

② 芮昌熙：《韩国老龄化现状、问题与对策研究》，吉林大学硕士学位论文，2017。

更为严重。韩国女性老年人口多于男性老年人口。但男性、女性的老龄化趋势呈现同步化趋势。从老年人口性别比[①]的变化来看（见表 2），1980 年性别比为 59.7%，2010 年上升为 69.2%，预计到 2030 年将超过 80%，意味着有更多的男性老年人。

表 2　韩国老年人口性别比变化情况

单位：%

年份	1980	1990	2000	2010	2020	2030	2040	2050
性别比	59.7	59.8	62.0	69.2	76.2	83	85.6	87

资料来源：笔者根据韩国统计厅官方网站 2020 年 2 月数据自制。

2. 劳动年龄人口

伴随着人口老龄化，劳动年龄人口将逐渐减少。韩国劳动年龄人口在 2010 年前后达到峰值，随后出现下降趋势，“人口红利”已经终结。随着第二次世界大战后“婴儿潮”时期出生人口陆续进入到 65 岁，少子化趋势日益严重，韩国劳动年龄人口的下降趋势将不可逆转。2011 年韩国统计厅人口预测也认为，2030 年、2040 年、2050 年韩国劳动年龄人口占比将分别下降到 63.1%、56.5% 和 52.%。

3. 家庭结构

人口老龄化在家庭结构上也呈现相应的老龄化特征，根据老年人多寡和是否与子女一起居住，可以将家庭分为 4 种类型：老年夫妇家庭、单个老年人家庭、“老年夫妇 + 子女”家庭、“单个老年人 + 子女”家庭。根据韩国统计厅《2017 年家庭预测》数据（见表 3），2000 年韩国刚进入老龄化社会时，含有老年人的家庭数量占总家庭数量的 79.6%，2010 年上升了 2.9 个百分点达到 82.5%。老年夫妇家庭、单个老年人家庭所占比例居高不下，两者之和占 65% 左右，其中单个老年人家庭比例呈上升趋势。

① 注：老年人口性别比 =（65 岁及以上男性老年人口/65 岁及以上女性老年人口）* 100%，表示平均每 100 名 65 岁及以上女性老年人口所对应的 65 岁及以上男性老年人口的数量。

表 3　韩国老年人家庭类型情况

单位：%

年份 \ 家庭类型	老年夫妇家庭	"老年夫妇 + 子女"家庭	"单个老年人 + 子女"家庭	单个老年人家庭
2000	33.1	10.6	4.5	31.4
2010	33.7	9.8	5.1	33.9
2020	32.4	9.8	5.5	33.8
2030	31.8	10.0	5.4	33.9
2040	29.1	9.2	4.8	34.9

资料来源：笔者根据韩国统计厅官方网站《2017 年家庭预测》自制。

4. 抚养比

人口老龄化导致老年抚养比的上升。根据韩国统计厅数据，1960 年老年抚养比为 6.7%，1990 年老年抚养比仅为 7.4%，2000 年为 10.2%，2010 年上升到 14.8%，预计 2020 年将达到 21.8%，到 2060 年将达到 82.6%。而同期少年儿童抚养比呈现下降趋势。1960 年少儿抚养比为 73%，1990 年为 37%，2000 年为 29.2%，2010 年为 22.38%，2018 年为 17.9%。从 20 世纪 60 年代以来，由于老年抚养比增速缓慢而少儿抚养比下降速度较快，韩国总体的社会供养比例实际上呈下降趋势；但随着老龄化和少子化程度加深，劳动年龄人口减少，未来总体的社会供养比例将上升，未来社会供养可能无法持续。

（二）人口老龄化的基本特点

根据前文分析，韩国人口老龄化呈现以下五个基本特点。

第一，韩国人口老龄化速度非常快，而且有进一步加速老化、高龄化趋势。2030 年前后韩国 65 岁及以上老年人口占总人口的比重将超过 20%，韩国将进入超老龄社会。高龄老年人口所占比重越来越高，截至 2017 年底，70 岁及以上高龄老年人口占全体老年人口的 67.7%。

第二，韩国人口老龄化呈现局域性特征，区域间并非同质性老龄化。韩国人口老龄化程度存在城乡倒置且有扩大趋势，农村区域人口老龄化比城市区域人口老龄化更加严重。

第三，韩国女性老龄化程度比男性老龄化程度更加严重，但男性、女性的老龄化呈现同步化趋势。

第四，韩国家庭结构呈现典型的老龄化特征。韩国有老年人的家庭户越来越多，其中老年夫妇家庭、单个老年人家庭所占比例一直居高不下，而且单个老年人家庭比例呈上升趋势。

第五，韩国人口老龄化导致老年抚养比上升速度加快，而叠加少子化趋势，未来韩国的社会供养将面临严重问题。

二　韩国人口老龄化的主要原因

（一）生育率

生育率下降是导致人口老龄化的根本原因，低生育率使得年轻人口越来越少，老年人口比重越来越高。世界人口发展经验表明，发达国家都经历了从高生育率向低生育率的转变，韩国也不例外。表 4 显示了韩国 20 世纪 60 年代以来总和生育率①和人口增长率的变化情况。

表 4　韩国总和生育率和人口增长率变化情况

单位：%

年份 / 生育率/增长率	1960	1970	1980	1990	2000	2010	2018
总和生育率	6.1	4.53	2.82	1.57	1.47	1.23	0.98
人口增长率	—	2.18	1.56	0.99	0.84	0.5	0.48

资料来源：笔者根据韩国统计厅《2019 年未来人口预测》自制。

二战后到 20 世纪 60 年代初，韩国实行鼓励人口生育政策，生育率维持在较高水平，出现“婴儿潮”，至 1960 年韩国总和生育率为 6.1。但从 20 世纪 60 年代开始，韩国出生率显著下降，至 1990 年总和生育率为 1.57%，低于生育更替水平。韩国生育率下降主要是受 1961 年朴正熙军政府实施控制人口增长的“家族计划”人口政策的影响。“家族计划”人口政策出台的一个重要背景是人口高出生率，但经济发展落后。因此，有研究认为 20 世

① 总和生育率是指一个国家或地区的妇女在育龄期间，每个妇女平均的生育子女数。

纪60年代到70年代中期，韩国人口生育率降低与欧美发达国家生育率下降不一样，其中显著特征是韩国的低生育率是因其国内的经济贫困而非现代化所致，80年代以后生育率下降受子女数、生育规定及生育价值等因素影响。① 1996年，金泳三政府取消了“家族计划”人口政策，但韩国生育率没有上升反而出现进一步下滑，21世纪初韩国进入超低生育水平国家行列。2005年，卢武铉政府颁布《低生育和老龄化社会基本法》，旨在鼓励生育，提高总和生育率，但结果事与愿违，近些年韩国总和生育率甚至跌破1%。与美国、日本、欧盟等发达国家和地区相比，韩国总和生育率更低。根据OECD 2015年统计数据，1990年以来韩国总和生育率（1.57%）低于OECD国家平均总和生育率（1.91%）。有研究认为韩国生育率下降归根结底是经济因素起主要决定作用，经济上的独立、传统的经济纽带被打破，促使人们的经济方式、行为方式、家庭观念发生了很大变化。② 生育率下降受韩国女性参与经济活动程度上升、晚婚晚育观念盛行、婚内避孕和流产观念日益被接受、社会经济现代化、生育观念转变以及抚养儿童成本增加等多重因素影响，③ 此外还受到家庭结构变迁的影响。人口结构变化导致育龄妇女人数减少，生育基数缩小。有研究表明，韩国育龄妇女中20～34岁生育旺盛年龄的妇女人数在1990年达到高峰。④

生育率的下降对韩国人口形成了两个方面影响：一是人口总规模增长乏力，1995年至今人口年均增长率在0.5‰上下浮动，人口规模将来有下降的危险，韩国统计厅预测2030年将达到人口顶峰；二是人口结构老化严重，老年人口所占比例越来越高，老年抚养比上升趋势加速。

（二）婚育观念

韩国社会关于婚姻和生育观念的转变是人口老龄化的深层次社会原因。

1. 婚姻态度转变

晚婚逐渐成为韩国年轻人的一种时尚，而且初婚年龄逐年提高。2000年，

---

① 朴晟爱：《韩国的低生育率与生育政策的转变》，中央民族大学硕士学位论文，2016，第12页。

② 张俊勇、温新德：《韩国的人口挑战及其应对措施》，《西北人口》2008年第3期，第84页。

③ 翟永兴：《韩国低生育水平的原因研究》，河北大学硕士学位论文，2011；金万甲、仇佩君：《韩国面临的断崖式人口萎缩危机及其主要原因分析》，《当代韩国》2018年第1期，第101～111页。

④ 金度完、郑真真：《韩国人口老龄化过程及其启示》，《人口学刊》2007年第5期，第46页。

韩国男性平均初婚年龄为29.3岁，女性平均初婚年龄为26.5岁；2010年，男性、女性平均初婚年龄分别推迟到31.8岁、28.9岁；2018年，又分别推迟到33.2岁、30.4岁。越来越多的年轻人认为不一定要结婚。韩国保健福利家庭部《2009年全国结婚及生育动向调查》数据显示，男性、女性调查对象中各约1/4的受访者没有结婚意愿。而韩国统计厅《2018年社会调查结果》显示，调查对象中高达46.6%的人选择了“结婚不结婚都可以”，3.0%的人选择了“不应该结婚”；已婚调查对象中，46.3%的人选择了“可以离婚”。韩国社会中“恐婚”“悔婚”心态具有一定的代表性。初婚年龄推迟，也导致平均再婚年龄推迟。据2013年发布的《过去三十年离婚和再婚情况报告》，男性平均再婚年龄从1982年的38.9岁延迟至2012年的46.6岁，同期女性平均再婚年龄从33.7岁延迟到42.3岁。再婚年龄的推迟意味着错过了女性最佳育龄期，重组家庭再生育子女的比例不高。

2. 生育观念转变

一般来说，在其他条件不改变的前提下，女性的结婚年龄越早，生育的子女个数相对会越多；相反，晚婚不但导致晚育，还有可能导致少育。2000年，韩国女性平均初育年龄为27.38岁，2010年为30.1岁，2018年已推迟到31.9岁。这就导致韩国存在30多岁的产妇比20多岁的产妇更多的现象。韩国女性群体自身的观念转变是重要原因之一。随着韩国社会和经济的发展，女性受教育程度越来越高，追求经济独立、生活自主和社会地位是现代韩国女性群体追求人格独立的一种时代趋势，从而导致很多女性没有结婚和生育意愿。越来越多的韩国女性抛弃以多生育子女为荣的传统观念，开始以少生甚至不生孩子为新潮。①

（三）平均寿命的延长

人口平均寿命的延长是韩国人口老龄化的另一个主要原因。韩国的经济发展，促进了人民生活水平的提高和医学技术的发展，提升了医疗保障和福利水平，从而改善了韩国老年人的健康状况，平均寿命逐渐延长。

根据表5可以看出，韩国人口平均预期寿命从1970年的62.3岁延长到

① 金万甲、仇佩君：《韩国面临的断崖式人口萎缩危机及其主要原因分析》，《当代韩国》2018年第1期，第101~111页。

2020年的83.2岁，预期寿命延长了20.9岁，男性预期寿命由58.7岁延长到80.3岁，女性预期寿命由65.8岁延长到86.1岁。与OECD国家平均预期寿命相比，2018年韩国男性的出生时预期寿命长1.7岁，女性的出生时预期寿命长2.4岁。

表5 韩国人口预期寿命变化情况

单位：岁

	1970	1980	1990	2000	2010	2020	2030	2040	2050
平均预期寿命	62.3	66.1	71.7	76.0	80.2	83.2	85.2	86.8	88.2
男性预期寿命	58.7	61.9	67.5	72.3	76.8	80.3	82.6	84.6	86.2
女性预期寿命	65.8	70.4	75.9	79.7	83.6	86.1	87.7	89.0	90.1

资料来源：笔者根据韩国统计厅《2019年未来人口预测》自制。

平均寿命的延长，一方面导致了老年人口占总人口比重越来越高，另一方面导致了老年人口高龄化趋势。1990年70岁及以上老年人口占全体老年人口的59%，到2017年上升到67.7%，韩国统计厅预测2050年该比重将达到80%。

三 韩国人口老龄化对经济和社会的影响

（一）对经济增长的影响

人口老龄化对经济增长产生多个方面的影响，主要表现为劳动力短缺、产业升级和结构转型发展、消费乏力等。

1. 劳动力短缺

人口老龄化使劳动年龄人口所占比重减少，从而导致劳动力供给不足。受益于二战后“婴儿潮”，韩国劳动年龄人口在2015年前后达到峰值，未来劳动年龄人口持续下降是不可逆转的趋势。经济增长是资本、劳动力等生产要素和技术进步的结果，劳动力供给不足将导致经济增长率下降，同时劳动力成本变得越来越高，企业付出的薪资成本也越来越高。韩国外国语大学经济学部教授孙钟七认为，一个国家劳动年龄人口比重每减少1%，其经济增长率将降低0.25%～0.29%。2016年，韩国保健社会研究院发布的研究报告认为，2024 年韩国劳动力结构将出现供需失衡，2025 年劳动力供不应求的现象将加剧，2060 年劳动力缺口将达 900 万人以上。

2. 产业升级和结构转型发展

人口老龄化从两个方面影响产业结构转型。一方面，劳动年龄人口减少，劳动密集型产业不再具有优势，需要向资本密集型和技术密集型转型，即驱动产业结构升级。但是，老年人形成了较为特定的专业技能，掌握新技术的能力和适应职业变动的能力较差，有可能阻碍韩国的技术进步与产业升级。另一方面，产业结构转型发展，随着人口老龄化程度加深，老年人口越多，会产生更多老年人产品及产业需求，如医药、老年用品和老年休闲产业等。

3. 消费乏力

消费是经济增长的重要驱动力，而收入多寡决定消费能力的强弱。人口老龄化趋势下，老年人的收入主要是养老金。2014 年，首尔大学老龄化研究所以“婴儿潮”为对象的调查统计数据显示，仅有 6.1% 的人表示已准备好养老资金。[①] 韩国《2019 年社会调查》发现，60 岁及以上的老年人生活费，其中 69.9% 靠老年人自己或配偶支付。由于收入来源减少，老年人采取增加储蓄和降低消费予以应对，这将导致老年群体消费乏力。消费乏力不仅体现在老年人身上，还体现在年轻人身上。人口老龄化导致劳动年龄人口的抚养比增加，抚养压力使得年轻人降低消费倾向。

（二）增加国家财政压力和代际负担

人口老龄化带来养老金支出的大幅增长，增加了国家财政压力。一方面适龄劳动人口减少将导致养老金缴费基数减小，另一方面老年人口增加又导致领取养老金基数增加，“一减一增”相反趋势将致使养老金财政压力加大，未来可能存在养老金缺口。

人口老龄化增加了代际负担和代际不公。随着劳动年龄人口减少，韩国老年抚养比持续上升。持续走高的老年抚养比，需要更多的养老金支出，只能通过“开源节流”的方式来解决，即提高劳动年龄人口缴费比例或减少老年人领取养老金数额。提高缴费比例不但增加了劳动年龄人口的经济压

① 《韩“婴儿潮”世代 2020 年开始步入老年　社会经济负担加重》，http：//kr. mofcom. gov. cn/article/jmxw/ 201612/20161202166403. shtml。

力，同时导致代际之间利益不公，当前劳动人口对养老保障制度的前景持悲观态度。[①] 老年人收入的脆弱性和单一性使得“节流”并不是解决养老金持续增加的好方法。

（三）健康水平下降，医疗护理需求和费用增加

通常来说，与年轻人相比，老年人的健康水平会下降，不少老年人患有老年性疾病尤其是慢性疾病。韩国统计厅数据显示，2000 年以来 65 岁及以上老年人死因中居前五位的疾病分别为恶性肿瘤、心脏病、脑血管疾病、肺炎和糖尿病，这些疾病大多数是老年慢性疾病。

老年人健康水平下降带来医疗护理需求和费用的大幅增长。老年人医疗护理需求具有长期性，但长期护理供给相对不足。另外，老年人的医疗使用量和医疗费用急速上升，增加了国家财政压力。1993 年至今，韩国保健福利部的老人福利预算规模一直在增加。2008 年基础老龄年金制度和老人长期疗养保险制度以及 2014 年基础养老金制度实施后，随着人口老龄化程度加深，老年人医疗费用呈现明显的增加趋势。据韩国统计厅数据，2010 年老年人医疗费用占韩国总医疗费用的 31.6%，而 2015 年上升至 36.8%，2019 年上升至 39.9%。65 岁及以上老年人人均医疗费用也呈现上升趋势，2010 年老年人人均医疗费用为 276.9 万韩元，2018 年上升至 438.7 万韩元（见图 2），上涨了 58%。

（四）产生新的社会问题

人口老龄化产生了一系列新的社会问题。首先，老年人养老和照料问题。老年夫妇家庭和单个老年人家庭的比例增加，老年人缺少精神陪伴，缺少生活照料。社会性和群体性是人类生存的基本特征，老年人随着年龄增加，逐渐被社会孤立，老年陪伴成为一个社会性问题。其次，老年人犯罪问题。2016 年韩国警察政策研究所发布的研究报告指出，韩国社会整体犯罪减少的同时，老年犯罪却在增加。老年犯罪增加的直接原因是老年贫穷，更多是因生活所迫，比如偷窃食物和生活必需品。再次，老年人自杀问题。据

① 王彦军、张佳睿：《日韩应对人口老龄化对策的经验及启示》，《人口学刊》2015 年第 6 期，第 82 页。

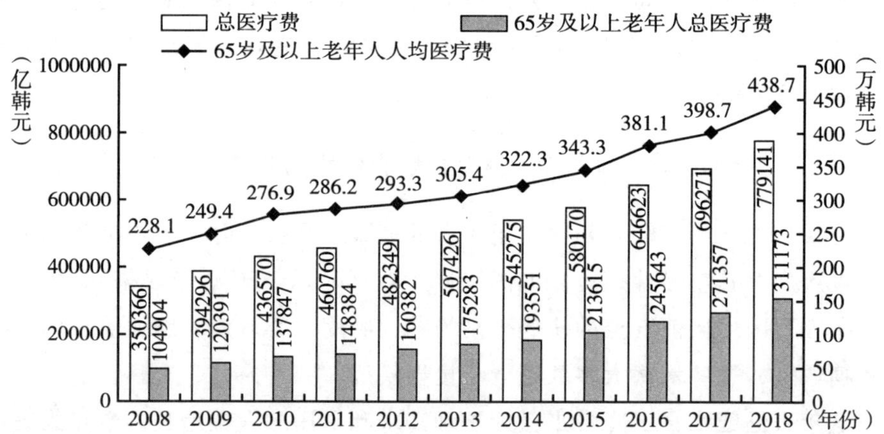

图 2　2008～2018 年韩国总医疗费用、65 岁及以上老年人人均及总医疗费用变化

资料来源：笔者根据韩国统计厅《2019 年高龄者统计》自制。

韩国统计厅发布的《2019 年韩国老年人统计》，在 OECD 国家中韩国老年人自杀比例是最高的。每 10 万人中，韩国 65～69 岁年龄层老年人自杀人数为 37.1 人，70～74 岁年龄层为 54.9 人，75～79 岁年龄层为 72.5 人，80～84 岁年龄层为 81.5 人，85 岁及以上年龄层为 87.1 人。① 另外，人口老龄化还带来其他一些社会问题，如教育生源不足和国防兵役来源不足等。据预测，到 2024 年，全国每 4 所大学中就有 1 所大学将不能招收新生，到 2030 年，将有 5 万个小学教师的岗位消失。低生育率使兵役资源剧减，导致现有国防力量无法维持。韩国政府已经开始调整军队战斗力结构，利用无人机、侦察卫星等，调整兵力结构。专家们提出，以后有可能需要通过募兵制培养更加专业化的兵力资源。

四　韩国人口老龄化的应对措施

（一）人口政策调整

无论是 1996 年取消“家族计划”人口政策，实行所谓的“新人口政

① 《韩国老年人生存状况堪忧》，https：//www.cnpension.net/gjzx/47667.html。

策”，还是2005年颁布的旨在鼓励生育的《低生育和老龄化社会基本法》，人口政策的调整均未达到预期目标，生育率不升反降，人口结构老龄化趋势日益严重。

韩国放弃生育数量控制的新人口政策无法提升生育率，只能通过调整与生育、育儿相关的间接的辅助性政策来刺激鼓励生育，如婴幼儿保育、教育、住房、经济激励、限制流产等相关政策。韩国政府允许新婚夫妇申请保障性住房，逐渐取消对新婚夫妻购房贷款的限制性规定，为他们提供利息仅为1.2% ~2.1%的低息贷款，以鼓励青年人结婚。为全职妈妈按月提供一年的生活补助津贴，以便于她们更好地照料儿童；有的地方政府为生育多胎的家庭按胎次给予不同金额的生育奖励；为便于男性参与照料儿童，2015年修订相关法律，允许男性公务员最长可休3年育儿假。韩国政府于2004年废止“劝告堕胎”政策，转变为“杜绝堕胎”政策，体现了对生命的充分尊重，客观上有利于缓解低生育率。另外，政府还为不孕不育夫妇提供治疗费甚至体外受精手术费等政府补贴。但从近些年生育率统计看，直接的生育政策调整和间接的辅助性政策调整都未能提升韩国的生育率。

为应对低生育率和人口老龄化，韩国2003年成立“人口老龄社会对策组”，2004年改组为“老龄化及未来社会委员会”，2005年成立“低生育及老龄社会委员会”，每五年制定“低生育及老龄社会基本规划”。同时，韩国政府将引进国际移民补充国内劳动年龄人口作为应对人口老龄化措施之一，积极引进国外劳动力，随着国际移民的增加，跨国婚姻也日益增加。据统计自2006年以来，韩国国际净移民呈现上升趋势，2018年达15.6万人,① 以劳动适龄人口为主，其中来自中国、泰国和越南的移民超过60%。②

（二）就业政策调整

适龄劳动人口的减少，养老金来源受到冲击，促使政府调整相关的就业

① 注：韩国国际移民统计标准为在韩国或离开韩国时间超过91天。

② International Migration Statistics in 2018, http://kostat.go.kr/portal/eng/pressReleases/8/5/index.board?bmode=read&bSeq=&aSeq=377860&pageNo=1&rowNum=10&navCount=10&currPg=&searchInfo=&sTarget=title&sTxt=, 2019-07-18.

政策。就业政策调整围绕三个方面开发人力资源：一是延迟退休年龄；二是让老年人重新进入劳动力市场，参与就业；三是保证女性就业权。

韩国效仿欧洲国家和日本，将延迟退休年龄作为应对人口老龄化的措施之一。2013年，韩国通过修订《禁止雇佣年龄歧视与促进高龄者就业法》，规定从2016年起韩国所有公有企业和大企业都必须将员工的退休年龄延迟到60岁（原法律规定的退休年龄是55岁），2017年起扩大到各种类型的企业。2019年9月，韩国行政研究院发布针对19~64岁的1539人关于延迟退休年龄的调查，结果显示61.1%的调查对象赞成将现行的退休年龄为60岁延迟至65岁。因此，未来韩国将有可能进一步通过法律延迟法定退休年龄到65岁。

开发老年人力资源，让他们重新进入就业市场，是增加劳动力供给和实现国家财政平衡的一种有效方式。据OECD数据，韩国65岁及以上老年人口的贫困发生率为50%，位列OECD国家之首，其中女性老年人口贫困发生率高于男性。韩国老年人良好的健康状况为老年人就业增加了可能性，而老年人的生活贫困增加了必要性，老年人继续参与工作的意愿增强。[①] 实际上，从20世纪90年代开始，韩国相继出台和修订《禁止雇佣年龄歧视与促进高龄者就业法》《雇佣政策基本法》等法律，从制度上保障老年人参与就业。为保障和支持老年人就业，韩国政府还设有老年人就业支援中心。韩国在逐渐延迟退休年龄的同时，积极帮助老年人就业，给老年人提供公益型、教育型、福利型、市场型、人力派遣型等各种形式的工作岗位。[②] 韩国老年人就业率高，但就业主要集中在农业、渔业、林业、畜牧业等领域，大多数为适合老年人精力和体力的职位。韩国老年人就业中大多数为低龄老年人，据韩国《经济活动人口统计调查》数据，60~64岁人口平均就业率近60%，而65岁及以上人口平均就业率约为30%，女性就业率不到25%。整体而言，韩国老年人就业质量不高，政府的目标是让老年人发挥余热，增加一些收入。

女性是人力资源的重要组成部分。为开发女性人力资源，1987年韩国

---

① 丁英顺：《人口老龄化背景下韩国老年人力资源的开发》，《东北亚学刊》2015年第4期，第60~61页。

② 丁英顺：《韩国老年福利制度的发展及特征》，《东北亚学刊》2017年第3期，第57页。

出台《平等就业法》，以保证女性具有与男性平等的就业权。众所周知，女性同时负有不可替代的生育和哺育责任，但韩国并没有法律保障怀孕和哺乳期女性就业权。为维持生育率，韩国政府规定，产假期间，在大企业就业的女性的前60天工资由企业支付，后30天的工资从就业保险中支付，而在优先支援对象企业就业的女性的90天工资全部从就业保险中支付，以期降低企业辞退孕期和哺育期妇女的可能性。缺乏对孕期妇女的就业保障，导致很多韩国女性不得不为了生育、育儿而暂停工作，非自愿地退出职场。因此，韩国女性婚前就业率比较高，但婚后尤其是抚养子女阶段的就业率比较低。在一定程度上，这种就业状况导致韩国女性老年人的晚年贫困。

除开发国内人力资源，韩国还积极开发国际人力资源，吸引其他国家的劳动适龄人口作为弥补国内人力资源不足的一种有效措施。韩国统计厅《2018年国际移民生活条件和劳动力调查》显示，在韩国就业的国际移民有88.4万人，雇用率达到68%。

（三）发展“老龄亲和产业”

人口老龄化会产生许多老年人特有的社会需求。日本等发达国家将与老年人相关的产业称为“银发产业”，2005年韩国政府将此改称为“老龄亲和产业”。韩国老龄亲和产业主要有老年医疗、居家养老服务、多样化的老年用品、老年休闲文化活动和老年金融等。[①] 这些产业主要基于老年人的养老、生活便利和安全需求而发展起来的。“老龄亲和产业”发展潜力巨大。韩国统计厅的数据表明，2010年，老年人市场总额达到了44万亿韩元，到2020年，这一市场有望增长到148万亿韩元。

韩国“老龄亲和产业”是由政府牵头、引导发展起来的，注重制定有关法律和制度等为养老产业提供发展动力和集中的产业扶持政策。[②] 2006年，韩国政府出台了《老龄亲和产业振兴法》，重点培育和扶持老龄亲和产业发展，并指定保健福利部低生育老龄社会政策局和保健产业振兴院为负责部门。2007年《老年人长期疗养保险法》确立了长期疗养保险制度，为韩国

---

① 崔桂莲、刘文：《韩国老龄亲和产业的经验与不足及对中国的启示》，《社会保障研究》2017年第3期，第97页。

② 刘文、黄艳华：《韩国养老产业发展及中韩养老产业合作发展研究》，《当代韩国》2017年第4期，第98～107页。

养老产业的发展提供了足够的购买力和制度保障。2012 年出台相关法律，增强对老年人照料的资金扶持。

（四）调整社会福利政策

韩国的老年人福利政策是从社会救助制度基础上发展而来的。1961 年，韩国制定《生活保护法》，为无抚养义务子女或缺乏自我抚养能力的 65 岁及以上老年人提供最低生活保障，这是一项救助性质的社会福利政策。为应对人口老龄化趋势，韩国逐步建立和完善面向老年人的收入保障制度、医疗保障制度和社会福利服务制度。收入保障制度包括国民年金制度、基础老龄年金制度、敬老优惠制度；医疗保障制度包括国民健康保险制度、医疗补贴制度、老年人照料制度等；社会福利服务制度包括居家福利及机构福利服务、老年人咨询、临终关怀、老年人照料等。①

1. 收入保障制度

1988 年韩国颁布《国民年金法》，基本上实现了年金制度对韩国国民的全覆盖。年金是社会保险性质，有国民年金、公务员年金、教职员年金和军人年金四种类型，退休后年金收入根据参保情况和缴纳年金多寡而定。韩国对不同类型年金设定不同的缴费标准和领取额度，不同职业退休的老年人将领取不同的退休金。此外，韩国根据《老年人福利法》，从 1991 年起给 70 岁及以上生活保障对象发放老龄津贴；1997 年改为敬老年金制，自 1998 年 8 月起，政府给生活保障对象老年人和低收入老年人，按月发放敬老年金。为扩大敬老年金受惠对象范围，2007 年韩国制定《基础老龄年金法》，政府向生活困难的低收入老年人每月发放一定的养老金，年金受惠对象为 65 岁及以上的老年人。养老金是社会保障范畴，由韩国中央政府或地方政府公共预算支出，几乎惠及每一位国民。

2. 医疗保障制度

韩国医疗保障主要有国民健康保险、医疗补贴和针对老年人的长期疗养保险。韩国国民健康保险源于 1963 年制定的《医疗保险法》，是一种面向全体国民的强制社会保险，参保对象因病住院或门诊医疗都可以获得保险补贴。随着人口老龄化日益严重，老年人医疗费用占总医疗费用的比重逐年上

---

① 李泰钟：《韩国老年人福利政策研究》，辽宁大学硕士学位论文，2015。

升。为应对人口老龄化，2007 年韩国制定《长期疗养保险法》，确立老年人疗养保险制度，由国家及地方政府、长期疗养保险费以及老年人本人三方共同负担医疗保险费用。除国民健康保险和老年人长期疗养保险外，韩国还制定了针对贫困居民的医疗补贴制度，使处于贫困线以下的国民能得到医疗保障。

3. 社会福利服务制度

1981 年，韩国出台《老年人福利法》，旨在弘扬尊老敬老文化，促进老年人保健和福利服务、老年人产业和为 70 岁及以上老年人提供优惠性的公共服务。《老年人福利法》为推进老年人福利工作提供了制度支持，但由于韩国社会福利制度形成于经济高速增长和人口结构平衡时期，政府对人口老龄化未来发展趋势缺乏充分考虑，福利政策的制定存在或多或少的瑕疵。随着社会经济发展和人口结构变化，《老年人福利法》经历了多次修订和调整。1989 年第一次修订，为 65 岁及以上老年人提供老年津贴，成立老年福利对策委员会。1993 年第二次修订，允许个人提供有偿老年福利设施。1997 年第三次修订，规定每年 10 月为“敬老月”、10 月 2 日为“老年日”，向 65 岁及以上老年人支付敬老金，为老年福利设施提供税收减免。1999 年第四次修订，确定发放敬老年金的标准。2004 年第五次修订，为防止老年人受到虐待和保护受虐老年人，开设了紧急求助电话和保护老年人的专门机构。2005 年第六次修订，新设老年人就业专业机构及相应管理条款。2007 年第七次修订，制定老年人长期疗养保险制度，引入疗养护理师资格认证制度，限制向非老年人出售和出租提供给老年人的福利性住宅。2008 年第八次修订，引入疗养护理师资格考试制度，修订与疗养护理师有关的条款。

五　韩国应对人口老龄化经验对我国的启示

韩国先于中国实现从高出生率、高死亡率向低出生率、低死亡率的人口增长转变，与中国都在 2000 年左右进入老龄化社会，但老龄化速度明显快于中国。但韩国人口老龄化是出现人均 GDP 在 1 万 ~2 万美元期间，属于“已富而老”；而中国进入人口老龄化社会的人均收入远远低于韩国的人均收入水平，属于“未富已老”。韩国为应对人口老龄化，在人口政策、就业政策、产业政策和社会福利政策等方面做了很多努力，有成功也有失败。对于中国应对人口老龄化，韩国的经验值得借鉴和思考。

第一，韩国人口政策调整落后于人口结构变化和社会经济发展，这在一定程度上导致直接的人口政策和间接的辅助性人口政策的失灵。鼓励生育政策失败的原因在于许多生育促进政策照搬北欧国家的工作与家庭平衡政策，没有真正为工作的女性提供足够的福利。[①] 韩国人口转变受到一定社会经济因素的影响，如现代化、经济发展、城市化和国家计划生育方案。[②] 我国人口政策与韩国人口政策比较类似，都经历了从鼓励人口增长到控制人口增长再到调整控制人口政策的制度变迁过程；与韩国全面放开生育不同，当前我国的“全面二孩”人口政策本质上还属于控制人口增长的人口计划生育阶段。值得注意的是，我国“单独二孩”政策和“全面二孩”政策调整并没有出现人口井喷。随着社会经济的快速发展，社会经济因素对人们生育行为的影响越来越大，计划生育政策的影响则日显弱化。[③]

第二，生育不仅是人口政策的结果，还是多种综合因素共同影响的结果。韩国人口政策调整并未达到预期目标，其中很重要的原因是婚姻观念、生育观念、就业和平均寿命等多种因素的影响。我国人口政策调整也面临类似问题。“全面二孩”政策实施后生育人数增加，但未达到预测水平。“全面二孩”政策的实施对改善低生育率作用较小，效果不尽如人意。[④] 受经济条件、自身工作学习状态以及是否有人照看孩子等现实因素的约束，实际的二孩生育意愿并不是很强烈。[⑤] 社会舆论的引导、公共服务的改善、经济活动周期性的变化、全球化和城镇化的深化都有可能对人们的生育观念产生影响，导致生育意愿进一步下降或回升，因此需要整体性治理思维才能实现“全面二孩”政策的人口目标。[⑥] 计划生育政策的实施涉及户籍、教育、医疗、购房、托育等多个方面。有研究认为，如果中国政府不实施新的计划生育政策，

① Tōru Suzuki, “Low Fertility and Population Aging in Japan and Eastern Asia”, Springer, Tokyo, 2013.

② Ik Ki KIM, “Population Ageing in Korea: An Overview”, Ageing in Korea: Today and Tomorrow, Federation of Korean Gerontological Societies, 2013.

③ 王桂新：《落实全面“二孩”政策还须扫清体制障碍》，《人民政协报》2015年11月12日，第3版。

④ 穆光宗：《“全面二孩”政策实施效果如何》，《人民论坛》2018年第14期，第46～47页。

⑤ 李翔、赵昕东：《全面二孩政策效果是否显著？——基于福建地区二孩生育意愿的调查研究》，《东南学术》2019年第4期，第129页。

⑥ 彭希哲：《实现全面二孩政策目标需要整体性的配套》，《探索》2016年第1期，第74页。

中国有可能会与日本和韩国一样继续面临低出生率和人口老龄化问题。①

第三，调整就业政策和开发老年人力资源。随着人口老龄化社会的来临，人口学家蔡昉认为我国依靠劳动适龄人口增长带来经济增长的人口红利式微乃至消失。② 借鉴韩国经验，调整就业政策和开发老年人力资源势在必行。目前我国已经制定延迟退休政策，但老年人力资源开发，让老年人就业缺乏刚性的政策支持，同时缺乏社会观念引导，缺乏创造专门面向老年人的岗位。老年人就业还涉及多个部门的政策协调，如社会保险、税收优惠、政府培训补贴和岗位创造等。

第四，积极发展老年产业。我国人口老龄化趋势日益严重，人口基数又大，老年产业具有巨大的市场潜力。借鉴韩国“老龄亲和产业”发展经验，我国要做好老年产业政策制定、产业规划、产业扶持，给予老年产业税收等优惠政策，引导企业和资本发展老年产业。发展老年产业关键是把握我国老年人的需求，要围绕老年人养老、健康、安全、休闲等方面展开调研；同时要加强对老年人的宣传引导。

第五，积极调整社会保障和社会福利政策。为适应社会经济变化，韩国频繁调整社会福利政策。我国实行的是“现收现付”养老金制度，个人养老金账户空账运行，要及时调整政策做实账户。另外，我国还缺乏专门针对老年人的医疗保障政策。老年照料是社会中日益严重的问题，当前主要是家庭负责照料或家庭出资、机构照料，我国可借鉴韩国经验，通过制度建设建立起多元化老年照料体系，以减轻家庭负担。

The Trend, Countermeasures and Enlightenment of ROK’s Aging Population

Zhong Weidong, *Hwang Seonyeong*

Abstract In the wake of structural population changes, ROK has entered

① 金益基、左琦：《重思中国的人口新政策：与日韩低生育率和人口老龄化比较》，《学海》2017 年第 1 期，第 142 页。

② 蔡昉：《如何开启第二次人口红利?》，《国际经济评论》2020 年第 2 期，第 10 页。

into an aging society. The aging population in ROK is characterized by a trend of accelerating and advanced aging, regional non-homogeneity, synchronous aging of males and females, aging family structures and the great pressure it places on social support. The main reasons for ROK's aging population are declining fertility rates, changing attitudes toward marriage and childbirth, and rising life expectancy. The aging population affects economic growth, increases national financial pressures and intergenerational burdens, increases demand and costs for medical care, and new social problems. To cope with the aging population, ROK has adjusted population, employment, industrial and social welfare policies. ROK's coping experience has had both success and failure, both of which can be of great referential and inspirational value to China's own coping with an aging population.

Keywords ROK; Aging Population; Population Policy; Senior-friendly Industry; Social Welfare Policy

复旦大学《韩国研究论丛》征稿启事

《韩国研究论丛》为复旦大学韩国研究中心主办的学术集刊，创刊于1995年，一直秉承“前沿、首创、权威”的宗旨，致力于朝鲜半岛问题研究，发表文章涉及朝鲜半岛问题研究的各个领域。

2005年，《韩国研究论丛》入选CSSCI首届来源集刊，2014年再次入选CSSCI来源集刊，并进入全国邮政发行系统。

《韩国研究论丛》用稿涵盖朝鲜半岛问题各研究领域，设置三个专题栏目：（一）政治、外交与安全；（二）历史、哲学与文化；（三）社会、经济与管理。

投稿时请注意学术规范。

（一）原创性论文。本刊论文出版前均经学术不端检测，有条件者请自行检测后投稿。同时，在本刊发表之前，不得在其他出版物上（含内刊）刊出。

（二）文章格式严格遵循学术规范要求，如中英文标题、摘要（200字以内）和关键词及作者简介（姓名、籍贯、工作单位、职务及职称、研究领域）；基金项目论文，请注明下达单位、项目名称及项目编号等。

（三）论文一般不超过10000字。

（四）稿件均为Microsoft office word文档（不接受其他格式文档），注释采用脚注形式，每页重新编号，注释序号放在标点符号之后。因需要分发审阅，不再接受纸质版论文。所引文献需有完整出处，如作者、题名、出版单位及出版年份、卷期、页码等。网络文献请注明完整网址。

（五）《韩国研究论丛》编辑部根据编辑工作的需要，可能对来稿文字做一定删改，不同意删改者请在投稿时注明。

（六）编辑部信箱：cks@ fudan. edu. cn，电话：021 －65643484。

本刊将继承和发扬创刊以来形成的风格，注重学术性、前沿性、创新性、时代性，依托复旦大学，面向世界，努力反映当前最新研究成果。欢迎国内外同行不吝赐稿。

《韩国研究论丛》编辑部

复旦大学韩国研究中心

图书在版编目（CIP）数据

韩国研究论丛．总第四十辑，2020年．第二辑／复旦大学韩国研究中心编．-- 北京：社会科学文献出版社，2020.12

（复旦大学韩国研究丛书）

ISBN 978-7-5201-7431-2

Ⅰ.①韩… Ⅱ.①复… Ⅲ.①韩国-研究-文集
Ⅳ.①K312.607-53

中国版本图书馆CIP数据核字（2020）第190534号

·复旦大学韩国研究丛书·

韩国研究论丛 总第四十辑（2020年第二辑）

编　　者／复旦大学韩国研究中心

出 版 人／王利民
组稿编辑／高明秀
责任编辑／叶　娟

出　　版／社会科学文献出版社·国别区域分社（010）59367078
地址：北京市北三环中路甲29号院华龙大厦　邮编：100029
网址：www.ssap.com.cn
发　　行／市场营销中心（010）59367081　59367083
印　　装／三河市尚艺印装有限公司

规　　格／开 本：787mm×1092mm　1/16
印 张：15.5　字 数：257千字
版　　次／2020年12月第1版　2020年12月第1次印刷
书　　号／ISBN 978-7-5201-7431-2
定　　价／89.00元